DEM RESIDENZ-SCHLOSS IN STUTTGART.

Friderich von *Württemberg* g. g.

Utta Keppler

Für mich gab's nur Jérôme

UTTA KEPPLER

Für mich gab's nur Jérôme

*Katharina von Württemberg
und Jérôme Bonaparte*

Ein biographischer Roman

STIEGLITZ VERLAG, E. HÄNDLE
D-7130 Mühlacker
A-8952 Irdning/Steiermark

Schutzumschlag: HF Ottmann, Leonberg

Bildnachweis:
Umschlag: Katharina und Jérôme, Napoleonmuseum, Arenenberg

Vorsatz: Neues Schloß Stuttgart, Landesbildstelle Stuttgart

ISBN 3-7987-0230-6

© Stieglitz Verlag, E. Händle,
D-7130 Mühlacker
A-8952 Irdning/Steiermark,
1985
Druck: Gulde-Druck, Tübingen

Inhalt

Abenteuer auf Haiti

In den ersten Aprilwochen des Jahres 1802 brannte der Boden unter der bleiernen Luft, die Mauern der Forts und Gärten staubten ausgedörrt, und die Hibiskusstauden verloren in der Hitze ihre schrumpeligen Blüten. Ein penetranter Kampfergeruch dunstete aus den Eukalyptusbäumen in die unbewegte Atmosphäre. Ein paar Hafenarbeiter, deren schwarze Haut fleckig von den zerfetzten Hemden abstach, schauten stumpfsinnig auf die Wasserwüste hinaus, die sich um Port-au-Prince zog. Stumm und lethargisch lag das Meer, als brüte es etwas aus, einen jäh losbrechenden Regenguß, ein Tropengewitter, das Erde und Sträucher wegfegt.

Am Himmel schoben sich grüne Streifen auseinander wie Jalousien, Orange und Rot brachen durch, die Abendsonne schoß unverhofft grelle Strahlenbündel in die monotone Fläche, zog Rillen, spiegelte Silber und Kupfer und zeichnete, hart aufleuchtend, ein Segel an den Rand des Horizonts.

9

Die Schwarzen drehten sich jetzt um, hinter ihnen wurde die Gasse laut. Zwischen flachen maisstrohgedeckten Hütten lag ein gemauerter Bau, seine bläulich und gelb erleuchteten Fenster schienen auf wie gebleckte Zähne, und der verworrene Lärm von Stimmen und Blechmusik drang heraus. Vor dem breiten Tor standen Wachen, angeschienen von den Lichtbündeln, die aus der weitoffenen Tür quollen. In der hellen Bahn leuchteten bunte Waffenröcke, ein Trüppchen Offiziere schlenderte auf den Eingang zu, die Wachen salutierten.

»Die Herren Franzosen«, murmelten die Leute am Kai in ihrem sonderbaren Gemisch aus Spanisch, Französisch und einer verschollenen Negersprache.

Drinnen schloß ein eifriger Mulatte hinter den Offizieren die Tür, und um sie her ging sofort ein Höllenspektakel los. Alle schrien durcheinander, aus dem Dunst der Holländerpfeifen schimmerten Gesichter; durch das Geklapper aus der Küche, durch Klirren und Stühlescharren hörte man Rufe: »Bürger Bonaparte! Fähnrich zur See! Parbleu, wie sehen Sie denn aus!«

Grölen und Lachen, ein langer Mensch stand auf: »Laß untersuchen! Eine neue Uniform aus Paris? Oder ein Papagei? Ein Indianerfürst?«

Eine laute zitternde Stimme fuhr dazwischen: »Wer wagt's, den Bruder des Ersten Konsuls zu beleidigen? Gustave? Ich werde dich melden, dich und dein laienhaftes Gerede! Mein Bruder . . .«

Es wurde sofort still.

»Jérôme, niemand will dich kränken! Wir haben doch nur über deinen Anzug gelacht, du siehst ja aus wie auf dem Maskenball! Laß dich anschauen! Ah, charmant, charmant!«

»Wo hast du das her?« fragte ein anderer.

Jérôme, schnell beruhigt, drehte sich geschmeichelt im Kreis und lachte. Er war ein bildhübscher Bursche, mit schmalen Hüften, die schlanken Beine in engen hellblauen Hosen, den knappen Dolman, eine Jacke ohne Schöße, reich mit Goldschnüren bestickt, den Samtumhang wie eine Tänzerin anmutig um die Schultern gewirbelt.

Er wiegte sich. »Und steht es mir nicht?« Er warf die Lippen auf, blinzelte aus nah zusammenstehenden schwarzen Augen in den Dunst der Pfeifen und Kerzen, hinter dem er ein paar dunkle Mädchengesichter witterte.

»Étonnant«, urteilte einer der jungen Leute, »setz dich und zeig die Berlocken am Gürtel her! Bezahlt die auch der Erste Konsul? Oder die Schwester Pauline und dein lieber Schwager Leclerc?«

»Leclerc«, murrte Jérôme und setzte sich, vorsichtig den Prunkdegen neben sein linkes Bein plazierend, »wird sich wundern, er muß sich daran gewöhnen, daß sich ein Bonaparte nicht befehlen läßt, auch wenn er erst siebzehn Jahre zählt.«

»Mag sein, wenn er Erster Konsul ist!« Das sagte ein älterer Offizier und griff neugierig nach dem glitzernden Gebaumel an Jérômes Hüfte. »Brillanten – im Ernst, Junge, wer bezahlt die?«

11

»Ihr Spießer!« rief Jérôme lachend, »ihr faden Böcke, ihr . . .«

Aus dem Dunst tauchte eine Gestalt auf, eine Ordonnanz in der blau-roten, bordierten Uniform der französischen Matrosen.

Jérôme warf sich sofort in die entsprechende Pose – ihm kam Bewunderung zu, einem der glänzendsten Offiziere der Kolonialarmee, wenn auch noch nicht dem ranghöchsten; und was er vor aller Augen darstellte, das glaubte er zu sein.

Man schwieg jetzt erwartungsvoll und insgeheim ein bißchen belustigt, aber jeder spürte, daß der gutmütige Spott nicht so weit gehen durfte, den Bruder des großen Mannes, den »lieben Kleinen«, wirklich zu verstimmen; und sein jungenhafter Charme machte das leicht.

Der Bursche, der eben eingetreten war, sah allerdings wenig von solchem Glanz, er schaute ernsthaft auf den turbulenten Kreis und zog, als er nahe genug heran war, ein Schreiben aus der umgehängten Ledertasche.

»An den Bürger Jérôme Bonaparte, Fähnrich zur See, unter dem Kommando des Generalkapitäns Leclerc . . .« Er drehte suchend den Kopf. »Wo finde . . .?«

Jérôme trat vor. »Kennt Er mich nicht, Bürger?« fragte er scharf, und der Soldat wurde blaß, da er als Zivilist angeredet wurde. Er entschuldigte sich leise. Jérôme nickte gnädig, nahm den Brief entgegen und winkte abschließend. Der Bote stand stramm, drehte mit dem vorgeschriebenen Ruck um und stelzte zur Tür. Sofort fielen die Kameraden über den Jungen her.

»Was ist los? Ein Befehl? Eine Rechnung? Ein Liebesbrief?«

Jérôme wehrte sie ab und setzte sich. Er hatte das Siegel und die Pariser Zensurzeichen erkannt, die roten Streifen des Sonderkuriers auf dem Umschlag, und steckte das Kuvert ungeöffnet in die Hosentasche. Aber ein dünnbärtiger Leutnant, der ihm zunächst saß, packte sein Handgelenk und zog das Papier zurück. Eine Rauferei begann, bei der ein Stuhl umfiel und der Tisch wankte; der Wirt sprang zu und hielt die Flaschen fest, so gut es ging.

»Vom großen Bruder!« schrien die Freunde, als einer das Papier hochhielt, und Jérôme, mit gespieltem Zorn, streckte die Hand danach aus. »Gib's her, ich werd's lesen!«

»Laut! Ohne Abzug! Lies vor!« hieß es.

Jérôme entfaltete die penibel geschriebenen Seiten – Napoleons Sekretäre waren dazu erzogen, rasch und doch deutlich zu schreiben.

»Bürger Bonaparte!« las er. »Er könnte mich wohl mit meinem Rang anreden, er hat ihn mir selbst verliehen!« murrte er.

»Weiter!« drängten die anderen. Er zögerte. Murmelnd hatte er das Folgende überflogen. » . . . ich erhielt soeben einen Mahnbrief des Bürgers Bourrienne, den Sie, Bruder, zu Ihrem Bankier ernannt zu haben scheinen. Dieser ehrliche Makler meldet mir das Ausbleiben Ihrer Wechsel, den Zinsverlust, die verzweifelten Klagen der nie bezahlten Lieferanten. Er berichtet mir, daß Sie ein Toilette-Necessaire im Wert von 16 000 Francs gekauft und diese kostbare Torheit – zwölf Stück aus Gold und Elfenbein – für mich auf Kredit genommen haben . . .«

Jérôme vergaß, wo er war. »Das hat Bourrienne nie getan, er ist mir treu!« kreischte er aufgeregt, »das verdanke ich nur dem Juwelier Biennais in der Rue St. Honoré, keinem anderen . . . Der Hund! Der schäbige Hund . . .«

Eine Woge von Gelächter antwortete dem Ausbruch. »Und stimmt es denn?«

»Warum nicht?« Jérôme drehte den schönen Kopf und riß die dunklen Augen weit auf. »Ich war einer Dame verpflichtet, ritterlich und ehrenhalber, und . . .«

Wieder das tobende Gelächter.

»Und du konntest dich nicht billiger revanchieren?«

»Billiger? Meint ihr mit Geld, ihr *gamins?*« Er stieß auf den Sprecher zu wie ein wütender Vogel. »Das *war* eine Dame! Und mein Rivale . . .«

»Dann hättest du dich natürlich duellieren müssen, Freund . . .«

Jérôme sprang auf den anderen zu. »Hast *du* etwa schon ein Duell hinter dir?« Er packte ihn am Latz. Er war blaß geworden, griff ins Jabot und riß es auf. »Hier – hier im Brustbein steckt die Kugel, und wenn ich zum Ruhme Frankreichs falle, wird man sie finden – bei meiner Autopsie . . .« Er warf die Spitzen seines Seidenhemdes wieder überein-

ander, atmete laut hörbar, stand da, den Oberkör-
per anmutig gedreht und darauf bedacht, eine gute
Figur zu machen.

»Erzähl, erzähl!« schrien jetzt die jungen Leute.
Einige von ihnen kannten das Histörchen schon,
aber Jérômes Drang nach Bewunderung war so
zwingend, daß man ihm gern den Gefallen tat,
noch einmal zuzuhören. Er selber war froh, daß er
von dem fatalen Brief ablenken konnte, von dem er
in der Aufregung zuviel vorgelesen hatte . . .

Man rückte näher heran, er im Mittelpunkt,
hochaufgereckt vor den erhobenen neugierigen
Gesichtern, hinter denen die Bedienten und die
braunen Mädchen in der rauchigen Dämmerung
sich drängten.

Das war die Atmosphäre, die Jérôme brauchte.

»Was ist das wieder für ein tolles Abenteuer?«

»Ach, nichts weiter: es ging um eine Dame.«

»Und der andere? Hast du ihn getötet? Sag
schnell!«

»Davout hat mich beleidigt, eine hinterhältige
Intrige versucht – wir schlugen uns mit Pistolen bis
zur Kampfunfähigkeit!«

»Und da du umfielst . . .?«

»Ja, gewiß, man hielt mich für tot, auch der Arzt
sah kein Leben mehr in meinem Körper. Davout
war tief erschüttert, aber dann, ich weiß nicht wie,
muß ich mich bewegt haben, ihr kennt ja die Weis-
sagung, daß kein Bonaparte durch eine Kugel
fällt.« Er sah sich um. »Meinen Vater haben sie auf
das Blutgerüst geschleppt . . .«

15

Man schwieg und schaute ihn an, aber Jérôme vertrug keine bedrückende Stimmung. »Die Dame«, sagte er pathetisch, »fuhr danach an den Kampfplatz und ließ sich den Stein zeigen, der von meinem Blut gezeichnet war, im Wald von Vincenne.«

»Warst du denn in Paris damals?« wollte einer wissen.

»Ich gehörte zur Leibgarde, neben Eugène de Beauharnais übrigens, der brav seinen Dienst tat, braver als ich, wie ihr euch vielleicht denken könnt.«

»Du bist ja auch der Bruder des Ersten Konsuls!« tönte es, und Jérôme war nicht ganz sicher, ob das nicht ironisch klang; aber er nahm solche Nuancen nicht ernst, wenn sie ihm nicht paßten. Freilich, der Name des großen Bruders trieb ihm jetzt das Blut in den Kopf, der Brief, die Schulden – und mit Napoleone war nicht so leicht fertig zu werden wie mit den gutwilligen und leicht bezauberten Kameraden.

Im Wirtshaus von Port-au-Prince endete der Abend wie jedesmal mit einem ausgelassenen Gelage, Mestizinnen und Kreolenmädchen, die sich sonst stolz zurückhielten, wurden johlend herbeigeholt, man schäkerte und tanzte, torkelte und schlich in die dunkleren Ecken und hinaus in die dampfende Tropennacht.

Jérôme Bonaparte, der Sohn der asketischen Madame Letizia, rasselte im Wagen eines Kameraden ins Quartier zurück, summend und pfeifend,

16

zwei braune Mädchen im Arm. Den Mantel hatte er liegenlassen; anderntags verschlief er, wie ein paarmal schon, den Dienstantritt auf seinem Übungsschiff, aber da wurde die Meldung an den Admiral direkt weitergeleitet und dort »vergessen«.

Den kostbaren Samtumhang brachte ein übereifriger Mulatte aus dem Wirtshaus zum Kommandeur, dem General Leclerc, von dem man wußte, daß er Jérômes Schwager war. Seine Frau, die hübsche, leichtfertige Pauline, war mit ihm in die Tropen gereist. Leclerc wohnte in einem palmenumstandenen weißen Gebäude, das man eigens als Präsidentenpalais aufgebaut und für ihn hergerichtet hatte. Unter dem Säulenportikus standen Wachen in farbigen Uniformen, im Eingang Palmen in großen Kübeln, als wäre es mit denen draußen nicht genug, und ein Springbrunnen schoß seinen dünnen Strahl in ein glitzerndes Becken. Das alles war nicht eigentlich nach Leclercs Geschmack, aber die zum Überschwang neigende Pauline liebte solche Zurschaustellung ihrer wichtigen Position.

Ein gelblivrierter Soldat öffnete dem Kellner, der Jérômes Mantel offen auf dem Arm trug; er fragte, wie er die Wachen passiert habe, und erfuhr, man kenne ihn hierzuland. Als dann der Mulatte endlich vor Leclerc stand, machte der Kommandant ein düsteres Gesicht. Er war ein gutaussehender hagerer Mann; schwarze Bartkoteletten ließen sein gelbliches Gesicht noch schmaler erscheinen. Er trug die betreßte Uniform mit freier, natürlicher

Würde und winkte dem Türsteher, dabeizusein, während er den Kellner ausfragte.

Der Mann dienerte, während er das schwere dunkelrote Gewand vor sich hinhielt wie ein Tablett. Leclerc mußte lächeln – zum Lachen war ihm nicht zumut, denn er durchschaute schnell den Zusammenhang. Als er dann hörte, *wo* Jérôme sein prunkvolles Stück verloren und wie er darunter gekleidet gewesen war, sprang er verärgert auf. Das sei doch nicht die Uniform eines Marinefähnrichs, schrie er den Boten an, und ob er sich nicht täusche, daß dieses da der Fähnrich zur See Bonaparte getragen habe?

Und schließlich ließ er sich, penibel wie er war, die farbigen Bilderlisten bringen, auf denen ein Malergeselle die vorgeschriebenen Uniformen »bis auf den Knopf genau«, wie die Vorschrift hieß, abgeschildert hatte, rote mit blauen Tressen und weißen Hosen, und grüne und schwarze, verschnürte und geschlitzte, und ausgeschnittene Stiefel und Schuhe. Er erhitzte sich bei dem Anblick; denn der Erste Konsul selber hatte diese und jene Uniform für die Kolonien genehmigt, da es wichtig sei, *la grande nation* dort würdig zu vertreten.

Er ließ Pauline rufen, und sie kam nach einer Weile, mit wehendem Seidenschal, die dunklen Locken ins Gesicht gekämmt, und hörte sich die Reden ihres empörten Gemahls an. »Aber, *mon cher!* Wieviel Firlefanz trägt man zur Schau! Und wenn der Kleine sich in seinem kindischen Spiel gefällt, als Berchinyhusar, was schadet das? Er hat vermutlich bezaubernd darin ausgesehen, denn er ist der hübscheste von meinen Brüdern, Lucien ist zu düster, Louis zu fade, und Giuseppe ist ein Kahlkopf.«

Leclerc hörte gar nicht zu. »Es ist Vorschrift, und er hat ein Muster zu sein als Offizier. Wenn ich ihm eine Nachlässigkeit erlaube, kommt bald jeder als Zieraffe daher, als Indianer, als Mulatte . . .«

Pauline sagte nichts mehr, sie nahm den Fächer vors Gesicht und kicherte heimlich.

Leclerc nahm Bagatellen ernst, er hielt sich beharrlich an die Formen, die den Dienst hier ausmachten, da der große Atem fehlte, die echte Gefahr, jetzt, wo das Land unterworfen war. Sein starres spitzes Gesicht verkrampfte sich, während er die Uniformbilder eins ums andere beiseite tat.

Jérôme wurde zitiert, er nannte es freilich vor den Kameraden eine Einladung, und Pauline hatte Likör und Gebäck auftragen lassen.

Leclerc saß, vertieft in irgendein Schriftstück, an seinem Schreibtisch. Pauline lächelte gequält, erhob sich, was sie sonst nie tat, wenn ein Mann gemeldet wurde, und schwebte mit wogenden Gazeschleiern dem »Kleinen« entgegen. Jérôme stand etwas verlegen, mit trotzigem Gesicht, auf dem Rand des riesigen roten Perserteppichs, der die Tür vom Schreibtisch trennte. Pauline erwartete jeden Augenblick einen Ausbruch, einen frechen, taktlosen, nie wieder zu glättenden Ausbruch, und sah ihn flehend an. Schließlich trat sie von hinten an Leclerc heran und legte die Hand auf seine Schulter. Er zuckte zusammen und sah sich um, so schnell, daß die Goldschnüre an seinen Epauletten wirbelten. »*Ma chérie!*« Aber er drehte dann doch endlich den Sessel in Jérômes Richtung, der zuerst rot und dann bleich geworden war und sich sichtlich kaum mehr beherrschen konnte.

»Sie haben mich rufen lassen, *monsieur mon beau-frère*«, sagte er halblaut mit schwankender Stimme und tat einen Schritt vorwärts: er war im Gesellschaftsanzug, mit weißen engen Hosen und einem goldgeschnürten langschößigen Rock, den Prunkdegen an der Seite.

Leclerc schlug ein Bein übers andere und betrachtete ihn ausgiebig. »Ihr Dienst, Fähnrich, scheint Ihnen viel Zeit zu lassen? Sie haben, wie ich sehe, die Modejournale ausgiebig studiert?«

Jérôme deutete eine Verbeugung an. »Es ist die vorgeschriebene Galauniform, *mon beau-frère*, für große Empfänge beim Gouverneur!«

Leclerc sprang auf. »Das *ist* kein Galaempfang, Jérôme, das ist eine Vorladung, wenn Ihnen das noch nicht klargeworden ist! Ich erwarte Auskunft über Ihr unmögliches, disziplinloses Benehmen, Ihre Affereien, Ihre Maskeraden, mit denen Sie die französische Armee lächerlich machen! Ich erwarte Entschuldigungen wegen Ihrer allzuhäufigen Besuche in den übelsten Spelunken, über Ihre Schulden, Ihre Angebereien und Aufschneidereien und Ihren laschen Dienst!« Er winkte Pauline, die noch immer neben dem Sessel stand. »Setz dich doch, *ma chère, ma fleur!*«

Sie lächelte halb belustigt, halb kokett und sank, die winzigen seidenen Schuhe gekreuzt, in einen Stuhl.

Jérôme zögerte noch, er wußte nicht recht, welche Geste hier angebracht sei, die des hübschen Familienlieblings schien ihm nicht zu genügen. Immerhin war Leclerc sein Vorgesetzter, und er spürte, daß der über die Sippenzusammenhänge hinausdachte. Und er war auch kein Italiener wie die Bonapartes und Ramolinos, und das hieß, daß er nüchtern einstufte und sich kein alles überwindendes *sentimento della famiglia* erlaubte, wie gelegentlich sogar der ruhmreiche Napoleon.

Jérômes Verstand war der eines großen Jungen, nicht mehr; aber sein Instinkt, die fast feminine Einfühlung in das Wesen seines Gegenübers, die ihn auch für Frauen oft so unwiderstehlich machte, gab ihm ein zu sagen: »Verzeihen Sie, *mon général*, ich habe die Seeschlacht von Saint Domingue mitgekämpft, und der Admiral gab mir den ehrenvollen Auftrag, die – nach zweimaligem Ansatz endlich geglückte – Unterwerfung der englischen *Swiftburne* . . .« Er stockte plötzlich, trotz aller Keckheit aus dem Konzept gebracht. »Nun, Sie werden wissen, ich habe die eroberte feindliche Prise bemannt und aus den Händen des unterlegenen Kapitäns seinen Degen empfangen.«

Pauline hob die Hände. »Oh, Jérôme, das muß ein wundervoller Anblick gewesen sein! Du im Moment des Sieges, auf dem zerschossenen Schiff, in Gegenwart der gefangenen Mannschaft, noch im

Pulverdampf . . .« Sie sprach auf einmal italienisch, und Jérôme antwortete hingerissen: »*Si, travolgente, Paolina*!« Überwältigend, das war es, und er selber war von seinem Ruhm überwältigt!

Leclerc schwieg, da er kaum Italienisch verstand, aber den Sinn dieser Tirade hatte er erfaßt und auch die Motive des Admirals Gantheaume richtig eingeschätzt, der die erste, einzige Gelegenheit nutzte, den kleinen Bruder auszuzeichnen und dem großen Konsul gefällig zu sein, in dessen Diensten er stand.

»Sehr gut, mein Schwager, und zweifellos hatten Sie eine solche persönliche Hervorhebung damals verdient – nach der Schlacht.« Er wies jetzt auf einen der herumstehenden Stühle. Pauline lächelte.

»Im Januar 1800«, sagte Jérôme jetzt, »kam dem Admiral ein böses Unwetter zustatten. Wir kreuzten in wilden Regenböen, das Admiralsschiff drohte zu kentern, einige Segler verloren die Masten, die Flottille wurde auseinandergetrieben . . . und das mitten in der finstersten Nacht; man wartete besseres Wetter ab, bis schließlich doch die Engländer – der Admiral Warren – auftauchten und uns so zusetzten, daß wir nach Toulon auswichen.« Er atmete auf, wenigstens hatte ihn sein Gedächtnis nicht im Stich gelassen. »Drei Monate danach dasselbe – Sie wissen ja. Aber dann kam der Sieg über die *Swiftburne*, das schönste Schiff, das der englische König auf See zu schicken vermochte.«

»Das haben Sie bereits erzählt, Degen abgefor-

dert und Prise bemannt«, sagte Leclerc nüchtern.
»Und dann?«

»Es war meine erste Seeschlacht, und ich habe
die Kugeln nicht gefürchtet.«

»Gewiß, das hat Ihnen auch der Erste Konsul bestätigt, Gantheaume hat es mir berichtet.«

Von Paris, das er als junger Held wieder betrat,
erwähnte Jérôme nichts; er ließ lediglich beiläufig
verlauten, er habe seinem Bruder den Admiral
warm empfohlen. (Gantheaume hatte, da ihn Jérôme um eine größere Geldsumme angegangen
hatte, als Gegengabe diese Hilfe erbeten . . .)

Leclerc lag daran, diese sonderbare Audienz ab-
zuschließen. Er beschied den Schwager kurz: »Das
genügt; halten Sie sich in Zukunft auch in Ihrem
Auftreten so, wie es einem Seeoffizier der *grande
nation* zukommt, und erregen Sie kein Ärgernis
mehr. Ihren Mantel habe ich reinigen lassen, er
wird Ihnen beim ersten Sekretär übergeben werden. Ich lasse einen Wagen vorfahren. Pauline?«

Pauline stand auf, anmutig mit dem Schleier han-
tierend, und trat zu Jérôme, der ihr die Hand küßte. Strammstehen, Aufstechen, ein freches Blitzen
aus den kleinen schwarzen Augen – dann war er
draußen.

Leclerc ließ sich seufzend in seinen Sessel zu-
rückfallen, streckte die Hand nach Pauline aus und
zog sie zu sich herüber; sie schmiegte sich auf seine
Knie und streichelte sein Haar. Dann ging sie langsam zur Tür.

Gelegentlich gab es Jérômes wegen einen gereizten ehelichen Disput zwischen Leclerc und Pauline; daß er nun schon das zweite Mal in den Kolonien sei, meinte sie, zeige doch, daß Napoleon ihn für bewährt und fähig halte, und immerhin habe er sich ja bei der Einnahme von Port-au-Prince recht gut bewährt, sonst hätte ihn doch der Admiral nicht gleich zum Fähnrich zur See gemacht. Und Latouche-Tréville sei keiner von den unkritischen Admiralen.

Persönliche Tapferkeit und Wagemut – die habe er, sagte der Gouverneur, aber das genüge eben nicht; er hätte den Schwager gern verantwortungsvoller gesehen und auch »politischer« in seinen Auftritten. Er hätte sehnlich gewünscht, diese schwierige, kaum mehr übersehbare Lage mit ihm zu bereden und den »Kleinen« nicht bloß als Dekorations- und Zierstück einzusetzen.

Pauline widersprach, da ihr jedes Gespür für Leclercs Sorgen abging. Sie hatte in den Jahren ihrer Kolonialzeit gerade gelernt, die Kreolen von den Mulatten und diese von den Negern zu unterscheiden, die vielerlei Nuancen der Mischungen ersten und zweiten Grades, die in diesem Schmelztiegel wirbelten und agierten, so weit zu trennen, daß sie keine Taktlosigkeiten beging und ihm schadete. Kreolen hießen ursprünglich die seit Generationen in Haiti ansäßigen Weißen. Es gab die »großen Weißen«, Aristokraten und Großgrundbesitzer, und die »kleinen Weißen«, die ein Handwerk trieben, keine Pflanzungen hatten und nur »Haussklaven«, keine Plantagenarbeiter hielten. Mulatten

24

nannte man die Mischlinge aus der Verbindung Weißer und Schwarzer, später auch alle freien Farbigen, gleich welcher Abstammung sie waren. Und endlich gab es »neue Freie«, ehemalige Sklaven, die das Dekret des Nationalkonvents vom 4. Februar 1792 losgesprochen hatte, als Folge der großen Kolonialdebatte vom Mai 91, in der Robespierre für die Abschaffung des Menschenhandels und der Sklaverei plädiert hatte.

Verständlicher als diese politischen und juristischen Begriffe waren Pauline die Bitten der Joséphine Beauharnais um die Befriedung Haitis. Sie war ja selbst Kreolin und stammte aus Mozambique.

Befriedung – das war freilich ein fernes Ziel. Leclerc wußte das. Die Kolonisten, durch billige Sklavenarbeit reich geworden, zögerten mit vielerlei Vorwänden die Durchführung der Beschlüsse aus dem fernen Paris hinaus, die Schwarzen, die Bescheid wußten, empörten sich und lieferten damit das Argument, das Dekret zu widerrufen: neue Aufstände, Widerspruch der weißen Grundbesitzer, die einsahen, daß sie mit den freien Farbigen besser arbeiten konnten als mit unzuverlässigen und aufsässigen Sklaven. Es gab ein erbittertes Hin und Her, und Paris erwog militärische Eingriffe gegen die unbotmäßigen Landsleute in der Kolonie.

Leclerc – eingezwängt zwischen Auftrag und Einsicht – machte dringend auf die Agenten Englands aufmerksam, die den Zwiespalt ausnutzten und den Kolonisten Hilfe anboten . . . Spannungen, Emotionen, zwischen denen der Kommandeur sich wand, ohne Rückhalt und auch nur Verständnis bei seinen Nächsten. Pauline erfuhr durch Briefe aus der Heimat von der Enthauptung Ludwigs XVI., redete sprudelnd und naiv über den armen, dummen König, machte sich gegen Leclercs Wunsch wichtig damit und verstand erst zu spät, daß die Spanier, noch immer begierig auf den Besitz der Kolonie, aus diesem Königsmord eine Legende machten, um die Schwarzen aufzuhetzen, denen der König noch immer ein magisches Symbol und ein halbgöttlicher Heros war, auch bei einem fremden Volk. Übrigens nutzten gerade die spanischen Pflanzer ihre Sklaven, die Unfreien, barbarisch aus und straften Ungehorsam mit grausamen Folterungen.

Einer der Freigelassenen, ein riesiger, reinblütiger Neger, Toussaint Louverture, organisierte seine Landsleute, trieb sie zu Massakern in einsam gelegenen Gehöften an, drillte sie nach europäischem Muster und ließ sie glauben, ihre Seelen kehrten, nach dem Tod durch die verhaßten Weißen, in die afrikanische Heimat, zu ihren Geistern, Medizinmännern und Wodu-Heiligtümern zurück . . .

Leclerc versuchte den Rebellen mit hinhaltenden Scharmützeln zu begegnen, setzte auf ihre Desorganisation und allmähliche Ermüdung, hoffte auf ein langsames Versickern des Widerstandes, als er von einer üblen Nachricht aufgeschreckt wurde:

26

Jérôme hatte eine junge Negerin entführt, geschwängert und verschwinden lassen . . . Das war nicht mehr nur ein harmloser Streich, sondern lieferte der Hetze gegen Frankreich reichliche Nahrung. Aber noch viel brisanter wurde die Sache, als bekannt wurde, daß es sich bei dem Mädchen um eine Verwandte des Generals Toussaint Louverture handle. Daß sie mit einem Boot verschwunden war und die Ruderer schließlich, scharf verhört, zugaben, man habe sie nicht getötet, ließ vermuten, daß sie das Abenteuer weiterverbreitete und daß Toussaint inzwischen davon wußte.

Leclerc wurde ungeachtet seiner trockenen, verbissenen Redeweise so heftig, daß Pauline aus dem Zimmer lief. Jérôme weinte fast; er jammerte, er habe bei seiner Jugend und seinem romantischen Feuer ja nicht anders handeln können – aber Leclerc schnitt ihm brutal das Wort ab, und gemahnt, das Mädchen zu suchen und abzufinden, stöhnte Jérôme, er habe doch kein Geld, nur große Schulden . . .

Schließlich drehte sich der Generalgouverneur angewidert weg. »Ich werde die Sache bereinigen«, sagte er, »und das arme Geschöpf bezahlen.« Nicht einmal Paulines Schwesternzärtlichkeit kam dem Leichtsinnigen mehr zu Hilfe: Solche Eskapaden, vollends wenn sie bekannt geworden waren, mochte sie nicht.

Leclerc ließ sich trotz seines Ärgers herbei, Jérôme noch einmal über die Vorgeschichte und die politischen Schwierigkeiten und Ziele der Kolonialisierung Haitis aufzuklären. Müde, sichtlich von Jérômes Unverständnis überzeugt, zeigte er ihm auf der Karte die portugiesischen, englischen und spanischen Eroberungen und Verluste, Toussaints Unternehmungen, seine – Leclercs – Gegenzüge und die Erlasse und Dokumente, die zwischen Napoleon und dem Rebellenführer gewechselt worden waren. Jérôme bekam zum erstenmal Papiere in die Hand, die ihm das Maskenspiel, in dem er sich vergnüglich umzutreiben glaubte, als Aufgabe, als Verantwortung, als Arbeit, die einen reifen Mann verlangte, auswies.

»Sie sehen, Bürger Jérôme«, sagte Leclerc, »welch großes Ansehen dieser Schwarze genießt, Sie verstehen, daß der Erste Konsul wünscht, ihn zu schonen und freundlich zu stimmen, und Sie ahnen wohl jetzt endlich« – seine Stimme wurde scharf –, »wie aufgebracht er sein wird, wenn er von Ihrem üblen Streich erfährt. Segeln Sie nach Paris und stiften Sie hier keine Unruhe mehr, das ist ein Befehl!«

Es war nur die halbe Wahrheit, die Leclerc preisgegeben hatte, aber weder Pauline noch gar Jérôme durchschauten das.

Nach den Kämpfen, die noch während des Briefwechsels der Anführer wieder ausbrachen, nach Toussaints bissigen Vorwürfen gegen Napoleon, dem er den eigenen ungesetzlichen Staatsstreich vorwarf, lag weder dem Generalgouverneur noch dem Ersten Konsul mehr allzuviel an Toussaints Schonung und Freundschaft. Schließlich erließ Leclerc einen Tagesbefehl, mit dem er die Aufständischen außerhalb des Gesetzes stellte.

Obwohl der Partisanenkampf in dem mörderischen Klima, die Moskitos und der Durst die Franzosen furchtbar schwächten, hatte Leclerc die Festung Crête Pierrot erobert, sechshundert Schwarze gefangennehmen und erbarmungslos niedermachen lassen. Und eben jetzt, fast gleichzeitig mit der Verabschiedung des Schwagers, verlangte Leclerc die bedingungslose Unterwerfung Toussaints, seiner Unterführer und Vasallen und plante gleichzeitig die Überlistung und Gefangennahme des gefürchteten Feindes. Der harmlose »Kleine« sollte Leclercs freundliche Gesinnung bekannt machen und zugleich gemaßregelt und aus der bedrängten Kolonie entfernt werden.

Toussaint, militärisch durch den Verrat seiner Verbündeten fast wehrlos, baute auf einen bösen Helfer: Er verzögerte durch Guerillakämpfe die Übergabe, versteckte sich und ließ hier und dort einen unübersichtlichen grausamen Buschkrieg auflodern; denn er hoffte auf die Regenzeit, die alljährlich das Gelbfieber brachte, die Seuchen, gegen die seine Schwarzen nahezu immun, die Franzosen aber kaum widerstandsfähig waren – es würde sie, schrieb er, »niederwalzen wie Gras«, vielleicht, wie schon einmal bei der ersten Eroberung vor Jahrhunderten die Spanier, zu Aufgabe und Verzicht zwingen . . .

Jérôme schiffte sich auf der *Cisalpin* ein und landete am 11. April in Brest.

Pauline hatte ihn – trotz allem – gerührt fortgewinkt, Leclerc war erleichtert, den unberechenbaren und letztlich unbrauchbaren Burschen loszusein, den er nicht maßregeln durfte.

In Saint Domingue nahm die Hitze zu, in der brütenden Glut brachen fast täglich Tropengewitter und Regengüsse los, die wie Urweltkatastrophen niederstürzten, alles überschwemmten und wegrissen, was nicht fest verankert war, Felsen kahlfegten und Hütten mitspülten. Die Keller liefen voll, die Pferde standen bis an den Bauch im Wasser. Danach wurde es dann schnell kühler, aber nur für Viertelstunden. Die Hitze drückte bald wieder auf die Dächer, und auch im Gouverneursbau halfen die Springbrunnen nicht viel; Pauline lag den Tag über auf einem Diwan und ließ sich Luft zufächeln, man trug Wassersprenger mit duftenden Essenzen durch die Zimmer, die schwarzen Mädchen standen um Pauline herum und schwitzten; sie verlangte mehr und anderes Parfum und plagte Leclerc mit immer neuen Wünschen, die sie ihm melden ließ.

Schließlich unterbrach er seine Arbeit und ging zu ihr hinüber. »Liebe, du mußt dich zufriedengeben«, sagte er matt, »wir haben gewußt, daß uns das Tropenklima drücken würde, mich quält es auch. Aber schau, es regnet ja schon. Und wenn ich das Fenster öffne, wie kühl es hereinweht – spürst du den Schauder, Pauline?«

Sie sah ihn erstaunt an. »Ich spüre keinen Schauder, mein Freund!« Sie stöhnte weinerlich. »Ich spüre bloß die trockene Glut. Komm, setz dich zu mir und tröste mich!«

Leclerc ließ sich auf den Rand des Lagers sinken. Er nahm ihre Hand, und sie zuckte zurück.

»Du bist heiß – fast *zu* heiß!« murmelte sie und legte ihre Fingerspitzen auf seine Stirn, wo das dunkle Haar klebte. Er warf die Hände vor die Augen und ächzte: »Mir ist schlecht, Pauline, ich fürchte . . .«

»Du hast Fieber, *mon cher*!« schrie sie ekstatisch und sprang auf. »Ein Arzt soll kommen, schnell!«

Eines der schwarzen Mädchen lief kreischend hinaus, Leclerc fiel auf das Lager und krümmte sich wimmernd. Es war das Gelbfieber, das schon seit Tagen unter den Soldaten grassierte und das die Fliegen, die Moskitos eingeschleppt hatten. Man brachte ihn zu Bett.

Der Kranke phantasierte, er schüttelte sich in Frost und Glut, sein helles Gesicht wurde fast braun. Der Arzt verbot Pauline, ihn zu besuchen, spülte und wusch, gab Fiebermittel und legte, nach indianischem Rezept, Blätter auf gegen das »schwarze Erbrechen«. Nach vier Tagen kam die gefürchtete Krise, der abgemagerte Körper bäumte sich in Krämpfen, der General ächzte, den Mund weit offen, zerrte am Laken und verlangte zu trinken, und endlich, in der fünften Nacht, starb er.

Pauline war nicht bei ihm, sie lag weinend, aufgeregt wartend in einem bequemen Landhaus, das ihr Leclerc im Gebirge hatte bauen lassen, in der Mitte der Insel, dort, wo sich die Hügel, wie die Geographen schrieben, »wie Papier falteten«.

Nach dem Tod des fähigen Mannes, nach den tausendfachen Toden seiner Soldaten, erwogen die französischen Führer, wie sie schnell, rücksichtslos, ohne sich noch mehr zu schwächen, den angeschlagenen Schwarzen und ihrem fähigsten Strategen ein Ende machen könnten. Am 7. Juni 1802 schrieb der General Brunet, Leclercs Nachfolger, an Toussaint Louverture:

»Der Augenblick ist gekommen, Bürger General, wo Sie dem Oberkommandierenden unwiderleglich beweisen müssen, daß diejenigen, die ihm Zweifel an Ihrer Glaubwürdigkeit einzuflüstern versuchen, böswillige Verleumder sind. Wir haben . . . einige Fragen zu klären, die unmöglich brieflich zu regeln sind, für die jedoch eine kürzere Unterredung von einer Stunde ausreicht. Wenn ich nicht mit Arbeit und Geschäften überlastet wäre, käme ich zu Ihnen . . . Kommen Sie zu mir . . . Sie werden in meiner ländlichen Wohnung nicht alle Bequemlichkeiten vorfinden, über die ich zu Ihrem Empfang gern verfügen würde, aber Sie werden die Offenheit eines Ehrenmannes zu schätzen wissen . . . Ich wiederhole es, Bürger General, Sie finden nirgends einen aufrichtigeren Freund als mich, vertrauen Sie . . . halten Sie Freundschaft mit unseren Untergebenen, und Sie werden endlich Ruhe genießen. Ich grüße Sie herzlichst!

Brunet.«

Toussaint schrieb später: »Um acht Uhr traf ich im Haus des Generals ein. Nachdem er mich in ein Zimmer geführt hatte, entschuldigte er sich, daß er mich einen Augenblick allein lassen müsse, und ließ einen Offizier rufen, um mir Gesellschaft zu leisten. Er war kaum gegangen, als ich brutal gefesselt und hinausgezerrt wurde . . .«

Zwischenspiel

In Paris bezog Jérôme seine alte Wohnung in den Tuilerien; Feste, Empfänge, Bälle, Assembleen wechselten auf seinem Kalender, er hielt es nicht ohne Trubel aus, ohne Bewunderung, und natürlich war es unumgänglich, sich einen neuen Anzug beim ersten Pariser Schneider machen zu lassen, halb Uniform eines Fähnrichs zur See, halb Hofkleid mit Seidenhosen. Er kaufte die kostbarsten Schmuckstücke für seine Freundinnen, zog Wechsel auf den Bankier Bourrienne, der mit den »Hoflieferanten« ein Abkommen getroffen hatte und sich dafür bezahlen ließ. Sie boten dem »kleinen Verschwender« immer herrlichere Preziosen an, und wenn Napoleon ihn wegen seiner Ausgaben zur Rede stellte, hatte er die nicht mehr ganz neue Ausrede: »Ich liebe eben die schönen Dinge« – eine hübsche Wendung, die nur den Fehler hatte, daß das »gut und schön« der Griechen, von dem Jérôme gewiß einmal im Internat gehört hatte, sich zwar auf die »Schönheit des Guten«, nicht aber in jedem Fall auf »Gutsein des Schönen« beziehen ließ. Leider hatte der große Bruder schon als Konsul eine sehr agile Geheimpolizei eingerichtet, die über Jérômes Unmäßigkeit jetzt haarsträubende Einzelheiten meldete, so daß Napoleon ihn wieder aus Paris entfernte.

Er wurde – ob willig oder nicht – auf der *Epervier* eingeschifft, die nach den Antillen segelte. Wenigstens setzte er mit sanfter Schmeichelei durch, daß sein Freund aus Saint Domingue, der junge Kapitänleutnant Halgan, die Brigg befehligte. Auch die übrigen Offiziere waren ehemalige Kameraden aus der Kolonie.

Und er wäre nicht Jérôme gewesen, wenn er nicht einige Verzögerungen als unabdingbar notwendig erklärt hätte, Reparaturen am Schiff, Verschönerungen, die Herstellung neuer Wimpel und Fahnen, die er – als Ratgeber und Vertreter des Kommandanten – entwarf. Also Aufenthalt in Nantes – erst mußte ja die Brigg betakelt werden – und endlich Abreise.

Am 28. Oktober erreichte man Saint Pierre de la Martinique. Admiral Villaret-Joyeuse ernannte Jérôme zum Kapitänleutnant, in der Hoffnung, beim Konsul empfohlen zu werden. Und da Halgan krank wurde, meldete sich Jérôme für den Posten des Kommandanten und – bekam ihn.

Napoleon erfuhr zu spät davon, vielleicht dachte er, wie manch anderer von Jérômes Vorgesetzten: »Die Antillen sind weit genug weg . . .«

Talleyrand, der von der Sache hörte, sagte zu ei-

nem seiner Sekretäre: »Dieser Bursche ist anma-
ßend und ohne Maß!«

Und der, ein gescheiter Mensch, gab zurück: »In
unserer Epoche, Exzellenz, wo man die große Ge-
bärde, das Pathos, die Bilder und Symbole im Blut
ertränkt hat, fallen die Leute auf jede hohle theatra-
lische Geste herein. Ein hübsches Gesicht und eine
modische Frisur, eine gutgeschneiderte Uniform
und ein sicheres anmaßendes Benehmen täuschen
ihnen das vor, was sie entbehren. Mit ein bißchen
Frechheit und *savoir vivre* ist das meiste getan!«

Der Minister lachte und meinte, einiges an Wissen und Können gehöre doch wohl auch noch
dazu; für den Moment und vor dem Hintergrund
des brüderlichen Ruhmes möge allerdings das
blenden, was Jérôme zu bieten habe.

Dieser Ruhm des Ersten Konsuls wuchs beständig, nicht nur, weil die Nation das Bedürfnis nach
»Gloire« verspürte.

Napoleon hatte, schon als er 1797 Erster Konsul
geworden war, die fast unüberschaubaren Staats-
schulden aufgedeckt, die Unbrauchbarkeit einer
Armee erkannt, die schlecht besoldet und ernährt
war, und die Findelhäuser untersucht, in denen die
Kinder zu Hunderten verhungerten, wenn sie sich
nicht als kleine Diebe und Straßenräuber durch-
schlugen; er hatte sich um Siechenbaracken und
Ärzte gekümmert, und es zeigte sich, daß er nicht
nur Feldherr und mitreißender Volkstribun war,
sondern ein Organisator, der Ordnung und harte
Disziplin von sich und seiner Umgebung forderte.

Von alledem besaß der »Kleine« nichts, aber er benahm sich, als habe Fortuna, die er im übrigen für seine verpflichtete Untergebene hielt, ihm alle ihre Kränze zugedacht und ihn ausersehen, das schwer erkämpfte Kriegsglück seines Bruders durch den Schimmer seiner königlichen Gesten erst wirklich sichtbar zu machen.

Friedrich von Württemberg

Im Stuttgarter Schloß, dessen Bau noch Herzog Carl Eugen begonnen hatte, residierte seit dem Dezember 1797 Herzog Friedrich von Württemberg, ein Sohn des Herzogs Friedrich Eugen, der nur ein knappes Jahr lang regiert hatte oder, wie ein französischer Agent schrieb, durch seine Gemahlin, die Prinzessin von Brandenburg-Schwedt, regiert worden war.

Friedrich stapfte auf und ab; das Parkett spiegelte in bräunlichem Blond, die Kristallüster klirrten bei jedem Schritt, den der riesenhafte Herr tat, auf und ab, auf und ab, während die Kerzen über ihm zitterten, die Dielen knirschten und der breite schwere Sessel, der ihn aufnehmen sollte, hie und da mit einem starken Stoß weggerückt wurde.

Friedrichs graugepudertes Haar, in einer Art flüchtiger Zopffrisur zusammengehalten, klebte im Nacken. Er schnaufte heftig und schwenkte die starken Arme, als wolle er etwas greifen oder zerdrücken, dann ließ er sie an sich herunterfallen wie Gewichte.

Er war allein im Raum, die Diener standen vor der Tür und hofften, der Herr möge bald schlafen gehen.

»So ist das, seit er krank ist«, flüsterte einer, ein Älterer, dem neu eingestellten Lakaien zu. »Weißt schon, der Graf Zeppelin«.

»Ja, hab's gehört.«

Graf Zeppelin, der Minister, Berater, einzige Freund des verbitterten Herzogs, war schwerkrank. Friedrich hatte ihn täglich gesehen, befragt, sogar mit ihm geplaudert, ein Wort, das sonst in seinem streng geordneten Sprachschatz fehlte. Jetzt hetzte er die Ärzte, zornig und verzweifelt, nach Hilfe für den Kranken herum.

Die Leute vor der Tür guckten sich verschüchtert an. »Da sei was nicht ganz hasenrein . . . heißt es.«

»Um Gottes willen«, warnte der Grauhaarige, »sag das nicht!«

Es gab freilich nichts, was die schwäbischen Pietisten hätte empören können, nur eine Art Sohnesfreundschaft und ehrfürchtige, manchmal nachsichtig-zärtliche Rücksicht auf den dunklen Koloß und seine vulkanische Natur; und vom Herzog her vielleicht den heftigen, gewalttätigen, fordernden Anspruch auf unbedingte Zuverlässigkeit.

Er hatte gelacht und gelächelt, wenn Zeppelin hereingetreten war, und jetzt stieß und würgte den Alleinherrscher das Gefühl der Machtlosigkeit einer rätselhaften Krankheit gegenüber.

»Vorgestern«, flüsterte der jüngere Kammerdiener, »war er eingeschlafen, mit dem Kopf auf dem

Tisch. Er hat nicht geläutet, aber weil ich ihn schnarchen hörte – ich hatte das erstemal Dienst –, kriegte ich Angst, es könnte ihm etwas fehlen, er schnarchte so laut . . . da bin ich doch hinein, ganz leis, und sah ihn sitzen und ließ ihn.«

Friedrich klingelte. Zwei Diener kamen unter Bücklingen herein.

»Wecken, morgen früh, wie immer!« Der massige Kopf ruckte auf den Schultern, als rühre sich ein Steinblock auf dem Sockel. »Und morgen um zehn Uhr soll der Dannecker antreten, der Sculpteur, verstanden?«

Als Dannecker sich meldete, ein kräftiger Mann mit einem schwäbischen großen Mund und halblangem hellbraunem Haar, ließ ihn Friedrich sofort hereinrufen, unterbrach die Besprechung mit dem russischen Geschäftsträger und winkte: »*Prenez place*, Dannecker! Ich brauche einen Entwurf, eine Skizze, nach Ihren Notizen – das Modell steht im Moment nicht zur Verfügung.«

Dannecker zog vorsichtig einen Stuhl heran, verbeugte sich noch einmal und setzte sich. »Zu Diensten, Durchlaucht.«

»Ich will von Ihnen ein Porträt des Grafen Zeppelin. Er ist krank, die Ignoranten von Medizinern wissen wieder einmal nicht weiter. Ich will, daß Sie das so vorbereiten, daß Sie ihn nach seiner Genesung – Gott füg's! – nicht mehr lange zu quälen brauchen, er hat ja auch immer wenig Zeit, wenn er gesund ist . . . Lassen Sie sich das Gemälde des Schick ins Atelier bringen, ich erwarte etwas wie das Wesen des Grafen, und es soll ihn freuen, wenn er's sieht.« Friedrich riß an seiner Hemdspitze herum. »Können Sie das?«

Dannecker sagte bescheiden, der Herzog kenne ja seine Arbeit an der Schillerbüste, die er schon 1796 begonnen habe, den Gipsguß, den er gern, so der Herr es wünsche, noch einmal aus der Werkstatt herschaffen lasse.

»Der Schiller ist anders«, knurrte Friedrich, »der ist knochiger, männlich und heldenhaft, ein Volksheros. Diesen da will ich für mich, einen hellstirnigen Menschen, ein geistiges Bild.«

Dannecker sah erstaunt auf. Der Gigant da vor ihm hatte die kleinen Augen fast ganz geschlossen, um den Mund zogen sich die Schrammen bis zum Kinn hinunter, keine Falten mehr, tiefe Risse, trotz des unschönen Fetts, das die Wangen blähte und den Hals fast verschwinden ließ.

»Schau Er mich nicht so abschätzig an!« schrie Friedrich und brauchte absichtlich das altmodische »Er«.

Dannecker entschuldigte sich, er sei Künstler und sehe jedes Gesicht als Vorwurf für eine Plastik. Das sei ehrfürchtig gemeint, sagte er noch.

Friedrich schwieg darauf und stemmte sich aus dem Stuhl in die Höhe.

»Lassen Sie das Gemälde ins Atelier tragen! Ich weise das an.« Friedrich schellte, während der Meister sich unter Bücklingen zur Tür tastete. Draußen wurde ihm versichert, das Werk werde pünktlich in seinem Hause sein. Dannecker ging.

»Hofbildhauer . . .«, murmelte er ärgerlich, »Hofknecht!« Im Weitergehen wurde er gelassener. Aber doch, dachte er, der alte Carl Eugen hat's ganz gut gemacht, daß er mich meinem Vater abgeluchst hat . . . Sonst wäre ich dem sein Roßbub geblieben, und wie hätt' ich je zum Le Jeune kommen sollen ohne ihn? Gerecht muß man schon sein, auch gegen die Fürsten, sogar wenn's arg menschliche Menschen sind! Und der da drin ist scheint's bös geplagt worden in Rußland, und Genaues weiß keiner von uns. Da denkt er halt nicht viel Gutes von den Leuten, und seine englische Mathilde gilt ihm auch wenig. Der Zeppelin ist der einzige, dem er traut – und jetzt will er ihn festhalten im Stein, wo er bald Kurfürst wird, und ihn selber soll ich auch machen.

Man klatschte viel am Stuttgarter Hof über die englische Heirat, es war klar, daß dies eine rein politische Angelegenheit war. Aber für die Princess Royal, Charlotte Augusta Mathilde, war die Heirat doch wohl mit ein paar fraulichen Hoffnungen verknüpft gewesen. Seiner Tochter Katharina hatte Friedrich geschrieben:

»Mein liebes Kind! Seit dem achtzehnten Juli hast Du eine neue Mutter, die das Glück Deines Vaters bedeutet und bedeuten wird, und die Du infolgedessen lieben und achten wirst, davon bin ich überzeugt . . .«

Als das junge Mädchen den Umschlag öffnete, weinte es, schon bei den ersten Sätzen. Was der Vater tat, war immer unberechenbar und eigentlich

41

zum Fürchten. Und er erklärte nichts, er verfügte bloß. Er hatte sie mit den beiden Brüdern aus Rußland nach Württemberg gebracht, das sie kaum kannte, nur aus Berichten und von Bildern her, und sie wußte nicht, was aus ihrer Mutter, der Braunschweigerin, geworden war. Man sagte ihr, sie sei tot, aber die russische Kinderfrau hatte ihr erzählt, die Prinzessin-Mutter sei mit einem kleinen Engel im Arm weit fortgeflogen.

»Und das war mein Schwesterchen oder mein Bruder?« fragte Katharina einmal, aber niemand gab Antwort darauf. Daß der Vater seit damals anders geworden war, noch verschlossener, selbstherrlicher, härter, spürte sie bald. Sie gewöhnte sich daran, ihn zu meiden, und merkte doch, daß er für sie offener und zugänglicher war als für die Brüder. Er erzählte sogar manchmal von Rußland, von seinem Gouvernement in Cherson, zu dem ihn die große Katharina, ihre Patin, berufen hatte. Mit ihr hatte er manchmal deutsch gesprochen, sie war eine deutsche Prinzessin aus Anhalt-Zerbst, vom großen Friedrich, dem Preußen, für den russischen Paul ausgesucht . . . Von Cherson, an das sie eine unklare und meist verdrängte Erinnerung hatte, war die Kleine nach Mömpelgard gebracht worden; sie dachte oft an die Zeit in dem großen Stadtschloß und an das weiter draußen gelegene Staint Étupe, an den Weg neben dem Flußufer, unter hängenden Buchenzweigen, zwischen denen immer wieder Stadt und Schloß sichtbar wurden, an die vielen Kanäle, die alles Gemauerte einschlossen.

Man hatte ihr gesagt, Mömpelgard gehöre seit dreihundert Jahren zu Württemberg, von jener Henriette als Heiratsgut eingebracht, die den Friedrich von Zollern in der Schlacht besiegt hatte, den Ahnen des Preußenkönigs. Inzwischen war das Gebiet oft von Truppen durchzogen, geplündert und verwüstet worden. Sie kannte nur das alte Bild aus der Kinderzeit, ihr hafteten kleine Blitzlichter, helle Funken ohne Zusammenhang, ein rosenumwachsener Balkon, ein schmaler Dachfirst, im Gedächtnis.

Katharina war mit achtzehn Jahren noch immer ein halbes Kind, wie es die blonden, hellhäutigen Typen oft sind; und sie war in ihrem Umkreis gefangen, in ihrer Kaste, ihrer Tradition, wie unter einer Glasglocke, die ihr keinen Ausgriff in die »gewöhnliche Menschenwelt« ließ. Sie war naiv, aber klug genug, um wenigstens im eigenen Wesen, in der eigenen Sippschaft, in der Geschichte der Familie zu forschen, da sie wissen wollte, »mit welchen Pferden sie fahren sollte«. Sie verglich Züge im Charakter des Vaters mit ihren eigenen Antrieben, fragte nach seiner Jugend und nach der Mutter, die noch immer, kaum gekannt, wie ein Traumwesen in einem Nebelflor vorüberschwang, wenn sie das Thema beim Kurfürsten anschlagen wollte.

Dann tauchte auch, sichtlich vorsichtig berührt, nur mit undeutlichen Floskeln erwähnt, die berühmte Großtante auf, ihre Patin, die große Zarin Katharina. Sie merkte bald, daß die Herrscherin wie ein Tabu, ein bedrückendes, quälendes Phantom über dem Vater hing, das einzige Bild, vor dem der Mächtige sich duckte, das er mied und fürchtete. Das erschreckte sie, denn sie glaubte zu wissen, daß der Name ein Zeichen, ein Stempel und ein Signum sei, das eine Richtung weise, und man hatte ihr den Namen dieser Frau mitgegeben.

Die Herzogin Mathilde, die seit 1797 Katharinas zweite Mutter war, lebte sehr zurückgezogen. Wenn Katharina sich bei ihr melden ließ, tat sie das aus gutmütiger Höflichkeit und kaum aus Freundschaft. Mathilde nutzte dann gern die Gelegenheit, aus ihrem sonst so förmlich-distanzierten Benehmen etwas herauszutreten. Sie erzählte der begierig zuhörenden Prinzessin von geheimen Hofberichten, die sie sich aus englischen Quellen verschaffte, sprach von makabren Schauermären, die über den russischen Hof umgingen, und von dem wilden, grausamen, genialischen Wesen der »bösen Zarin«. Katharina hörte erstaunt, dann erschrocken zu. Aber obwohl sie Mathildes Eifer und Abscheu befremdete, ließ sie sich doch von den weitschweifigen Schilderungen gefangennehmen.

Vor fünf Jahren war die große Katharina gestorben, sie hatte, so hörte man, ihren Sohn Paul, den Gatten der württembergischen Sophie, die Katharinas Tante war, ehrlich gehaßt, genau wie ihren Mann, den groben, dümmlichen Paul I., von dem sie nur Brutalitäten und Beleidigungen erfahren hatte.

Den Enkel aus der deutsch-russischen Ehe ihres Sohnes, den Alexander, hatte sie geliebt und für den Thron bestimmt . . .

Aber die Zarin war – verbraucht – früher und rascher gestorben, als sie selber gedacht. (Mathilde sagte trübsinnig: »Wer denkt bald genug an den Tod?«) Und der immer unterdrückte Sohn, der sich nun endlich mächtig genug zur Rache fühlte, hatte sich jetzt erst eigentlich als der Psychopath entpuppt, der er war: Geschützt durch die unbeschränkte Macht seiner Zarenkrone, ließ er den Leichnam seines Vaters ausgraben und das gekrönte Skelett durch die Straßen führen, voraus die kerzentragenden Günstlinge der toten Mutter, die er für die Mörder hielt, und beide Gatten – zum Hohn – nebeneinander beisetzen . . .

Katharina saß blaß, mit zitternden Händen, vor der schwatzenden Dame, die sich wichtig damit tat, dem Mädchen die Barbarei der Russen einzureden, und in ihrer Befangenheit nicht sah, daß sie eine völlig Verstörte, Erschütterte vor sich hatte, die sich kaum mehr aufrecht halten konnte. Erst als Katharina fragte: »Die Tante? Hat sie das nicht hindern können?« wurde sie wacher. »Es gab doch Dokumente, ein Testament der Zarin, denke ich . . .«

Mathilde lachte leise: »Das hat der neue Zar verbrannt.«

»Arme Tante, arme Frau!« Die beiden schwiegen eine Weile. »Sie hat doch bloß Angst vor ihrem Gatten gehabt.«

Mathilde zuckte die Achseln, sie wickelte sich in ihre Pelzdecke, obwohl es im großen schönen Stuttgarter Schloß nicht kalt war – draußen flirrte und flimmerte ein heller Märztag, Militärmusik klang, halbverwischt, herauf, Marschtritt, auch einmal helles Gejubel von Kindern, die wohl dem Zug nachliefen.

Katharina entschuldigte sich, sie müsse zu ihrer Vorleserin zurück.

Das nächstemal, bei einem dieser Pflichtbesuche, kam sie zögernd und hatte sich vorgenommen, gleich nach der formellen Begrüßung ein harmloses Thema anzuschlagen; sie habe, sagte sie zu Mathilde, recht Interessantes über die Bonapartes gehört, von denen jetzt die ganze Welt widerhalle, da der Feldherr Napoleon die Italiener, die Österreicher, sogar den Papst in seine Gewalt gezwungen habe.

Ein Konkordat sei geschlossen worden, meinte die Kurfürstin, und der Papst sitze irgendwo im Exil oder werde es bald tun müssen – diese räuberische südländische Sippe habe nur Fußtritte für Traditionen, und Katharina werde ihr, die in den Formen der High Church erzogen worden sei, keine Sympathien für den Papst zutrauen!

Immerhin, sagte Katharina, sorge dieser Napoleon für seine Familie.

Eine Weile saßen die beiden Damen wieder stumm voreinander. Katharina hatte einiges von Seegefechten und Schiffsbegegnungen, von irgendeiner ärgerlichen Geschichte über den jüngsten Bruder Napoleons, Jérôme, gehört und glaubte,

der Engländerin mit einem Lob der Royal Navy
Freude zu machen.

Mathilde reagierte anders. Sie wurde unvermutet
lauter: »Dieser Scharlatan! Der jüngste und dümm-
ste der Napoleonsbrüder! Er ist mit seiner Brigg –
mit neunzehn Jahren hatte man ihn zum Kommandeur gemacht! – nicht etwa befehlsgemäß nach
Guadeloupe gesegelt, wohin er sollte, sondern
nach dem englischen Dominique! Und bei diesem
schon brüchigen Pakt . . . fair, wie Old England
ist, hat man sich noch einmal an den bereits fragli-
chen Vertrag gehalten, hat Jérôme festlich empfangen, und danach ist er – dieser Blender und
Schaumschläger – nach Neuengland gesegelt, nach
Baltimore, nach den abtrünnigen Staaten von Amerika!«

Katharina nickte. Allzuviel interessierte sie dieser sichtlich unzuverlässige Bursche nicht.

Mathilde allerdings hatte sich einmal für das
Thema erwärmt, nicht Jérômes wegen, dessen ganzes Wesen ihr zuwider war, eher, weil sie trotz aller
Abneigung gegen den illegitimen, angemaßten,
wildwüchsigen Kaiser seine Faszination spürte und
die Gefahr für England und Europa mehr ahnte als
sah – dieses völlig Neue, den Elan, die unver-
brauchten Gedanken und die unvorhersehbaren
Pläne.

Es war die Rede davon, was sich dieser junge
Fant, Jérôme, geleistet hatte, als er ein englisches
Kriegsschiff angehalten und wie eine Handelsprise
gestoppt hatte, als gelte die Blockade auch der be-

waffneten englischen Macht. Sein Admiral wütete, man fürchtete, der offene Kampf werde ausbrechen, ehe noch Frankreich dafür gerüstet sei, und war froh, als England nicht zurückschlug. Später, als der Seekrieg zwischen den beiden Mächten wirklich erklärt war, leistete er sich ein echtes Bravourstück, das ihm rühmlich angerechnet wurde: Er steuerte die umstellte und – nach aller Voraussicht – verlorene *Veteran* durch ein unerhört kühnes Manöver in die Bucht von Concarneau und entzog sie so dem Zugriff der Navy . . .

Indessen hatte sich sein »großer Bruder« 1804 selber die Krone aufgesetzt und den Papst dabei nur zusehen lassen. Man beobachtete erstaunt, wie er seinen ägyptischen Feldzug aufzog, ein tolles Unternehmen, das von vornherein zum Scheitern verurteilt schien.

Man erfuhr empört von der Hinschlachtung der zweitausend Türken, die er gefangengenommen hatte; ihrem Ehrenwort, nicht mehr zu kämpfen, war nach den früheren Erfahrungen nicht zu trauen, sie zu ernähren war ohne besseren Nachschub unmöglich – man trieb sie mit Schüssen ins Meer.

Mathilde konnte sich in ihrem Barbarenhaß nicht genug tun, freilich lag das englisch-indische Beispiel noch zu fern. Sie wußte vom Befehl Peters des Großen, sein im Krieg durch die Pest bedrohtes Heer durch die Ermordung aller Pestverdächtigen zu retten.

Katharina, bedrückt von allem Düsteren des Riesenreiches, in dem sie ihre früheste Kinderzeit erlebt hatte, sprach von der besseren Regierung der Katharina, und Mathilde ließ den Mord am Zaren, den die Zarin geduldet und geschürt habe, noch einmal auftauchen.

Die junge Katharina mochte ihre Patin nicht beschmutzen lassen – ihr stand das majestätische Gemälde, das der Vater besaß, vor Augen, die herrscherliche schöne Frau im Purpur mit den bannenden dunklen Augen und dem vollen Mund . . .

Mathilde hielt ihre Plantagenets und Tudors dagegen, den Löwenherz und Heinrich den Zweiten; nur auf die Frage nach den Lebenden, den Hannoveranern, schwieg sie gern: Der schwerkranke, geistig verdüsterte Georg der Dritte hatte wenigstens die beiden Pitts, seine fähigen Minister, die Schlimmeres verhüteten, ehe er an seiner unerkannten Porphyrinurie sterben durfte.

Napoleon also! Das Thema Europas . . . Lückenhafte Berichte kamen aus Ägypten, wo der General sich noch immer mit Türken und Arabern schlug, wenig Nachschub und Proviant hatte und einen Kleinkrieg führte, der ihm zwar Ruhm, aber auf die Dauer keinen Landgewinn bringen konnte.

Dafür hatten seine Wißbegier, seine Ungeduld, die Raserei seines immer unbefriedigten Impetus ihn geführt, verführt zu Erkenntnissen, die beinahe hellsichtig waren.

Erstaunliches erfuhr man in Europa über seine hingeworfenen Gedanken: Er sei, hieß es, durch den Fehler eines ägyptischen Führers an den »Quellen Mose« bei Suez von der Flut überrascht worden und habe beschlossen, das Land zu vermessen und einmal, in befriedeten Zeiten, einen Kanal dort zu bauen – er habe, angeregt durch die monumentalen Grabmäler, die Pyramiden, die seinen Hang zum Kolossalischen ansprachen, nach Leben und Kultur Ägyptens geforscht und ein Team von Gelehrten aufgeboten, die erstaunliche Ergebnisse einbrachten, denn die frühe Geschichte Ägyptens lag für die Europäer im dunkeln. Vor allem ihre Schrift interessierte Napoleon, von ihr erhoffte er Aufschlüsse über die Geheimnisse des Landes. Schließlich gelang es dem Orientalisten Champollion, den »Stein von Rosette« zu entziffern, auf dem in drei verschiedenen Sprachen ein Dekret niedergeschrieben war – ägyptisch, demotisch und griechisch –; die Hieroglyphen konnten in der Folge entziffert werden. Es verstand sich, daß medizinische und organisatorische Reformen dazukamen, daß der Eroberer das besetzte Land sich und seinen Ideen »anverwandelte«.

Friedrich von Württemberg – oder Wirtenberg, wie es damals noch hieß – ließ sich nicht ungern auf solche Einzelheiten der Berichte ein, obgleich ihm die großen Linien napoleonischer Politik wichtiger und vielleicht sogar durchsichtiger waren als vielen seiner Mit-Rheinbundfürsten. Denn in kleinerem Maßstab war sein Charakter dem des großen Korsen sogar ähnlich, wenn ihm auch – abgesehen von den engeren Verhältnissen und ohne den ungeheueren Vorangang und Auftrag der Revolution – die Verpflichtung zum Neuerer fehlte. Friedrich war bei hoher Intelligenz und einem erstaunlichen Gespür für kaum zu formulierende Antriebe in der Wurzel ein Mann der Ordnung, der starren, versteiften Tradition, er glaubte an das göttliche Recht seines Fürstentums und an die gottverliehene Würde – oder zumindest, er ließ Land und Leute samt Mathilde und Katharina glauben, daß er daran glaubte . . .

Ein bißchen Geschichte könne den Frauen nicht schaden, meinte er bei einem seiner raschen Besuche beiläufig; Katharina kannte ihn gut genug, um zu wissen, daß er diese Visiten nur halbherzig machte, mit halbherziger Teilnahme, nur selten mit einer aufflackernden väterlichen Zärtlichkeit für seine Tochter. Die Frau, immer unförmiger und unbeweglicher geworden, behandelte er mit der vorgeschriebenen Höflichkeit als Fürst und offizieller Gatte, bei Festen und Auftritten mit der Courtoisie des Herrn aus altem Haus.

Katharina war ziemlich isoliert mit ihren Damen, der Hof sollte wenig Kosten machen und klein gehalten werden. Ein paar Briefbekanntschaften, flüchtige Ballplaudereien, einmal das Kompliment eines trockenen norddeutschen Prinzen, der sich mühsam zu gestotterten Höflichkeiten aufschwang. Die wenigen Gespräche mit dem Vater, der sogar gelegentlich über den Halbgott Napoleon und dessen italienische Abkunft aus der Toskana ein paar Worte verlor, waren eigentlich das einzige, was sie mehr als nur flüchtig interessierte. Die »Buonaparte« seien bei den Ghibellinen gestanden, den Waiblingern, und also eigentlich schwäbische Untertanen, behauptete er, und genauso die Buonarroti, was ›guter Stein‹ heißen könnte und zu dem Bildhauer Michelangelo passe.

Er gönnte ihr selten solche Unterhaltungen, und sie hatte keine Mutter, nur Mathilde, die zu kühl war, um ihr nahzukommen. Sie las, ritt, wanderte in den Schloßgärten herum mit den Damen und hatte zu den beiden Brüdern kaum Kontakt. Es gab eigentlich nichts, was ihr wirklich Vergnügen gemacht hätte, und wenn sie gern Musik hören oder Theater sehen wollte, hielt das der Vater für allzu kostspielig. Er pflegte nur eine Art von Familienstolz, Standestradition, und sah mit Kummer, daß sie nicht eigentlich schön war – niedlich, lieblich, knospenhaft und kindlich, aber zu rund, zu kurz geraten, mit dicken Beinen und einem molligen Unterkinn . . .

Sie ritt am liebsten im Herbst, allein, in den Schloßanlagen, zwischen dicken Ahornstämmen, die gefleckt, grau-weiß gesprenkelt unter dem bunten Laub standen; wenn sie Galopp anschlug, raschelten die Hufe rhythmisch im wiegenden Trab durch die dürren Blätter. Sie saß gern im Damensattel, die Beine um das »Horn« gewinkelt, und lenkte das gut trainierte Tier mit ihrer Gerte, sanft, als habe sie kein Temperament. Man hatte ihr gesagt, Reiten tue ihrer Figur gut, die schon füllig wurde, und gäbe ihrem Gesicht frische Farben, den rundlichen Backen unter dem gekräuselten Haaransatz.

Aber eigentlich Spaß machte ihr nur das Einverständnis mit dem geduldigen Tier, das willig auf sie einging und ihr nichts vorschrieb und nichts befahl.

Sobald sie dann wieder in den Schloßhof einbog, präsentierten die Wachen, sie setzte sich gerade auf, und wenn sie dann die Treppe hinaufstieg, schlug sie die Schleppe im gelernten Schwung über den Arm.

Einmal hatte sie die Reitschute schnell abgeworfen und den Sessel damit verfehlt, und die Hofdame war zugelaufen, um das Hütchen aufzuheben, als ihr Vater hereintrat, unverhofft, wie er das manchmal tat, entgegen der strengen Etikette, die er von anderen verlangte.

Er hatte sie später zu sich kommen lassen und zornig angeschrien: »Das tut eine Prinzessin nicht! Man bleibt gemessen vor den Bedienten! Form und Ordnung sind das, was wir beherrschen und wodurch wir herrschen müssen. Was ungeregelt ist, muß draußen bleiben . . .«

Katharina hatte fast geweint, nur die Angst vor einem neuen Tadel hatte sie davor bewahrt. »Das Ungeregelte« – sie spürte, daß es ihre Mutter getötet und den Vater aus Rußland getrieben hatte, daß die Furcht davor wie ein Krampf und Zwang sein Menschliches niederhielt, vielleicht seine schwerblütige, cholerische Natur verbogen und verzerrt hatte. Und auch, daß die englische Frau mit aller geistlosen Form ihm nicht helfen konnte.

Rückblende

Gegen Ende des Jahres 1803 hatte Jérôme Bonaparte die bildhübsche junge Elisabeth Patterson in Baltimore geheiratet, mit kirchlichem Segen von der Hand eines hohen geistlichen Würdenträgers.

In Württemberg wurde nicht mehr davon geredet, seit Mathilde die romantische Geschichte mit mißbilligenden Zusätzen an Katharina weitergegeben hatte.

Um so mehr in den Pariser Salons, denn die Affäre des wildverliebten, tollköpfigen Jungen, dem dazuhin der Ruf des waghalsigen Seehelden anhing, bewegte alle empfindsamen Gemüter, zumal eine Tragödie wie eine düstere Wolke über seinem Lockenkopf drohte: Der Zorn des großen Bruders war zu erwarten. Napoleon hatte auf die Ankündigung seines Besuchs hin depeschiert, daß er zwar bereit sei, seinen Bruder zu empfangen, ihn sogar, wenn er reuig und folgsam heimkomme, trotz seiner Eskapaden anzunehmen, nicht aber diese junge Person, »jene Mademoiselle Patterson, mit der er lebt«.

Jérôme faßte einen typischen Entschluß: Diplomatische Winkelzüge lagen ihm nicht; er war sicher, den Bruder überrumpeln zu können, denn Elisabeths Schönheit, ihr Takt, ihre Intelligenz, ihr Charme würden, so verkündete er, »das Herz des Ersten Konsuls im Sturm erobern«.

Also sollte Elisabeth ohne Kenntnis der zahlreichen Agenten, die Napoleon in Baltimore verteilen ließ, nach Frankreich gebracht werden. Jérôme mietete eine Brigg, ging im Herbst 1804 in Baltimore an Bord und nahm seine Frau, ihre Tante und ein nicht eben dürftiges Gefolge mit, außerdem eine Summe von 3 000 Dollar samt reichlicher Bagage. Die Brigg segelte bei gutem Wind den Fluß abwärts, und alles ließ sich recht hoffnungsvoll an, doch als man das offene Meer erreichte, nahm der Seegang zu, die junge Frau fühlte sich übel, Jérôme ängstigte sich um sie und das vielleicht erwartete Kind und befahl dem Schiffsführer, vor Anker zu gehen.

Anderntags, als man wieder »in See stechen« wollte, wie Jérôme das fachmännisch nannte, hatte der Wind umgeschlagen, und die Flut ging bedenklich hoch. Der Kapitän murrte: In einer halben Stunde hätte man Cap Henlopen erreichen können, wenn man gleich weitergesegelt wäre, aber durch den Aufenthalt sei man jetzt in das wüsteste Unwetter geraten, das in dieser Gegend möglich sei . . .

Die Nacht wurde dann auch fürchterlich, das Schiff schlug gegen ein Riff, das in der Dunkelheit nicht zu erkennen gewesen war, der Sturm brüllte, tobte, als wären alle Höllenmächte losgelassen, Jérôme hielt sich tapfer, aber das Elend der seekranken Frau, das Gewimmer der Tante, die ihm Vorwürfe machte, das Fluchen der Matrosen und die Erbitterung des gemaßregelten Kapitäns, der sich dem jungen »Milchbart« überlegen fühlte, machten auch Jérôme schließlich heiß. Im tiefsten Herzensgrund war er bei aller Forschheit unselbständig und froh, wenn ein übermächtiger Wille ihm seinen Weg aufzwang.

Endlich versuchte der Kapitän zu wenden, von dem gefährlichen Klippenufer wegzukommen. Er wollte wenigstens ankern, damit seine Brigg dem rasenden Seegang nicht ganz wehrlos ausgeliefert wäre, aber es schmetterte so wütend, daß jeder Versuch fehlschlug.

Schließlich mußte man das Schiff auf Strand setzen, peitschende Brecher fegten über das leergespülte Deck, die Matrosen klammerten sich an Rahen und Segelfetzen fest, Jérôme verlor nun doch den Mut, und sah die einzige Rettung im Flüchten aus dem angeschlagenen Wrack. – Man legte Planken aus, der Steven lag festgerammt über einer Felsnase, Elisabeth wurde halb ohnmächtig hinübergetragen, Jérôme, die Tante, die Dienerschaft kletterten und krochen, kaum bekleidet, ans Ufer, klatschnaß, schlotternd vor Kälte und Aufregung.

Anderntags versuchte man die Fracht zu retten, aber das meiste war über Bord geschwemmt worden. Jérôme forschte verzweifelt nach seiner Barschaft, die ihm den Anfang in der Heimat ermöglichen sollte, aber seine Dollars waren verschwunden, weggespült – eher gestohlen . . .

Ein paar von den frisch angeheuerten Matrosen fehlten, zu allem Unstern verlangte der Schiffseigner noch den vollen Preis seiner ruinierten Brigg, da Jérôme, um die heimliche Flucht nicht zu verraten, keine Versicherung abgeschlossen hatte.

Man kam deprimiert nach Baltimore zurück; wenig später machte Jérôme einen zweiten Versuch, immer in der Hoffnung, daß die Agenten Fouchés, die Napoleon auf ihn angesetzt hatte, nichts davon ahnten. Aber diesmal erschienen englische Kreuzer unheildrohend nah, und da der Vertrag von Amiens bereits gebrochen und nichtig war, zwangen sie den Kapitän zur Rückkehr; auch ein dritter Versuch scheiterte, und Elisabeth bewunderte die »treue Ausdauer ihres liebenden Gemahls«.

Napoleon, ohne die »Person« auch nur anzusehen, die ihn vielleicht bezaubert hätte, ohne den »Kleinen« mit seiner vertrauten jungenhaften Keßheit anzuhören, verdammte und verwarf Jérôme, anscheinend in alle Ewigkeit.

Nicht bloß der naive und seiner Wirkung sonst so sichere Jérôme, auch andere, die den Herrscher kannten, verstanden diese Unerbittlichkeit nicht: Er hatte doch auch die nichtadeligen Gatten seiner Schwestern erhoben; er verteilte Fürstentümer und Würden an alle, die ihm irgendwie verbunden waren . . .

Nur von Jérôme verlangte er den Verzicht auf seine Frau und die Bereitschaft zu einer hochfürstlichen, seinem, Napoleons, Aufstieg förderlichen Verbindung.

Vielleicht hatten die übrigen Geschwister, die sich ihm oft genug widersetzten, seine Geduld erschöpft; vielleicht hatte er gerade auf die Weichheit und Bildsamkeit dieses – zärtlich verwöhnten – Jüngsten gerechnet, vielleicht fühlte er auch, daß dieser Bruder im Grunde genommen nicht so ungern nachgeben und sich mit Märtyrergeste dem von fern winkenden fürstlichen Glanz zuneigen würde? Trotzdem blieb seine drakonische Härte seltsam; es war etwas darin wie der Zorn des enttäuschten Vaters, die Erbitterung des gescheiterten Erziehers: Hatte sich Jérôme nicht eine unverkennbare, nicht zu vertuschende Desertion geleistet, als er sein Schiff bei Guadeloupe verließ und gegen den Befehl des Admirals in Amerika herumschwirrte, allen Warnungen zum Trotz? Hatte er nicht ungeachtet aller Verweise Napoleons immense Schulden gemacht und mit dem Namen, der ein großer werden sollte, Schindluder getrieben und ihn zu allen möglichen Gaunereien benutzt?

Freilich, auch die Schwestern hatten sich nicht eben königlich benommen: Pauline, die Witwe Leclercs, ließ sich als nackte Venus von Canova modellieren, trieb allerhand Unfug, bis sie den gutmütigen Fürsten Borghese heiratete; Lucien hatte sich offen widersetzt, er, dem Napoleon das Gelingen seines Staatsstreiches eigentlich hätte anrechnen müssen; Joseph hatte Ansprüche gestellt und Schwierigkeiten gemacht; Louis war verwirrt und verschattet; und dieser Kleine ließ sich, da er allein nicht stehen konnte, von seiner energischen jungen Frau gängeln, der er verfallen war – und er sollte nur ihm, dem Großen, folgen und dienen, dem allein er Schutz und Schonung und Hilfe verdankte.

Die Mutter nur war für Napoleons Familiensinn Maßstab und Richterin. Vor ihr rechtfertigte er sich, erklärte seine Maßnahmen, denn die strenge Letizia – trotz ihrer Abneigung gegen die »neuenglische Protestantin« – hatte sich für den Jüngsten eingesetzt.

Napoleon schrieb ihr: »Wenn er so weitermacht, muß man ihn verhaften. Ich habe befohlen, daß Mlle. Patterson, wenn sie kommt, nach Amerika zurückgebracht wird mit dem ersten Schiff, das dorthin abgeht. Ich muß diesen jungen Mann streng behandeln, da er sich des Namens wenig würdig erweist, den zu tragen er die Ehre hat. Wenn er nicht imstande ist, die Schande von dem meinen abzuwaschen, die er mir angetan hat, als er seine Fahnen verließ, und das allein für eine schlechte Frau, muß ich ihn verstoßen und vielleicht ein Beispiel an ihm statuieren, damit meine jungen Offiziere die Heiligkeit ihrer Pflicht erkennen lernen und die Ungeheuerlichkeit des Verbrechens, die Fahne wegen einer Frau im Stich zu lassen.« (Napoleons Macht über die Gemüter lag auch in dem Gespür für die Wirkung der Symbole, von denen die Fahne eines der heiligsten war.)

Er verbot den Hafenkommandanten, Jérômes Schiff landen zu lassen, den Kapitänen, ihn mitzunehmen, den Konsuln und Bürgermeistern, die Eintragung der Heiratsakte in ihre Register vorzunehmen, Banken und Kreditinstitute hatten die Zahlung zu sperren. Er drohte dem Bruder Enterbung an, Ausschluß aus der Gemeinschaft der Herrschersippe.

Und – er hatte Jérôme richtig eingeschätzt: Er wehrte sich zwar mit Emphase und Pathos und sicher echt empfundenem Schmerz. Er schrieb an Verwandte und Freunde, Geistliche und Würdenträger, aber Napoleon wußte, der Test für die Reichweite seiner Macht würde so positiv ausfallen, wie er es vorausgesehen hatte.

Auch Elisabeth wehrte sich; sie fühlte, wie labil ihr Gemahl war, sie hatte noch den Elan der Neusiedler, ihre ungebrochene Weltsicherheit empörte sich gegen die Ungerechtigkeiten, ihr Puritanismus (schwer überwunden bei der katholischen Trauung durch einen spanischen Priester) gegen den Schandfleck des Konkubinats: Sie hatte ja vorher das französische Gesetz nicht gekannt, das diese Ziviltrauung mit einem Minderjährigen für ungültig erklärte.

Sie reiste mit Jérôme nach Lissabon, die Überfahrt ging glatt vonstatten. Im Hafen verweigerte ihnen der französische Geschäftsträger die Pässe, das Betreten des Landungsstegs, den Eintritt in ein von Frankreich kontrolliertes Land. Jérôme sei Gast des Gouverneurs, aber ohne die »Dame« . . .

Endlich beschloß Jérôme, allein zum Bruder zu fahren, um ihn umzustimmen. Elisabeth segelte ohne ihn nach Amsterdam, der Abschied glich einem Operndrama, Tränen, Schwüre, Ohnmacht. Aber auch Holland wies die Unglückliche ab.

Statt nach Amerika zurückzukehren, wie man gehofft hatte, fuhr sie nach England. In Camberwell, in der Bannmeile Londons, gab sie einem Söhnchen das Leben, das sie später in Amerika taufen ließ.

Und jetzt, getrennt von der energischen Frau, die ihn durch ihre Schwangerschaft noch stärker gebunden hatte, allein, angewiesen auf den Schatten des Bruders, wurde Jérôme wieder das schwankende Fähnchen, das er jedesmal ohne starken Halt von außen wurde. Er bedingte sich eine Schonzeit aus, er verkroch sich vor dem Donnergrollen des Herrn, er hoffte noch immer, aber endlich, nach zehn Tagen des qualvollen Schwankens, nach liebevollen Briefen an »Elisa«, nach einem Fieber, das ihn nicht nur packte, um Napoleon zu rühren, nach zehn Höllentagen also schrieb Jérôme einen demütigen Unterwerfungsbrief und wurde erbost, aber mit herablassender Gnade wieder auf- und angenommen. Schließlich hatte er ja das einzige bewiesen, worauf es ankam: Gehorsam und die Fähigkeit, ein Kind zu zeugen.

Napoleons Antwort war die eines Siegers an den Gesandten einer fremden Macht: »*Mon frère*, es gibt in meinen Augen keine Verfehlung, die durch echte Reue nicht getilgt werden könnte. Ihre Verbindung mit Mlle. Patterson ist nach kirchlichem wie bürgerlichem Recht ungültig. Schreiben Sie ihr, sie möge nach Amerika zurückkehren. Ich werde der Dame eine lebenslange Rente von 60 000 Francs gewähren, unter der Bedingung, daß sie meinen Namen endgültig ablegt. Sie selbst werden sie wissen lassen, daß Sie die Dinge nicht ändern konnten noch ändern werden, Ihre Ehe wird hiermit ›durch Ihren eigenen Willen‹ für nichtig erklärt.«

Danach wurde die Erwartung ausgesprochen, daß sich der Gemaßregelte in der Armee auszeichne, eine Verdammung und Erhebung, wie sie ein Gott auf einen jammervollen Sünder herunterprasseln läßt, und der »Sünder« war seit dieser Unterwerfung »jeden Charakters beraubt«, wie ein Freund sagte, gebrochen, entnervt, seinen albernen Antrieben ohne Hemmung preisgegeben, sofern sie ihm der gewaltige Donnerer erlaubte. Das war im Sommer 1805.

Die Ordnung

»*Ma très chère enfant!*« Katharina las den Brief ihres Vaters schon zum drittenmal – »Mein geliebtes Kind!« Sie hatte vielerlei und immer zärtliche väterliche Briefe von ihm empfangen, und hier, das spürte sie, fiel eine Entscheidung. Friedrich, jetzt *König* Friedrich, hatte die Rheinbundakte als letzter und mit Widerwillen und Vorbehalten unterschrieben und seinem Minister Wintzigerode als Leitsatz mitgegeben: »Lavieren im stürmischen Meer und möglichst den Schiffbruch vermeiden, etwas anderes bleibt uns nicht übrig.« Er wehrte sich als einziger und am stärksten gegen die Politik des Kaisers, die alles und alle vereinnahmen wollte.

Napoleon zögerte, ihm scharf entgegenzutreten, er sah den Krieg mit Preußen kommen und fürchtete ein Bündnis zwischen diesem und den süddeutschen Staaten. Er ließ dem »*petit sultan*« seine Eigenwilligkeiten lange Zeit hingehen – »er ist der bedeutendste der Rheinbundfürsten«, sagte er –, aber jetzt, jetzt endlich wollte der Kaiser ein Opfer haben, ein Geschenk, das Friedrich band, das alle

Eskapaden des Württembergers wettmachte und entschuldigte, ein großes Geschenk, das größte und dem Kaiser willkommenste.

»*Ma très chère enfant!*« Katharina las wieder und wurde weiß. Der Vater verlangte »das Opfer Deines Glücks, für unser Land und für mich . . .«.

So stand es da, und sie sah vor Tränen nichts mehr. Es gab Kommentare, Versicherungen, Beruhigung. Der charmante Prinz, der ihr zugedacht sei – hübsch, reizend, elegant und der Bruder des Herrschers, dem alle Reiche Europas und bald auch Asiens, des unbesiegbaren, zu Füßen lägen –, »wäre er der Sohn eines Königs, ich hätte ihn für Dich gewählt . . .«. Und die Rettung des Vaterlandes, das vor allem . . .

Katharina nahm sich zusammen; sie tupfte die Augen trocken und ließ sich bei ihrem Vater melden.

Friedrich saß über Papieren, zwei Minister standen vor dem blockigen Schreibtisch, Lakaien an den Türen; die Prinzessin kam langsam auf ihn zu, der unbeweglich und unbewegt zurückgelehnt im Sessel saß.

»*Mon père!*« murmelte sie, stand in ihrem weißen, hochgegürteten Kleid vor ihm, das Griechentuch um die Schultern, die kleine Hand auf der Brust. »*Mon père!*« Sie schaute ihn an, die großen, langbewimperten blauen Augen waren feucht, einer der Herren schob ihr einen Stuhl zu, sie winkte ab.

Endlich hob der König den Kopf, aus kleinen

Pupillen sah er sie an und kniff den Mund eng zusammen. »Ich habe dich erwartet«, sagte er, »und erwarte deine Vernunft.«

Katharina war für die Heiratsbräuche der Zeit nicht mehr jung, sie war sogar fast zwei Jahre älter als ihr designierter Gemahl, sie war die Tochter eines kleinen besiegten Fürsten, sie war nicht einmal eine strahlende Schönheit. Friedrich maß seine Tochter mit den Blicken, er schickte die Herren hinaus und winkte die Lakaien weg. Katharina saß jetzt vor ihm, ein Kind, das man tadelt, ein wehrloses Geschöpf, das man weiterschieben will. Sie sagte nichts auf die lange, geschickte und gar nicht ungütige Rede des Vaters, auch über das hohe Lob des großen Kaisers, der ihr *beau-frère* sein würde und ihr schon jetzt alles Wohlwollen entgegenbringe.

Eine Spannung wie zwischen zwei Polen spürte sie, sie sah das ungesunde volle Gesicht des Alternden, das gepreßte Kinn und die derben Finger am breiten Gürtel über dem Leib. Sie sah auch, wie in einer rasenden, stürzenden Folge, Bilder ihres engen Lebens und fühlte ihre alten Ängste. Eine – die ärgste – Erinnerung aus der frühen Kinderzeit in St. Petersburg – lang versteckt, verdrängt, verleugnet, stand auf einmal da und war gegenwärtig: Die kochende, dampfende, siedende Schwärze, im Untergeschoß des Zaren-Palastes, im Dunkeln, bloß flecken- und flockenhaft angeleuchteten Grund, wo die großen Bottiche standen, und lange Holzröhren, von Klammern gestützt, an den Wänden

hinliefen, von Nässe glitzernd, und im schwankenden Laternenlicht wie gleitende, rußige Schlan-
gen, Dunst, beißender Kräutergeruch, Wolken
von heißem Qualm; sie stapft, plötzlich vom quel-
lenden Wasser angefallen, mit aufgehobenem
Rock, mit bedrängten Füßen, auf dem Steinboden
entlang; da ist etwas Schwarzes, Bewegtes, ein
Fleck, ein Wesen, kaum kenntlich, in Krämpfen
die haarig-verklebten Glieder: Zuckend treibt ein
Kätzchen in der anwachsenden heißen Brühe. Katharina bückt sich, kniend streckt sie die Ärmchen
danach – und rutscht ab. Sie schreit, tastet nach der
Wand, ihr Kreischen ist kaum lauter als das Brau-
sen unter ihr und um sie herum. – Sie spürt noch,
daß sie eine Stange greift, sich, gezerrt von der
Strömung, festklammert. Dann klatschende
Trampelschritte, ein Riesenschatten im Dampf,
und ein derber Zugriff. Man trägt das triefende
Kind hinaus mit rotgeschwollenen Füßen. Hinterher erfährt sie, daß die jungen Prinzen mit ihren
Spielfreunden alle Wasserhahnen im Badehaus auf-
gedreht haben, um die neue Einrichtung im Kreml
zu probieren; daß keiner gewußt hat, wo das kleine
Mädchen steckte, allein im Labyrinth, in der
schwarzen Wasserhölle. Das tote Kätzchen fand
sich später im Abflußrohr.

König Friedrich faßte nach ihrer Hand. »Was
hast du, Mädchen?«

Das Gespräch stockte, noch ehe es recht begonnen hatte. Die Prinzessin stand auf, klammerte sich
an die Lehne seines Stuhles und zitterte so sehr, daß

Friedrich es spürte, obwohl er ihr jetzt den Rücken zukehrte.

Er drehte sich um und griff nach ihrem Arm. »Ich werde dir jetzt erklären, was vorgeht und was du dabei zu tun hast.«

Katharina schwieg, sie biß die Zähne zusammen und schüttelte sich vor Weinen. »Sagen Sie mir doch wenigstens, wer es ist? Welcher Bruder . . .?«

»Das weißt du bereits, Cathérine – du spielst nur, du agierst . . .«

Sie unterbrach ihn leidenschaftlich: »Wie die Maus vor der Katze, Papa.«

Er lachte. »*Eh bien, mon enfant, vous êtes la souris,* eine liebe und niedliche Maus, und dein Fellchen wird ein Prinz streicheln, wie ihr jungen Mädchen es euch wünscht!«

Er sah, daß sie sich veränderte. Katharina sprühte ihn empört an: »Sagen Sie mir den Namen, Vater, bitte!«

»Nun – Prinz Jérôme, der jüngste Bruder des Empereur!«

»Der? Der schmale Windhund, der Flattervogel, der italienische Hasardeur? Ich soll so einen Buben haben fürs ganze lange Leben, Vater, der doch an eine andere Frau gebunden ist, die er liebhat, von der er ein Kind hat?«

»Was schwatzest du, Mädchen? Woher willst du das wissen?«

»Die Königin hat mir alles gesagt von ihr – Elisabeth heißt sie, aus Baltimore. Und du willst mich zur Ehebrecherin machen, ich soll ihn zur Bigamie verleiten . . .«

Der König hatte die wilde Rede reglos angehört, er war auf einen Ausbruch vorbereitet gewesen, aber er hatte die Erziehung der Prinzessin für wirksamer gehalten.

»Seine Ehe ist durch den Willen des Kaisers für ungültig erklärt worden.«

Sie fuhr auf. »Hat das Jérôme gern getan?«

»Für gekrönte Menschen kommt es nicht auf ihr Glück an, sondern auf das Glück ihrer Völker.«

»Hältst du den Befehl des fremden Eroberers für das Glück deines Volkes?« fragte sie beinahe pathetisch.

»Ich sehe keinen anderen Ausweg.« Es klang bitter und fast kleinlaut.

»Und meine Ehre?« rief Katharina und stampfte mit dem Fuß auf.

Friedrich lächelte, der breite Mund zog sich in die vollen hängenden Backen hinein. »*L'honneur des enfants est obéir aux parents!*«

Sie wiederholte lauter: »*L'honneur des enfants est obéir aux parents!*« Sie drehte ihm den Rücken, starrte durch das kaum erhellte Fenster auf den riesigen Schloßhof hinaus und sagte, halb auf eine Unterbrechung wartend: »Die Ehre der Kinder . . . ist's, den Eltern zu gehorchen.« Dann setzte sie langsamer hinzu: »Ihren *Eltern*, Vater? Wo ist denn meine Mutter?«

Er antwortete barsch: »Deine Mutter ist die Königin Mathilde.«

»Das ist nicht meine Mutter«, sie wandte den Kopf nach ihm, »nur Ihre zweite Frau.«

Friedrich starrte erstaunt, erschrocken auf den Rücken seiner Tochter.

»Wo ist meine Mutter, *mon père*, was ist mit ihr? Sie starb?«

»Sie hat . . .«, er stockte, »es war Unordnung, sie fiel aus der Ordnung«, stotterte er haltlos, so zerfallen und ungesammelt, wie ihn die Prinzessin noch nie gesehen hatte, »es ist *das* Übel, *das* Laster, wenn ein Mensch aus der Ordnung fällt.« Er stieß den Sessel weg und stemmte sich auf. Mit einem Ausdruck des Flehens, der seine Angst verriet, stierte er gebeugt zu ihrem Gesicht hinauf, das sie ihm, durch seinen Ton aufgestört, zugedreht hatte. Katharina spürte ein Erbarmen, als stünde vor ihr nicht der Tyrann, der er war, sondern ein Hilfesuchender, schwer Verletzter. Sie fragte ruhiger und ging näher an ihn heran: »Sagen Sie es mir, Vater, was es war.«

Er grub aus einer Schublade das Medaillon, das Pendant zu dem, das sie hatte, zwischen Etuis und Schatullen heraus, beschriftet mit einer Banderole, Titel und Würde – aber durchgestrichen mit einem roten Federstrich.

»Ist sie tot?« fragte Katharina und nahm ihm das Bildchen ab.

Friedrich erwiderte leiser: »In Schloß Lohde verstorben . . . mit dem Kind . . .«

Das junge Mädchen sagte fest und nüchtern: »Es war nicht Ihr Kind, Vater?«

Er nickte, knöpfte hastig den Kragen auf und streckte den Kopf, mit offenem Mund, gegen das Fenster. »Lohde in Estland«, sagte er noch, als Katharina das kleine Porträt wieder auf den Schreibtisch legte. Sie hatte russische Schriftzeichen und ein Andreaskreuz auf der Rückseite gesehen, die auf ihrem Stück fehlten. – Auf einmal wurde sie zornig.

»Wer hat sie sterben lassen?« fuhr es ihr heraus, während sie schon erschrak.

Der König wurde hochrot, er sah schlimm aus, er keuchte: »Es war besser so!«

Katharina wurde es dunkel vor den Augen, sie hatte einen Moment wieder die Vorstellung von der dampfenden Badestube, vom Ersticken und Versinken und von ihrer Wehrlosigkeit. Der König war schnell bei ihr und hielt sie fest.

»Kind, Kind, was denkst du!« Er zog sie zu seinem breiten festen Stuhl und schob sie vorsichtig auf den Sitz. Der Kopf sank ihr zur Seite, sie hob die Hand und streifte unsicher über ihr Kinn.

Friedrich beugte sich über sie und wiederholte verzweifelt: »Kind, was denkst du denn?« Er wollte läuten, ließ es aber, rüttelte ihre Schulter und sah erleichtert, daß sie die Augen aufriß und ihn verwirrt anschaute.

Die Prinzessin wehrte seine Hände ab, die auf den Stuhllehnen lagen.

»Nein, Vater, Sie nicht . . .«, sagte sie langsam.

Er richtete sich resigniert auf. »Du betonst das sonderbar«, sagte er.

Katharina ließ sich danach in ihr Zimmer bringen, sie lag ein paar Tage im Bett oder auf ihrer Ottomane, wie man die neuen Möbel nannte. Man gab ihr Tee, die Gesellschaftsdame nahm den Zwischenfall als eine Jungmädchenübelkeit. Der König sprach nicht darüber, er war jetzt ganz eingespannt und eingesponnen in seine politischen Pflichten und erwartete mit Sorge eine Nachricht des Kaisers, einen Kurier mit einem von den kurz hingefetzten Dekreten, unterzeichnet mit einem schiefen, flüchtigen »N«.

Endlich war eine drängende, unwirsch abgefaßte Anfrage da: »Sie werden, *mon frère,* das Schreiben vom ... längst erhalten haben; da die Feierlichkeiten festgesetzt werden müssen und Seine kaiserliche Hoheit, der Prinz Jérôme, sich darauf einzurichten hat . . .«

Katharina wurde gerufen; das lange Liegen hatte ihr nicht gut getan, sie war eher voller geworden als zuvor, ihr Gesicht vom Weinen geschwollen, fleckig, das Haar angeklebt an den kleinen Kopf.

Friedrich fuhr sie ärgerlich an, im Gefühl seiner Bloßstellung, die er durch den barschen Ton überspielte. Sie sehe nicht aus wie eine Prinzessin aus altem Hause, die der Prinz Jérôme erwarten könne, knurrte er, und es sei ja wohl nicht seine Aufgabe, ihr eine Kammerfrau zu schicken, einen Coiffeur, einen Schneider! Wo denn die Frau von Otterstädt sei, ihre Hofdame, mit der sie doch so befreundet sei?

Katharina schüttelte den Kopf. »Ich bin krank,

Vater«, sagte sie auf deutsch, »und es ist sinnlos, daß ich mich herrichten lasse wie ein Opfertier, ich *tue* das nicht!«

Der König winkte mit den dicken Händen heftig, mit wilder Geste, gegen die Bedienten, die an den Wänden standen. Als sie draußen waren, schrie er: »Du *willst* nicht? Welche Frau aus hohem Hause hat je zu wollen gewagt? Ist deine Mutter gefragt worden, Augusta? Ist Mathilde von England gefragt worden, die Kronprinzessin? Hat man deine Tante gefragt, Maria Feodorowna, meine Schwester Sophie, ob sie den hinkenden halbblöden russischen Paul wolle? Hat man die . . .« – er keuchte – »Friederike von Bayreuth gefragt, als der preußische Friedrich, ihr Onkel, sie dem Carl Eugen gab, der sie nacher wegen seiner Mätresse, der Franziska, abgeschoben hat? Ja, was denkst du denn, kleines Mädchen, was soll denn auf dich warten?«

Katharina hörte sich die lange Aufzählung stumm an. Dann ging sie langsam zur Tür. Ehe sie die Klinke anfaßte, sagte sie halblaut: »Aber die Franziska hat ihn liebgehabt und er sie auch.« Dann verschwand sie.

Friedrich lachte ärgerlich. Eben war wieder ein Befehl von Napoleon gekommen, der zu höchster Eile drängte; ein Porträt Jérômes lag bei, das er seiner Tochter noch nicht gezeigt hatte, und diktatorische Anweisungen. Friedrich hastete mit hochrotem Kopf von einer Besprechung zur anderen, er fragte Katharina nicht mehr, er vereinbarte Termine, ließ Garderobe bestellen, Wäsche, Schuhe, er sparte dabei, es durfte nicht allzuviel kosten, was ein geschlagener Fürst dem Bruder des Siegers überließ – er tauschte ja das *Kind* gegen einen Landgewinn, sein Gebiet sollte verdoppelt werden.

Inzwischen saß Katharina in ihrem Zimmer und schwieg; sie las vielleicht oder sprach das Nötigste mit der Dame Otterstädt, aber dem Vater zeigte sie sich nicht. Er schickte einmal Kleider zur Auswahl, mit dem Schneider, aber Katharina ließ sagen, sie sei noch immer krank und auf keinen Fall reisefähig. Sie ließ sich fallen, stellte sich scheintot, war es fast.

König Friedrich hetzte seine Leute, er hetzte sich selber mehr, als es seiner schwerblütigen Natur angemessen war. Er schrieb devote (und sehr geschickte) Briefe an Napoleon; damals handelte er sich den Titel ein: »*Le roi de Wurtemberg – ventre à terre . . .*«

Katharina, bleich, unfrisiert und apathisch, lag fast den ganzen Tag auf einem Divan, der nicht einmal bequem war; jede Zofe, die sich länger als eine Viertelstunde bei ihr aufhielt, ließ der mißtrauische König abrufen, das Essen wurde geprüft, die Coiffeure immer wieder herbefohlen; auch ein Arzt kam, der Hofarzt, freundlich bemüht, zaghaft untersuchend; erst als man Katharina mit ihm allein ließ, wurde sie lebhafter, schließlich laut – Frau von Otterstädt hörte vor der Tür, wo sie Wache halten sollte, die drängende, dringende, weinerliche Stimme der Prinzessin und den Baß des Doktors, der zuredete und ablehnte und schließlich erschrocken und endlich verstört, seinerseits bittend, abgebrochen stammelnd, als habe er die Fassung verloren, erwiderte . . .

Er kam dann heraus, schüttelte den Kopf, verlangte den König umgehend zu sprechen und trat auch aus dem Audienzraum noch gestikulierend, erregt und bestürzt wieder heraus.

Friedrich, selber ratlos, befahl strengste Überwachung der Verzweifelten, versuchte noch einmal, immer wieder, auf sie einzudringen; er selber war in Not: Der Sieger verlangte seine Tribute: Napoleon befahl, und alles mußte schnell, mitleidlos, genau nach seinen Anordnungen ausgeführt werden, als handle es sich nicht um fühlende Menschen, sondern um Zinnsoldaten oder Kleiderpuppen.

Und der Empereur durfte um keinen Preis erzürnt werden: Württemberg war trotz des Bundes mit den Unterlegenen größer und mächtiger geworden als vorher, und irgendwie würde sich das Mädchen arrangieren – *un homme comme l'autre* . . .

Die Räte tagten, liefen, diktierten: Man mußte die Verschiedenheit der Konfessionen bedenken, die Trauung und die Erziehung der erhofften Kinder sollte katholisch sein, der Brautschatz, die Formulierungen des Heiratskontraktes, die Titulatur des Stellvertreters, der die Zeremonie absolvieren sollte, die man zunächst in Stuttgart, danach erst in Saint Cloud (diesmal mit Jérôme an Katharinas Seite) vollziehen würde, die Truppenteile bestimmen, die am dekorativsten den Hochzeitszug eskortieren, die Musikzüge einüben lassen, die bei der Feierlichkeit fungieren würden, und endlich Trautexte, Geistliche, Ministranten auswählen, Gäste nach Rang und Stand einladen und einordnen.

Da kam plötzlich im Schloß eine hektische Bewegung auf, Strudel und Regellosigkeit; Katharina in ihrem Schlafzimmer hörte Wispern und Flüstern, es lief und rückte, klopfte und klingelte.

Irgend etwas war durcheinander geraten, wie wenn ein Uhrwerk falsch geht oder stehengeblieben ist. Türen schlugen, sie wunderte sich in all ihrer Stumpfheit, daß niemand die Schuldigen anschrie. Lichter brannten auf, sie sah es durch den Türspalt, obwohl heller Tag war. Man rief nach dem Leibarzt, nach der Königin. Das hörte die Zofe, die neugierig auf den Gang gelaufen war, und drinnen hörte auch Katharina schwere Männertritte, Schleifen und Schlurfen, Stehenbleiben und Weitertappen, und schließlich hielt sie es nicht mehr aus.

Als sie auf die Schwelle trat, drückte die Kammerfrau sie zurück, die Hofdamen schwirrten wie aufgestörte Vögel vor ihr herum, und die Königin Mathilde, ein blauer Fleck in dem dunklen Kleidergewirr, schob sich vor; als sie niederkniete, schwer genug in ihrer steifen Fülle, sah Katharina über sie hinweg.

Da lag auf dem Teppich, wie ein schwarzer Berg, der hochgewölbte Körper des Königs, den Kopf sah sie nicht, nur ein Bein im weißen Strumpf unter der schwarzen Kniehose ausgestreckt, und irgend jemand drückte ein buntes Kissen näher an das Gesicht, das sie als rote Fläche erkannte, gleich wieder verdeckt von flatternden Röcken und wehenden Rockschößen, und – »Mein Gott – *mon père*!« schrie sie und zwängte sich zwischen die verworren Wimmelnden. Friedrich lag bewußtlos da, passiv, unfähig, wehrlos, der alles Regierende, Regelnde, der Antrieb und Bedrücker, Halt und Rahmen des ganzen kleinen Hofes.

Der Arzt ließ ihn in Katharinas Zimmer bringen, das am nächsten war; vielleicht hatte er dahin gewollt. Aderlaß und Riechsalz, Einreiben und Massieren, dämpfende Essenz und Wickel und blutdrucksenkende Tränke, endlich kam er zu sich, wütend, daß man ihn schwach gesehen hatte, und dann, beim Anblick der Tochter, mit großen weiten, wässerigen Augen und zitternd-schlaffem Mund . . .

Katharina beugte sich hinunter und ließ ihn aufrichten. Mathilde sah stumm zu, der Doktor stützte den Schwankenden, er half, ihn in einen tiefen Sessel zu lehnen. Katharina setzte sich zu ihm und nahm seine Hand.

Er sah sie fragend an, sie hielt den Blick eine Weile aus und nickte dann.

Später erst, als sie allein war, versuchte sie sich klarzumachen, was dieser seltsame visionäre Au-

genblick für sie gewesen war, als sie ihn daliegen
sah und verstand, daß ihn das Übermächtige seiner
Verantwortung erdrückt hatte. Sie war selbst außer
sich gewesen, entrückt aus dem Ort und der Zeit
hier, denn sie hatte ihre tote Mutter gesehen, die
Leidende, schuldig geworden ohne Schuld und ge-
opfert; und die, aufleuchtend in luzider Klarheit,
hatte sie auf den schweren, dumpfen, stoffbedräng-
ten Mann verwiesen, der vor ihr lag, und sie jäh mit
warmer, ehrlicher Liebe für ihn erfüllt, für sein
Elend und Versagen und seine Schlacken und Risse, die keine Leidensglut hatte zuschmelzen können.

Der König erholte sich schnell. Seit dem Unfall,
der eher den Arzt als ihn selber besorgt gemacht
hatte, war ein unvermutetes Einvernehmen zwischen Vater und Tochter entstanden, wie zwischen
zwei alten Freunden, gleich auf gleich. Friedrich
war weicher, dankbarer, zugänglicher als je, es war
nicht mehr selbstverständlich, daß Katharina ge-
horchte, es war ein Geschenk. Gejagt von den Befehlen des Imperators, in einer Zeit der Hast und
Beunruhigung, fand er doch noch immer ein paar
Augenblicke, in denen er sich zu ihr setzte oder sie
bat, zu kommen. Er merkte selbst, daß er sie
brauchte.

Katharina blieb nachher ruhig bei ihrer Haltung, sie sagte dem Vater ohne Zögern, daß sie
ihm und seiner Entscheidung zustimme, dem Rat-
schluß der Notwendigkeit, so bitter er für sie wäre,
und daß sie sich füge um seinetwillen.

Friedrich verstand sie nicht recht, er witterte etwas von ihrer Überlegenheit und der eigenen Schwäche, und von einer *Würde*, die sogar in der Unterwerfung lag, da sie selber das Geforderte jetzt wollte.

Aber er atmete auf, als wäre ein Felsblock abgewälzt, die Angst vor der Gewalt des Imperators und vor dem Verrat an seinem Land, an der Verantwortung für die Leute, die er dem Krieg mit dem Eroberer sonst preisgegeben hätte; er durfte nicht »aus der Ordnung fallen«, er nicht und Katharina nicht.

Das Hin und Her ging weiter, ein rasendes Rad, Befehle und Widerruf, Termine und Verschiebung, Napoleon zog und zerrte an den Menschen wie ein Sturmstoß. Endlich war wenigstens der Zeitpunkt sicher, der Stellvertreter (nicht der erhoffte Marschall Berthier, nur Bessière, der geringere Mann) ernannt, die »Überstellung« der Braut in Straßburg sicher, die Begegnung des Paares in Saint Cloud endgültig verfügt, und Katharina ließ mit sich tun, was geschehen sollte, geschoben, geworfen, hingewirbelt und nur noch kreisend um das winzige Feuer, das die Vision der Mutter angefacht hatte.

Sie hielt sich eingesponnen in ihre Zimmer, in die ablenkenden Pflichten der Vorbereitung; auch mit ihr wurden die Zeremonien beredet, obwohl sie die den erfahrenen Hofchargen gern überlassen hätte: sie mußte ohnehin nehmen, was kam und wie es kam.

An einem Juniabend, als ein Gewitter eben verrauscht war und die Regensträhnen ihr den Ausblick aus den Fenstern des Neuen Schlosses verdeckten, die Formen einebneten, Mauern und Umrisse der riesigen Schloßflügel, ließ der König sich bei ihr melden, einen Lakaien hinter sich, der Etuis und Kästchen trug. Er wolle ihr die Perlen zeigen, das Geschmeide, das sie von Augusta geerbt habe. Er breitete es auf rotem Samt aus: vielfache weichschimmernde Schnüre und ein Diadem, das zum Kronschatz gehörte. Sie hatte es nie gesehen, und Friedrich freute sich an ihrem Entzücken. Sie hielt den Reif in der Hand, ließ die Kerzen sich spiegeln, die Diamanten funkeln, sie fragte: »Hat es – seither – niemand mehr getragen?«

Der Diener ging.

Friedrich erschrak. Er sagte: »Ich habe alles aus Cherson mitgenommen, als ich mit euch hierher fuhr, als ich mein Kommando auf der Krim aufgab, verlor . . . oder . . .« Er schien zu überlegen, schwieg dann aber doch.

Katharina sagte plötzlich ernst: »Es ist Zeit, Vater, daß ich es höre, ehe ich gehen muß.«

Er antwortete schnell: »Es sind mir nur Gerüchte geblieben, man hat *sie* mir ja genommen.« Seit seiner Ohnmacht hatte er manchmal diese abgebrochene, unzusammenhängende Redeweise. »Genommen . . .«, wiederholte er, »die Zarin nahm, worauf sie Lust hatte, Menschen und Werte und Land, die große Katharina, deine Patin.« Er schüttelte sich, nahm die Kerze näher her und blies sie aus. Katharinas Warten zog an seinen Nerven.

»Gut«, sagte er mit einem rauhen Baß, »sie nahm . . . du kennst die Geschichte der Kleopatra, die sich von einer Schlange zu Tod beißen ließ; sie probierte das Gift an ihren Dienerinnen, an ihren Gespielinnen, die mußten ihr zeigen, wie man stirbt . . . oder ob man's überlebt. Die wollte sterben, sie hatte alles verwirkt. Katharina, die Zarin, wollte leben, ungehemmt und ungehindert, und wollte gesund bleiben dabei; sie konnte keine Lustseuche brauchen, keine Französische Krankheit – du wirst gehört haben, was das ist, die Spanier haben's von den Indianern mitgebracht damals, und da hat die Zarin versucht, ob die Hofherren gesund seien, wenn sie sich einen ausgesucht hatte – befohlen hat sie, wer wohin zu gehen hatte nachts, und wann . . . es ist widerlich, es ist weiblich, es ist . . . unaussprechlich. – Ich vergesse, mit wem ich das berede, Kind!«

Er schob eine zweite Kerze näher und löschte sie. Im Helldunkel sprach er weiter. »Deine Mutter war nicht krank geworden, aber schwanger.«

»Sie hat es dir nicht gesagt? Sie hatte Angst?«

»Wahrscheinlich, sicher. Es war dann zu spät, man brachte sie weg, Katharina befahl es; andere ließ sie anders verschwinden. Der Zar war ein Idiot und ein halbes Tier gewesen, und sie wußte auch, wie er umkam – sie hatte alles in die Hand genommen und alles geregelt.«

»Meine Mutter war nicht schuldig – und du bist fortgefahren und hast sie allein im Elend gelassen?«

»Es war alles vorbei, als ich endlich entdeckt hatte, wo sie war. Rußland ist unermeßlich, und die Zarin war allmächtig.« Er stand brüsk auf und stapfte zur Tür, den Schmuck ließ er liegen; Katharina saß davor, allmählich kamen die Tränen.

Sie hatte noch viel fragen wollen – ob kein Arzt da hätte untersuchen können, um den barbarischen Test zu sparen, und ob ein paar von den Damen williger gewesen wären als die Mutter und ob er, Friedrich, nicht mehr hätte tun sollen . . . aber sie ließ es. Man fragte sie auch nicht, man schob sie da auf dem großen Schachbrett herum, man ließ sie leiden und warten. Sie dachte an Jérôme, dessen Bildchen sie noch kaum betrachtet hatte – wenigstens hatte er ein Kind gehabt. Es wäre sehr tröstlich, eins zu haben, auch wenn sie Jérôme nicht liebhaben könnte . . .

Am 1. August 1807 reiste der Marschall Bessière mit genauen Weisungen des Kaisers nach Stuttgart. Das Ehrengefolge bestand aus dem Präfekten des Palais, Beausset, einem Kammerherrn mit illustrem Namen – er hieß wie der große Talleyrand –, einem Marschall, einem Zeremonienmeister und drei Damen: Madame de Lucay als Ehrendame und als Begleiterinnen die Damen Brignol und de Ségur. Die Fahrt nach Saint Cloud durfte nicht länger als vier Tage dauern, in Nancy, Châlon und Meaux war zu übernachten, Paris sollte umfahren werden, und in Saint Cloud würden die Majestäten das Brautpaar erwarten. Das ganze Programm, eine mörderische Hetze, mußte unerbittlich nach dem Willen des Empereur durchgeführt werden.

An einem ziemlich heißen Augustabend ritt also ein französischer Kurier »mit verhängtem Zügel«, wie die Formel hieß, im Hof des Neuen Schlosses von Stuttgart ein, um die Ankunft des kaiserlichen Ambassadeurs zu melden. Der Zeremonienmeister des Königs fuhr dem Gesandten sofort mit der bereitgehaltenen Karosse entgegen, um ihn in das Quartier zu bringen, das man ihm zur Verfügung gestellt hatte. Am folgenden Tag wurde er in feierlicher Audienz dem König vorgeführt, die Förmlichkeit war bis in die letzten Einzelheiten im Protokoll festgelegt:

Der Zeremonienmeister verkündete laut, mit dreimaligem Aufstoßen seines Stabes: »Der Gesandte Seiner Kaiserlichen Majestät von Frankreich!« und riß die Flügeltüren auf. Bessière, in Hofgala mit Ordensband, schritt herein, verneigte sich, hielt seine Rede, Friedrich in großer Generaluniform erwiderte, Glückwünsche beiderseits, und der König befahl dem Großmarschall, die Prinzessin zu holen:

Katharina kam langsam herein, geschminkt, frisiert, geschnürt, vier Stiftsfräulein trugen ihre Schleppe.

Friedrich, heiser vor Aufregung, gedunsener denn je, eröffnete ihr »die Ermächtigung des Gesandten, den Wunsch Seiner Kaiserlichen Majestät zur Kenntnis zu bringen, sie mit Seiner Kaiserlichen Hoheit, dem Prinzen Jérôme-Napoléon von Frankreich, dem Bruder des Kaisers, zu verbinden«.

Katharina sagte programmgemäß, die Wahl ihres königlichen Vaters bestimme auch die ihre. Bessière überreichte ihr ein Porträt des Prinzen, in Diamanten gefaßt, an einer Goldkette, glänzender und »geschönter«, als das hingetuschte Bildchen, das sie schon hatte, und die Oberhofmeisterin legte es ihr an. Am nächsten Morgen fand die Trauung *per procurationem* (in Stellvertretung) statt, Kanonendonner, Glockenläuten, das Stadtvolk und wer irgendwie aus der Umgebung herbeikommen konnte, drängte sich vor dem Schloß, die Würdenträger in großer Uniform, prachtvolle Pferde, Wagen, Kutschen, der König, huldvoll aus der seinen grüßend, die Prinzessin in Weiß mit Blumen im Haar; in der Schloßkapelle wurde die Trauung von dem evangelischen Schloßgeistlichen vorgenommen, da ja Katharina Protestantin war.

Der Erbprinz Wilhelm, ihr Bruder, führte Katharina, Szepter und Schwert wurden dem König vorgetragen, der im Hermelin, mit weißen Seidenhosen, ernst und mühsam einherschritt. Der Oberhofprediger, Hochwürden Süßkind, hielt die Rede, »Ja« und Ringtausch folgten, und das alles wie ein Traum und Rausch, und neben Katharina nur ein Stellvertreter und an ihrem Hals ein Bildchen, ein dunkler, schmalnasiger, südländischer Prinz mit nah zusammenstehenden, kleinen schwarzen Augen.

Abends gab es ein Souper mit Fackeltanz im Weißen Saal, Katharina schritt eine Polonaise mit dem König, dann mit allen Prinzen und mit dem

Marschall Bessière, und sie war so erschöpft, so erhitzt und atemlos, daß man Mitleid mit ihr haben mußte.

Am nächsten Morgen schon würde man aufbrechen, um die rasende Kutschenfahrt, auf schlechten und guten Straßen, rüttelnd und schaukelnd durchzustehen, bei Sommerhitze, bei ständigen Empfängen und Begrüßungen, und das alles in Eile.

Katharina sträubte sich. Am 13. sollte man abfahren, aber »eine momentane gesundheitliche Störung im Befinden der Prinzessin ermöglichte es dem König, um Aufschub zu bitten«, heißt es in den Berichten, »er wünschte ihn zwei Tage lang, aber Bessière erlaubte nur einen . . .«. Um ihn solange zu unterhalten, gab man eine Oper im Hoftheater, ein Souper im Palast.

Endlich fuhr man ab. Der König schickte dem Empereur einen für ihn bezeichnenden Brief mit: »Ihre Jugend bedarf eines Leiters, seien Sie dieser Führer. Sie werden sie als eine Dame kennenlernen, welche die Zärtlichkeit und Freundschaft ihres Gatten verdient . . . Gestatten Sie, daß sie Ihnen ihr unbedingtes Vertrauen entgegenbringt, möge sie in Ihnen den Vater wiederfinden, den sie verläßt. Glauben Sie an die Offenheit und den Ernst eines reinen schlichten Herzens. Ich habe ihr nur die Weisung mitgegeben: Verdiene die Achtung deines Gatten und die Zufriedenheit des Kaisers . . .«

Katharina schickte getreulich von jeder Station

einen Bericht an ihren Vater, sie wußte, worauf er wartete, und ihr selbst war es eine Beruhigung, diese letzte Verbindung lebendig zu halten.

Am 15. kam sie in Straßburg an, sehr erschöpft von dem schweren Abschied, man gönnte ihr nicht einmal mehr ihre Freundin Frau von Otterstädt, nur für die ersten Tage zwei Kammerfrauen, an die sie gewöhnt war, ehe man ihr auch die nahm und sie den neugierigen Französinnen ganz überließ.

Schon am gleichen Tag fand die »Überstellung« statt.

Am 16. mußte der Ball beim Präfekten mitgemacht, am 17. Nancy erreicht, am 18. Châlons angefahren werden. Dort wenigstens durfte sie am 19. ruhen, aber am 20. sollte man um vier Uhr morgens aufbrechen und weiterrasen. Frühstück in Epernay, Besichtigung der Höhlen von Mouet, Übernachtung in Château Thierry, ein Reiseplan, nach dem Muster von Gewaltmärschen und Truppenverschiebungen aufgestellt.

Am 21. hatte die Prinzessin in Schloß Raincy zu sein, um sieben Uhr abends, und dort sollte sie zum erstenmal mit Jérôme zusammentreffen.

Leider oder absichtlich hatte sich dort gerade Madame Junot, die Herzogin d'Abrantès, festgesetzt, die Gattin des bewährten kaiserlichen Generals. Sie war eine scharfzüngige Klatschbase, die man die »Gouvernante von Paris« nannte, und die ahnungslose, ermattete Katharina fiel ihr in die Hände.

Sie sehnte sich danach, sich ausziehen zu dürfen,

es sich leichter zu machen, man hatte sie fest geschnürt, sie war die ganze heiße Reise über wie in einen Panzer gepreßt gewesen, erhitzt und fast ohne Atem.

Die Junot berichtete ihrem Kreis gleich haargenau, kaum hatte sie die Prinzessin mit Knicksen empfangen, von dem vornehmen hübschen Gesichtchen, dem zu kurzen Hals, den zu vollen Hüften und der zu starken Taille der Braut. Sie verbreitete sich ausführlich über das Debakel, das – intrigant arrangiert oder zufällig – mit der Garderobe der Prinzessin passiert war: Als sie sich endlich umziehen durfte, fehlten ihre Hemden. Ein Bagagewagen sei mitsamt den Wäschekoffern zurückgefahren, hieß es, ohne abzuladen. Und angeblich war Frau Junots Spitzenzeug für Katharina zu eng, man mußte nähen, einsetzen, mit Volants kaschieren, und alles in kürzester Zeit – drei Näherinnen zugleich.

Man mokierte sich über die plumpe Deutsche und machte sich einen Spaß daraus, diese peinliche Brautfahrt noch peinvoller zu machen. Katharina wußte, daß sich kleinliche Kreaturen in derlei Streichen gefallen. Sie hatte sich dazu erzogen, die Leute zu übersehen, die sich in solcher Art an sie herantrauten, aber diesmal war es anders: Sie war ausgeliefert, und als sie das Opfer auf sich nahm, mit einem großen Schritt durch ein Fegefeuer zu gehen, da hatte sie nicht über so winzige Bedrängnisse nachgedacht. Sie war ja nicht mehr Herrin ihres Körpers, kaum ihrer Nerven, und wenn sie in

Stuttgart immerhin vor ein wohlgesonnenes, treu-
herziges Volk treten konnte, hier begegneten ihr
nur kritische Blicke.

Anders, wenn der Prinz sie aus Liebe gewählt
hätte – »*enchanté de sa beauté*«, wie man in solchen
Fällen erwartete –, aber sie war ihm zugewürfelt
worden vom allmächtigen Kaiser, wie eben eine
Beute dem Sieger und seiner Familie zufällt.

Katharina wußte das. Sie hielt sich aufrecht,
dachte an ihre Würde, nicht eigentlich an die ihres
Ranges, die ihr der Vater so eingeprägt hatte, die
königliche (und eben noch war er erst Herzog gewesen und dann Kurfürst), sie empfand eine natür-
liche, selbstverständliche Würde, die nichts mit
Hochmut und gar nichts mit Stellung und Herkunft zu tun hatte.

Das aber, was man ihr hier zumutete, war mehr,
als sie ertragen konnte und wollte.

Die Zofen boten ihr ein Bad an, in eine große
Porzellanwanne hatte man parfümiertes warmes
Wasser gefüllt, sie ließ sich in das Kabinett führen,
zwang sich, auf den schillernden, dampfenden
Spiegel herunterzuschauen, dann drehte sie sich
um und tastete nach der Hand der Badefrau. Alles
kreiste um sie her, das Wasser, warmes kochendes
Gebräu, Wellen, ein brodelndes Inferno, eine
schreiende Katze im Todeskampf, sie fiel in Ohnmacht, und man trug sie hinaus; nachher erholte sie
sich freilich schnell, besann sich, schämte sich, aber
sie weigerte sich zu baden. Man wusch sie ab mit
Duftwasser und Seifen, man trocknete sie mit ge-

wärmten Laken, besprühte sie mit Eau de Cologne, reichte ihr Wein . . ., aber das Gerede, daß man in Württemberg wohl nicht zu baden pflege, heftete sich an diesen Unfall.

Jérôme war wenig neugierig auf seine neue Frau – er bereute seine Schwäche dem allmächtigen Bruder gegenüber, dem Lucien widerstanden hatte. Er dachte noch immer an »Elisa«, wie er Elisabeth Patterson in seinen zärtlichen Briefen nannte, und an seinen Sohn, an ihre vergeblichen Versuche, zu ihm zu kommen, an die Weigerung der Hafenkommandeure, eine junge Frau mit einem kleinen Kind an Land zu lassen. Aber sie waren ja beide in den Strudel der Politik gerissen.

Er würde sich trösten können, er hatte das von jeher und immer wieder gekonnt – nur das Auftreten an der Seite einer plumpen deutschen Mamsell, von der er gehört hatte, sie sei unmodisch angezogen und unbeholfen, war ihm ein Greuel; und jetzt, wo man ihm zuflüsterte, sie habe das Bad verweigert, ekelte ihn vor ihr.

Aber Napoleon hatte ihm ein Königreich zusammengeschneidert, hatte die Regierungsform genau vorgeschrieben, die Grenzen seiner Rechte und die Höhe der Zivilliste. Seine Landeskinder , meist Hessen, sollten jetzt vor den Gesetzen gleich sein, die Adelsrechte beschränkt, die Ausübung der Kulte frei. Ein Königreich – und alles übrige würde der große Bruder regeln, Geldumlauf, Währung, Verfassung, und für ein Volk, das an Despotismus gewöhnt, mit Soldatenverkauf geplagt, Ämterschacher erduldet hatte, mußte diese neue Lebensform nach den französischen Gesetzen eine Erlösung bedeuten.

Freilich kam es auf die Ausführung an wie bei allen Gesetzen, und die lag in der Hand des Regenten: Die Handhabung dieses großen Entwurfs war nun Jérômes Sache.

Doch er wäre nicht der »Kleine« gewesen, wenn er sich darüber viele Gedanken gemacht hätte. *»Le lit est plus proche que le peuple«*, sagte er gelegentlich zu Lecamus, seinem kreolischen Freund und Zutreiber aus Saint Domingue, »das Bett liegt näher als das Volk.«

Napoleon freilich fügte seinen Verordnungen einen nachdrücklichen Brief bei: » . . . das Glück Deiner Völker ist nicht etwa nur wichtig für Deinen und meinen Ruhm, sondern soll ganz Europa die Bedeutung unseres Systems zeigen. Wisse, daß Dein Thron allein gegründet ist auf das Vertrauen und die Liebe der Bevölkerung. Man ist im Königreich Westfalen aufgeklärter, als man Dir einreden will . . .«

In Saint Cloud stand Katharina dann vor den Damen, vor der ganzen Gesellschaft, und wartete auf den Eintritt ihres Verlobten. Sie kam sich unschön und tolpatschig vor und wagte kaum, nach dem Kaiser und der Kaiserin hinüberzusehen. Sie spürte, daß sie scharf beobachtet wurde. Sie trug die schönen Perlen aus Stuttgart, sie hatte ein weißes schweres, nicht recht sitzendes Kleid aus Seidenmoiré an, mit einer dicken uneleganten Silberspitze, sie fühlte sich jammervoll, sie wußte, daß ihr eine Mutter fehlte, eine erfahrene Freundin, die sie beraten hätte, ihre Kleidung, ihre Haltung, ihre Frisur, das alles schien ihr ungenügend, sie zitterte, als sie sich zu Tisch setzte, zerstreut, nervös, verängstigt, angeboten und feilgehalten und bereitgestellt für einen Mann, der es nicht einmal für nötig hielt, zu erscheinen.

Da winkte der Kaiser einem Offizier; der lief hinaus, eilte zurück, überreichte Napoleon ein kleines buntes Ding – Napoleon sah jetzt direkt zu Katharina hin, freundlich, ein wenig amüsiert, und nickte ihr zu.

Sie hing mit gequälten Blicken an ihm, dem starken, prunkvoll gekleideten Mann mit dem schönen Cäsarengesicht, dem geschwungenen Südländermund und der breiten Stirn – helle Augen! dachte sie verwirrt. Er hob die Hand mit dem Päckchen, bewegte kaum das Kinn, ein Buntlivrierter dienerte und nahm es aus seiner Hand.

Flüstern, ein neuer Wink, und Katharina hielt in den feuchten, verkrampften Fingern das spontan beschaffte Geschenk des Kaisers: ein gefaltetes chinesisches Fächergebilde, mit Diamanten besetzt, das wohl in einer Garderobe für solche Momente bereitlag und kaum für sie gedacht gewesen war. Sie sah zu Napoleon hin, mit nassen Augen.

Endlich kam Jérôme, man kündigte ihn schallend an – und schon trat er herein, federnd, schlank, elegant, ein »junger Gott« mit den schwarzen Haartollen über dem hochgestellten

Goldkragen, bleich und mit schmalen Lippen, und wer ihn richtig anschaute, merkte, wie unsicher er war, wie gespielt die Götterpose.

Er ging auf Katharina zu, murmelte irgend etwas, hauchte *par distance* einen Kuß auf ihren Handrücken, sie erwiderte ein paar freundlich gemeinte Worte, verlegen, gehemmt wie er. Dann bat sie ihn mit einer Handbewegung, sich neben sie zu setzen. Sie streifte mit einem Seitenblick seinen blitzendweißen Anzug, die schwarze Samttoque mit den Straußenfedern, und sah, daß er eine schlanke bräunliche Hand auf die Armlehne seines Sessels legte.

Was *er* spürte, war etwas Frisches, Gerades, eine nüchterne illusionslose Haltung, ohne Eitelkeit. Das war ihm neu, in seiner Umgebung und in seiner Familie gehörte die Pose zur Lebensluft. Er blickte vor sich hin. Jetzt fiel ein wenig von der Spannung ab, die Katharina gelähmt hatte. Sie hob den Kopf und wagte einen Blick zu Joséphine und streifte über den ganzen Flor der Prinzen und Prinzessinnen oder was immer sie sein mochten oder sein wollten.

Bei Tisch saß der Kaiser neben ihr, machte ihr Komplimente, lehnte lächelnd ihren Dank für sein kleines Geschenk ab – »ich hatte es für Sie in Reserve«, sagte er galant.

Sie war ihm dankbar, so verstört sie war – und obwohl sie seine Herablassung beschämte.

Um acht Uhr abends war der ganze Hof versammelt, Minister, Senatoren, Staatsräte, alles hatte sich in der Dianengalerie zusammengefunden; in der Mitte, gegenüber der Flügeltür zur *Salle impériale*, eine Estrade mit den Thronen des Kaisers und der Kaiserin, Joséphine in weißen Schleiern mit tiefem Ausschnitt, rosa Rosen im tiefschwarzen Haar.

Am Fuß der Stufen stand ein Sessel für Madame Mère, für die Königin von Neapel und den Großherzog von Berg, Murat, für den Erbprinzen von Württemberg, Katharinas Bruder, und vor diesem Aufbau die Sitze für Katharina und Jérôme, hinter ihnen Trauzeugen, die Großen des Thronrates, Pagen, Fackelträger.

Wieder führte Napoleon Katharina herein – sie war jetzt ein wichtiges Glied in seiner Politik, eine Königstochter aus altem Geschlecht, mit geheiligtem Blut – man hatte ihr das auch gesagt . . . Die Fürsten ließen sich nieder, der Hofnotar Regnaud de Saint Jean d'Angely verlas die Urkunde und stellte die vorgeschriebenen Fragen, zuerst an Jérôme: »Prinz Jérôme, erklären Sie, daß Sie die hier gegenwärtige königliche Prinzessin Friederike Katharina Sophie als Ihre Gemahlin anerkennen . . .?«

Dieselbe Frage wurde, auf Jérôme bezogen, an die Braut gestellt, und die Verbindung im Namen des Kaisers und des Gesetzes für gültig geschlossen erklärt.

Napoleon zog sich gleich danach zurück.

Die Kaiserin, lachend in einer Parfümwolke schwebend, entführte die Braut, um mit den Damen den Trousseau zu bewundern: Diamanten im Wert von 600 000 Francs, die Napoleon geschenkt hatte, Kleider, Shawls, Wäsche, alles, was Katharina ausweisen mußte.

Und sie schrieb nachts in ihr Tagebuch: »Der Kaiser hat mir sogar meine Hemden gegeben, sonst hätte ich keine gehabt.« (Das eine zusammengeflickte hatte sie der Dame Junot zurückgeschickt.)

Die Nacht war zum Glück kurz, Katharina schlief nicht, drehte sich auf den hochgestopften Kissen hin und her; irgend jemand hatte behauptet, in Deutschland schlafe man auf einem Federberg, man müsse da aufpassen, denn die kaiserliche Familie sei von Korsika an die flachen, harten italienischen Lager gewöhnt – und die könne man der deutschen Frau nicht antun.

Es war eine Belgierin, der das einfiel, und man hatte sie Katharina als Zofe zugeteilt, damit sie im Kabinett neben ihrem Schlafgemach liege. Jérôme war in einem anderen Flügel einquartiert.

Anderntags, zur gleichen Zeit wie die zivile Trauung und mit demselben Auditorium, fand die kirchliche Zeremonie in der Kapelle der Tuilerien statt, das Gefolge drängte sich auf der Galerie, die Grenadiere erwiesen die Ehrenbezeigung, die Pagen trugen gelbe Wachskerzen, die Emporen waren mit reichgestickten Gobelins behangen, die Damen in großer Toilette, mit tiefen Dekolletés, Diademen, Fächern, die Offiziere in Galauniformen, Silber und Gold an den Diplomatenfräcken, die Geistlichkeit im Glanz ihrer traditionsreichen

Gewänder – ein berauschender, betäubender Eindruck . . .

Die Trauung nahm der Fürstprimas vor, der dem Rheinbund angehörte und dem Heiligen Stuhl durch kein Konkordat verpflichtet war, der Papst hatte Glückwünsche geschickt und angemerkt, daß die erste Ehe Jérômes »inzwischen durch geklärte Verhältnisse hinfällig geworden sei« – das alles rauschte wie Wasserrieseln, eher schon wie ein Wasserfall, an Katharina vorbei, sie kam nicht zur Besinnung und wollte es nicht.

Und Jérôme? Man erzählte sich nachher, er habe einen mürrischen Kopf aufgesetzt, Katharina aber habe eine unglaublich tapfere, wohlerzogene Haltung bewahrt, und man wollte wissen, sie sei beim Diner hochrot und danach totenblaß zusammengebrochen, und man habe sie schnell irgendwo in ein Vorzimmer gebettet, ihr das Korsett aufgeschnürt, Knöpfe und Bänder gelöst, bis ihr besser geworden sei.

Danach aß sie kaum mehr, zum Kummer der französischen Köche, die sich mit dem Menü viel Mühe gemacht hatten. Und da sie das eigens aufgebaute schwäbische Dörfchen, den Bauernreigen mit Singen und Blumenstreuen als eine gütige Geste Napoleons erkannte, weinte sie, leise und verhalten.

Dann war ein Feuerwerk angesetzt, zum Abschluß und Abschied, und die erfahrensten Pyrotechniker aus Paris hatten es vorbereitet und fingen schon an, es abzubrennen.

Aber als die ersten Kometen und Strahlenbündel am tintenschwarzen Himmel aufschossen, taten sie das mit einem verdächtigen Grollen und Rumpeln und strebten unvorhergesehen flach zur Seite. Wind fegte sie weg, und zwischen den schüchtern heranzuckenden Kugeln und Leuchtfächern zackte es wilder herunter, Schläge und berstendes Geknatter überdeckte das künstliche, wohldosierte, leisere Aufzischen und Abklingen der Raketen.

Die illustre Gesellschaft flüchtete girrend und kichernd unter die Vordächer und in die Säle, während der Wolkenbruch klatschte und strömte und brauste und schon in die halboffenen Fenster hereinschwemmte.

Katharina wurde von irgendeiner Dame in die Tür gezogen, man rückte ihr einen Fauteuil hin, drängte sie hinein, legte ihr einen Schal um; Jérôme war nicht zu sehen.

Inzwischen hatte man schnell das erst für später vorgesehene Ballett und gleich darauf ein Konzert in der *Salle des maréchaux* arrangiert, das niedlich, bemüht und verkrampft an Katharina vorbeizirkelte, wie ein Mückentanz und Libellengekreisel, dem sie kaum zusah und zuhörte.

Sie schreckte auf, als Napoleon und Joséphine mit ihrem Gefolge noch einmal Cercle hielten, ehe sie sich zurückzogen. Auch das war Zeremonie und *comédie*, freilich mit viel Elan und geübter Kunst.

Katharina legte den großen Fächer vors Gesicht, senkte ihn hie und da, um nicht unhöflich zu erscheinen, und warf einen zerstreuten, gequälten Blick auf das Geflatter und Geflirr um sich her, das sich allmählich verlor.

Als einer der Diener die hohen Fenstertüren spaltweit öffnete, um sie fester zu schließen, drang einen Augenblick das dröhnende Schmettern des Gewitters in den heißen glitzernden Saal, und sie atmete auf.

Aber die dicken Gardinen lagen gleich wieder davor, fest zugezogen und angebunden, und sie schaute nach einer Ritze aus, die vielleicht geblieben wäre, wie eine Gefangene im summenden, irisierenden, dumpfen Glaskasten, immer wieder nach den roten Falten, die den Raum abschlossen und sie einschlossen – und dann auf die Tür zu den Zimmern Jérômes.

Dahinter wartete das Eigentliche, ihre Preisgabe und Entwürdigung, über die sie sich keine Illusionen machte.

Als es Zeit war, führte man die hochrote, zitternde Prinzessin in ein Toilettenzimmerchen, entkleidete sie und wusch und parfümierte die Wehrlose, wie man eine Haremsdame präpariert haben würde.

Katharina fühlte sich schwindlig, sie nahm sich mit aller Beherrschung zusammen; die fremden Mädchen, die sie schwatzend umschwirrten, sollten ihr nichts anmerken. Das Spitzennachthemd, das man ihr überstreifte, eigens für sie hergerichtet, war am Saum mit vielerlei Volants und Rüschen ausgeputzt worden. Man schob sie in das Schlaf-

Jérôme Bonaparte und Katharina von Württemberg bei der Unterzeichnung des Ehevertrags in den Tuilerien, in Anwesenheit der
kaiserlichen Familie (1807). Gemälde von Jean-Baptiste Regnault.

Jérôme Bonaparte, König von Westfalen.
Gemälde von Antoine-Jean Gros.

Katharina von Württemberg, Königin von Westfalen.
Gemälde von Antoine-Jean Gros.

Die königliche Residenz in Stuttgart.
Radierung nach einer Zeichnung von Nilson (1809).

Schloß Wilhelmshöhe bei Kassel (nach 1807 Napoleonshöhe).
Stahlstich nach einer Zeichnung von Joh. Gottl. Kobold (1797).

zimmer mit dem hohen Doppelbett und deckte sie mit den glitschig kühlen Seidendecken zu, entzündete eine Unzahl von Kerzen in geschwungenen Kandelabern, stellte noch Blumen neben das Bett und ließ sie allein.

Katharina lag krampfhaft ausgestreckt und starrte in die kleinen Flammen. Nach einer langen Weile hörte sie ein Geräusch, Stimmen, auch Lachen. Sie sprang auf und stellte sich steil neben das Lager, riß, kaum bewußt, was sie da machte, die hellblaue Seidendecke um sich herum, die sie einwickelte wie ein Kokon bis auf die bloßen Füße, und wartete so, stehend, als käme ein Feind, ein Quäler und Mörder, auf sie zu . . .

Jérôme, mit süffisantem Lächeln, in einem überlangen weiten purpurroten Morgenmantel mit Goldfransen, trat schnell herein und fuhr zurück.

»Madame!«

Katharina sah ihn stumm an.

Unsicher flüsterte Jérôme: »*Madame, mon épouse?*«

»Sie wissen, was mich in Ihre Hände gegeben hat, Jérôme«, sagte Katharina und rührte sich nicht, »und ich erwarte Ihre Achtung!«

Jérôme, verblüfft, erstaunt, vielleicht enttäuscht – denn obwohl er sich dieses Abenteuer nicht ausgesucht hatte, glaubte er doch an die eigene Unwiderstehlichkeit –, Jérôme ging vorsichtig um die starre Gestalt herum und setzte sich auf den Bettrand.

Katharina ließ ihn da sitzen, beobachtete, jetzt

fast schon amüsiert, wie er sich hilflos und verstört nach ihr umwandte, die ihm immer wieder den Rücken zukehrte; beobachtete seine verkrampften bräunlichen Hände und hörte verwirrte, gestammelte Worte, die sie kaum verstand.

»Sie können sich ruhig hinlegen, Jérôme«, sagte sie wie zu einem Kind, »und schlafen. Ich lege mich daneben, das Bett ist breit genug. Aber rühren Sie mich nicht an.«

»Ich denke, dazu sind wir hier«, sagte Jérôme mit einem Anflug seiner alten Frechheit und fing an, die Kerzen auszublasen. Dicker muffiger Qualm zog durch das Zimmer.

»Machen Sie das Fenster auf!« verlangte sie ruhig.

Jérôme riß folgsam die hohen Flügel zurück, und sofort fuhr ein pfeifender, keuchender Luftzug herein, die schweren Gardinen hoben sich gebauscht, und der Regen fegte mit klatschenden Böen in den Raum.

»*L'orage revient!*« sagte Katharina gelassen und stellte sich mitten in den stürzenden Schwall – »Das Gewitter kommt zurück!«

»Madame – Sie werden ganz naß!« schrie Jérôme entsetzt, wagte sich aber nicht zu ihr.

»Gerade das will ich!«

»Sie werden krank davon!«

»Wahrscheinlich!«

Jérôme keuchte verzweifelt: »Aber das geht doch nicht!« und lief auf das Fenster zu.

Katharina lachte. »Sie können ja im Trockenen

bleiben, wenn Ihnen der Regen Angst macht!« Er fuhr auf.

»Glauben Sie, Madame, ich fürchte eine Bö? Sturzseen sind mein Element! Das Meer . . .«

Unerträglich, daß sie mich für feige hält, einen Marineoffizier, der Seeschlachten bestand! Er war mit einem Sprung vor ihr und ließ sich naßspritzen. Sie standen einander wie Steinbilder gegenüber, Katharinas Hemd triefte, sein Negligé war ein nasser Lappen, und sie sah ihn an und dachte befriedigt: Wie ein gebadeter Pudel! Vor ihr auf dem Parkett bildete sich ein kleiner See, der zum Teppich hinüberrann.

Nach einer Weile sagte sie, auf den vollgesogenen Perser deutend: »Das verdirbt den ganzen Fußboden!« und vergnügte sich im stillen über die schwäbische Hausfraulichkeit, die ihr gerade jetzt in die Quere kam.

Jérôme lief zum Fenster, preßte es zu und trat wieder zu der tropfenden Prinzessin, abwartend, was sie verfügen würde. Und da sie lächelte, ließ er sich auf ein Knie nieder und wischte die Dielen mit seinem Umhang auf, trocknete ihre Füße ab und strich das Wasser aus den Volants. Als er die Tropfen von seinen Fingern schüttelte, lachten sie beide.

Die Verlassene

Jérôme saß jetzt als König von Westfalen in Kassel. Er schwamm im Glück. Unterlegen wie er war, kam er sich doch als Sieger vor. Er hatte nie viel nachgedacht, vor allem nicht über Dinge, die unangenehm werden konnten. Der Augenblick der Bestätigung war schön, Zurückliegendes war abgetan, es sei denn, es ließe sich als Dekoration verwenden, als Ausputz und Ausweis der eigenen Bedeutung und Rühmlichkeit. Und das konnte man nun von der Affäre Patterson nicht gerade behaupten. Dem »allzujungen, allzuweichen Götterliebling« hatte der allmächtige Bruder »die Fackel Hymens aus der Hand geschlagen«, wie ein Zeitgenosse pathetisch schrieb. Elisabeth Patterson wurde ausgestrichen, gelöscht, verschwiegen, vergessen. »Die Schöne von Baltimore« hatte eine Weile noch die zärtlichsten Gattenbriefe von Jérôme empfangen, Briefe, in denen er sich bitter über den harten Zugriff Napoleons beklagte, aber auch empfahl, sich ihm angenehm zu machen, um seine Gunst nicht zu verlieren.

Am 14. August 1805 hatte Elisa ihrem Vater, dem Großkaufmann und skeptischen Gegner dieser Ehe, geschrieben: »Ich stelle mir vor, daß er in gewisser Hinsicht ein Gefangener ist, und wir müssen geduldig warten, wie er sich weiter verhält. Während der Wartezeit wäre es außerordentlich unvorsichtig von mir, abzureisen, und ich muß jeden Anschein vermeiden, als ob er mich verraten wollte . . . Es wäre ungerecht, ihn zu verurteilen, ohne einen stärkeren Beweis zu haben als im Augenblick. Ich werde mich so verhalten, als hätte ich vollkommenes Vertrauen zu ihm.«

Sie spürte ganz richtig, daß es nicht sehr geschickt wäre, Europa zu verlassen, aber – sie wurde dazu gezwungen, es blieb ihr nach Napoleons Befehlen keine andere Wahl, und sie schiffte sich im Oktober 1805 nach Baltimore ein – eine Irrläuferin und Gejagte, die kein europäischer Hafen mit ihrem reizenden Baby aufnahm. In Frankreich verschwieg man die Tragödie, die nun schon drei Jahre dauerte; in England und Amerika wurde sie ein Thema der Gazetten, die den Haß gegen den Usurpator schürten.

»Armes Mädchen«, schrieb der wehrlose Patterson, der seine erzwungene Nachgiebigkeit bereute, da er – ein Republikaner mit dem naiven Elan der Pilgrimfathers – die Machtfülle und Unmenschlichkeit des französischen Souveräns nicht ernst genug genommen hatte.

Napoleons Postzensoren, geübte Brieföffner, meldeten damals nach Paris Jérômes Liebesschwüre, seine Versicherungen, daß all seine Qualen nur durch die Trennung verursacht seien und all seine Sehnsucht der Wiedervereinigung mit der geliebten Elisa gelte . . . er habe sie für einen Thron ausersehen, er werde ihr nach Amerika folgen, er werde dort mit ihr und dem kleinen Jérôme Bonaparte-Patterson ein fürstliches Leben führen.

Katharina wußte davon, sie war nicht neugierig darauf, diese Briefe zu lesen. Aber ein schmerzlicher Neid auf die Frau, die ein Kind von Jérôme hatte, bohrte weiter in ihr. Vielleicht war es doch der unbewußte Widerstand, der die Erfüllung verhinderte, obwohl sie Beglückung vortäuschen mußte – aus Mitleid, aus Pflichtgefühl, aus Zärtlichkeit.

Der Hofklatsch fand andere, häßlichere Gründe für die Kinderlosigkeit, ungeduldig, wie man war, dem Wunsch des Herrschers nach dynastischer Verankerung zu schmeicheln. Man tuschelte von einer Reise Jérômes zu einem berühmten Arzt in Paris.

Katharina ängstigte sich, sie suchte Bestätigung und Sicherheit, die Elisabeth in ihrem Sohn leibhaftig besaß. Bestätigung, Sicherheit, Ordnung, das, was ihrem Vater als der einzige Halt, die wichtigste Legitimation seines Königtums galt, fehlte hier an dem schnell gezimmerten, unorganisch zusammengeflickten Hof, in diesem flüchtig gebauten Staat, dem der Thron wie ein wackeliger Aufputz übergestülpt worden war.

Jérôme freilich wollte das nicht sehen, ihm ge-

nügte die Schau, die hör- und sichtbare Wirkung
seiner Auftritte, und er hätte ihre Sorge als einen
Zweifel an Napoleons Größe verstanden, und eben
dies war ein Sakrileg, dessen sich keiner der Erhobenen schuldig machen durfte.

Katharina ließ sich gern beruhigen, willig blenden. Sie hatte sich einmal und für immer entschlossen, diesen Jungen, der sie brauchte, zu lieben,
vielleicht mit der verschwiegenen Hoffnung, ihn
ein wenig zu wandeln. Und wie man einen Trunk-
süchtigen zu heilen versucht, indem man sein Gelage teilt und Verständnis zeigt, glaubte sie, ihn in
seinem pubertären Überschwang nicht allein lassen
zu dürfen.

Er hatte ihr auch versichert, Napoleon habe alle
seine Schulden bezahlt, zudem waren ja bei der
Thronbesteigung zu ihrer Beruhigung vom Kaiser
ernannte Berater, reife erfahrene Politiker, Tuto-
ren und Sekretäre mitgeschickt worden, die den
jungen König in die Kunst des Regierens einführen
sollten. Man würde ein Gremium bilden, aus dem
er seine Minister wählen könnte. Freilich gab es da
einige Enttäuschungen, als bewährte Beamte, auch
kirchliche Würdenträger, es ablehnten, in Jérômes
Regierung Posten zu übernehmen. Man mißtraute
dem unsteten Herrn, mißtraute dem Bestand dieses
Staates, dessen Volk, durch Napoleons Agenten
aufgeputscht, eine kaum glaubhafte Begeisterung
kundtat.

Während der König – noch immer zwischen
zwei Frauen schwankend – nie seine eigene Ent-

scheidung finden konnte, wußte Katharina, daß nur ein greller Blitzstrahl, ein Schock, ihn aus seinen Wolken für einen Augenblick herunterholen könnte: Die Vorstellung, Elisas Kind bei Katharina aufziehen zu lassen, dem Kaiser zum Trotz, faszinierte Jérôme noch immer, und er beschwor seine Pläne in zärtlichen Ergüssen an die »geliebte Elisa«. Erst als Elisabeth, die das Kind leidenschaftlich für sich beanspruchte, dem Kleinen einen angeblich selbst geschriebenen Brief an den Vater »abzwang«, hatte Jérôme einen Nachweis und ein Alibi dafür, daß die Trennung unabänderlich sei.

Es wolle auf jeden Fall und für immer bei seiner Mutter bleiben, schrieb das Kind – oder Elisabeth unter dem Namen des Vierjährigen –, und Katharina erfuhr davon, wie sie alles über Elisabeth von Jérôme erfuhr; was er nicht trostbedürftig oder renommierend ihr anvertraute, spürte sie doch aus der Kenntnis seines Wesens, und ihr Vorgefühl bestätigte sich jedesmal.

Sie hätte gern für sein Söhnchen gesorgt; aber jetzt war es nur er selber, der große Junge, dem sie alle Wärme gönnen durfte. Sie lernte, über seine Unzuverlässigkeit zu lächeln, seine Scheinwelt zu schonen und sich ganz auf sich selber statt auf ihn zu stützen.

Er freilich »stützte« sich, sobald man in der neuen Residenz von Kassel eingezogen war, auf die willigeren Helfer aus seiner »Seefahrerzeit«. Er hatte aus Saint Domingue, aus Port-au-Prince, aus Baltimore eine Reihe fideler und ergebener Kameraden, die er sich durch Freigebigkeit und gemeinsame Abenteuer verpflichtet wußte, allen voran den Kreolen Lecamus, Sohn eines Spelunkenbesitzers, einen ergebenen »Mohren Hassan«, wie man ihn aus Schillers *Fiesko* kannte, eine Art Bravo, der sich freilich nicht zu blutigen, dafür um so mehr für »blumige« Abenteuer gebrauchen ließ. Er wurde, nachdem man dem Grafen Fürstenstein Titel und Güter genommen hatte, mit beidem belehnt und lernte nie, seinen deutschen Namen richtig auszusprechen. Er wurde Kammerherr, zugleich Vorsteher der königlichen Kleiderkammer, aber der König brauchte natürlich auch einen Oberhofmarschall, einen Oberstallmeister, weitere Kammerherren, einen Intendanten, einen Palastpräfekten und mehrere Geheimsekretäre – und wer wußte eigentlich, welche Funktionen sie alle hatten und wie sie bezahlt werden sollten?

Auch Katharina wurden Palastdamen, Kammerherren, Sekretäre der »königlichen Ausgaben«, ein Almosenier, acht Pagen und ein kleines Heer von Zofen und Kammerfrauen zugeteilt; und später kamen noch einmal sechs Kammerherren und vier Ehrenritter dazu, unter ihnen ein gewisser Maubreuil, ein recht dunkler Ehrenmann und zwielichtiger »Ehrenritter«.

Schließlich waren für diesen Pfauenschweif Uniformen, Galagewänder, Orden zu entwerfen, Feste, Ausritte, Assembleen, Bootsfahrten zu arrangieren, man mußte dem Volk etwas zu sehen geben, es huldvoll grüßen und durch einen erfreulichen Anblick erheben; zumal dieses Volk zweifellos – so sah es Jérôme – beseligt sein würde, endlich menschenwürdig regiert zu werden.

Das alles hatte, obwohl auch Katharina es noch nicht deutlich spürte, eine verzweifelte Ähnlichkeit mit dem makabren Tanz auf dem Vulkan, den die eben weggefegten Könige mit Schäferspielen und aufwendigen Albernheiten vorgeführt hatten, und Napoleon, soweit ihm die Organisation Europas Zeit dazu ließ, beobachtete das mit Ärger.

Aber auch ihn selber hatte die Droge Macht schon berauscht und verwandelt, und – wie viele Neuerer – verriet er, je länger er dieser Sucht verfallen war, immer haltloser das »Gesetz, nach dem er angetreten«.

Allerdings zankte er sich mit dem »Kleinen« viel herum, tadelte, machte Vorschriften, verlangte Abrechnungen.

Freilich, er hatte Jérôme mit königlichen Vollmachten ausgestattet, und der fragte nicht jedesmal um Erlaubnis, wenn er etwa Lecamus mit der Gräfin Hardenberg – aus dem alten preußischen Geschlecht – verheiratete, die Schwestern des Kreolen mit Generalen und Admiralen, als er den Grafen »Forscheteten«, wie der seinen Namen aussprach, mit Ehren, Titeln und Geld überhäufte, und es gab genug Kriecher, die Lecamus umgirrten.

Der Kaiser erfuhr von der Erhebung des Lecamus zum Außenminister und der unehrenhaften Verabschiedung des verdienten Johann von Müller, eines bedeutenden Historikers, und raste . . .

»Was hat dieser feine Herr Lecamus fertiggebracht? Er hat nicht etwa dem Vaterland Dienste
geleistet, sondern nur Ihrer Person. Er muß zu-
rückversetzt werden und auf die französische
Staatsbürgerschaft verzichten, damit er alle Erb-
rechte in Frankreich verliert.« Aber der »saubere
Kumpan« fand einen Ausweg, den Jérôme sogleich
benutzte: Er wurde als Deutscher naturalisiert,
und so war ihm nicht beizukommen.

Es gab immer wieder solche Strafpredigten des
Kaisers, wütende Vorwürfe, von denen Katharina
nur erfuhr, wenn sie Jérôme völlig zur Verzweiflung trieben; was sie oft genug hörte, war das Ho-
siannah-Geschrei des geblendeten Volkes, das die
Farben, das Glitzerwerk und die strahlenden Feste
bejubelte und erst nachher in seinem Winkel das
Elend wieder spürte, dem es dieser unerhörte Aufwand preisgab.

Auch der Palast von Kassel genügte nicht, sogar
Katharina zeigte sich ein wenig enttäuscht, das riesige, stilvolle, wundervoll eingerichtete Schloß von
Stuttgart schien ihr eher eines königlichen Paares
würdig.

Herrlich war zwar die Anlage von Kassel, aber
das Innere des Schlosses war durch einen sparsa-
men und später durch den Krieg verarmten Kurfürsten nur bescheiden ausgestattet worden. Außer
Gemälden hatte er wenig Sehenswertes ange-
schafft. Und die meisten dieser Bilder hatte man,
weil angeblich ungeeignet, entfernt und in dunklen
Kanälen verschwinden lassen, bis auf wenige, von

denen eines dem jungen Monarchen gefallen mußte, weil es den Namenspatron darstellte, nach dem er getauft worden war, den heiligen Hieronymus – Jérôme, italienisch Girolamo, war Hieronymus.

Katharina hielt sich lieber draußen auf als im Schloß, stand vor den riesigen Kaskaden, im Gesprüh der regenbogenfarbenen Wasserfälle, unter dem »Herkules«, dem stumpf-robusten Turmbau mit der Riesenstatue des kolossalen Krafthelden, in dessen Keule eine ganze Gesellschaft Platz hatte – sie sah freilich auch darüber ein wenig zerstreut hin, in Gedanken an den Vater in Stuttgart und an diese unübersehbare, gewaltsame und gigantische Manie, die das Zeitalter hochtrieb und alles übertrieb und einem Ende zutreiben mochte . . .

Es wimmelte in Kassel bald von Architekten und Arbeitern, von Fuhrwerken, Lastkränen, Bauhütten und kleinen Zelten; man bastelte und entwarf, man bestellte und verwarf.

Das Schloß Wilhelmshöhe wurde umbenannt in Napoleonshöhe, Wilhelmstal in Katharinental, ganze Stockwerke wurden abgetragen und neu aufgeführt, Nebengebäude und Seitenflügel angefügt, sämtliches Mobiliar entfernt und durch eleganteres ersetzt, das die bekanntesten Pariser Kunsttischler angefertigt hatten.

Der Garten wurde nach dem Muster von Versailles umgeformt, es gab darin jede Art von eigentlich längst unmodern gewordenen barocken Spielereien, wie sie der schwäbische Carl Eugen, Katharinas Großonkel, in seinem Hohenheimer

Park aufgebaut hatte: eine Eremitage des Paulus, des Plato und des Sokrates, ein Grab Vergils und einen Apollotempel, Ritterburgen, winzige Gasthöfe, Grotten und Tempel, Meiereien und Weiler, Pagoden und Wasserspiele, alles mußte aufgehäuft und bedenkenlos gestapelt sein, um zu einem europäischen Wundergarten zu werden, der das Mirakel dieses kleinen Hofes wirkungsvoll krönen sollte.

Eine Garde aus Westfalen wurde aufgestellt, an deren Spitze Jérôme seinen alten Kumpan Rewbell berief, der den üblen Beinamen »der Deserteur von Guadeloupe« seit seinem Kolonialabenteuer nicht mehr loswurde; der König hatte ihn mit einer Verwandten der Elisabeth Patterson verheiratet.

Es gab eine Pagenschule, ein Ausbildungscorps für Artilleristen und Genietruppen, ein Bataillon berittener Jäger. Der Bau einer riesigen Kaserne wurde begonnen.

Das Gerichtswesen reformierte man nach französischem Muster, aber als man an die Arbeit ging, stellte sich heraus, daß kein einziges Exemplar des *Code civil*, von Napoleons grundlegendem Gesetzeswerk, aufzutreiben war, Kleinigkeiten, die Jérôme nicht wichtig nahm. Er ernannte Gesandte für alle großen Städte des Kontinents, Dresden, München, Den Haag, Karlsruhe – auch Madrid, Neapel und Petersburg sollten einen bekommen; aber Napoleon hörte von der schon beschlossenen Ernennung und tobte wieder einmal im Brief: »Sie haben tatsächlich ganz und gar den Kopf verloren, wozu zum Teufel brauchen Sie überhaupt einen Gesandten in Wien? Um Geld hinauszuwerfen?«

Geld brauchte Jérôme freilich auch für Kassel: Zum Geburtstag der Königin gab es Ausfahrten, Bälle, Maskeraden. Katharina glaubte an Wunder, an Jérômes Wundertaten.

Wunderwerk und Zaubergärten . . . Und ihr Jérôme war es, immer mehr Jérôme, und nicht der Kaiser, Jérôme, inmitten aller Scharaden und Maskeraden, Klänge und Ströme, ein Magier, der alles für die angebetete Trinette aus dem grauen Nichts rief, wie Moses das Wasser aus dem toten Felsen.

Der Kontrast zum Vater, dem Despoten und Knauser, dessen Überschau und Verantwortung sie doch achten mußte, der Gegensatz zu ihrer düsteren Kindheit in Rußland, in den allerersten prägenden Jahren, und zur einsamen, beengten Mädchenzeit in Stuttgart, diese flimmernde Blendung – das war zuviel, um noch so etwas wie Nüchternheit zu bewahren.

Ganz innen, im Unbewußten, klopfte und pochte etwas wie ein mahnendes Fingerchen, ein Instinkt, der ihr sagte, das alles sei nicht mehr lang so . . .

Aber schließlich war sie eine Frau, der es wohltat, bewundert zu werden, die sich beglückt die kostbaren Colliers anlegen ließ, Ringe und Armbänder, funkelnde Visionen erlesener Künstler, Smaragde und Opale, die Symbole der Weisheit, die sie doch nicht weiser machten, Saphire, Topase und Perlen, immer wieder, die kaum den Vergleich mit den schwäbischen aufnehmen konnten, dem einzigen Wertstück, das sie mitgebracht hatte.

Leroy, der berühmteste Pariser Couturier, dessen Schöpfungen der Wunschtraum aller großen Damen waren, zeichnete für die Königin von Westfalen die vorteilhaftesten Roben, die ihren etwas zu fülligen Busen, die rundlichen Hüften kaschierten und mit Eleganz umspielten.

Sie gab sehr viel Geld für ihre Garderobe aus, viel für die weichen, langen, gestickten Handschuhe, die Spitzen, die hochgeschnürten Gürtelbänder, die hauchdünne Wäsche, die Fächer, gemalt und eingelegt, die winzigen farbigen Schuhe, die ihre kleinen Füße hervorheben sollten. Sie war sich nie schön genug für Jérôme, den Vielbegehrten, und erhoffte immer neu seine Schwüre, seine Schmeicheleien und Liebesbeweise.

Traum, Traum! Und das alles ein Geschenk, wie Himmelsregen, diese perlmutterschimmernde Flut, dieses wogende Morgenrot, diese schwebenden, anmutig tanzenden Wolkenschäume . . . Der junge König, ihr »Fifi«, hatte die Gabe, zu betören, zu betäuben, – und so, über sich und Welt und Wahrheit hinausgehoben, verzaubert und eingesponnen in ihren Rosenhag, ließ er sie allein.

Jérôme hatte sich zärtlich verabschiedet; der Kaiser habe ihn gerufen, ehrenvoll natürlich, einen Gleichgesinnten und Gleichgestimmten und Gleichgestellten auch, und einen geliebten Bruder. Man mußte ihm folgen.

Katharina sah ihn lächend ziehen, ein bißchen

auch ihn belächelnd bei seinen mit viel Aufwand vorgetragenen Tiraden über die Bedeutung, die ihm Napoleon zumesse.

Inzwischen las sie viel, ließ sich auch vorlesen, wenn ihr die schönen hellblauen, leicht vorquellenden Augen wehtaten; sie ritt aus, sie fuhr im Wagen, machte gelegentlich Stadtbesuche, bei denen man sie – vorher- und weitergesagt wie eine Himmelserscheinung – in den kleinen Läden mit Bücklingen empfing und verabschiedete. Sie ließ den Wäschehändler kommen, die Blumenfrauen und Gärtner aus den eigenen Anlagen, den Friseur.

Wichtiges, auch nur Erhellendes sah sie nicht in den Gassen, man scheuchte Elend und Schmutz in die Keller, wenn die Königin angesagt wurde.

Dann kam Jérôme zurück, strahlend, sich wiegend, gepflegt und wohlgekleidet, natürlich mit irgendeinem glitzernden Orden – unbekannt woher – und mit leuchtendem Lächeln: *»Ma chère Trinette! Oh, comme vous-êtes belle!«* und ähnlichen, schon bekannten Tönen.

Katharina lief ihm entgegen: Wie jung er aussah, wie federnd, wie männlich! Elegant, adlig, liebenswert!

Er schaute sie an, hielt sie von sich ab und bewunderte laut das rosige Gesicht, die weißen, wohlgeformten Arme, die Locken, den Apfelblütenduft . . .

Katharina war neu bezaubert, wie unter Drogen strahlte sie ihn, der sich so ganz, so restlos an sie zu vergeben schien, mit den kindlichen Augen an.

112

»Erzähl! Sprich vom Kaiser! War er zufrieden?«

Jérôme setzte sich, ein Knie vors andere und den Schleppsäbel dazwischengestellt, er legte einen Arm leicht um die Stuhllehne und bog den Lokkenkopf zurück. Und während er ihren verliebten, saugenden Blick genoß, versicherte er, daß alles zum besten stünde, der Kaiser wohlgeneigt und das neue Königreich wohlgeordnet sei.

Da klopfte ein Lakai; er meldete den Grafen Jollivet, der Seine Majestät dringend zu sprechen wünsche. Jérôme drehte sich ärgerlich um, aber dann, als der Graf schon hastig hereinkam, zog er den Kopf ein und machte eine gewährende Handbewegung. Jollivet, blond, rundbackig, mit gerötetem Gesicht, verneigte sich zuerst vor Katharina, dann, weniger tief und die Hand auf dem Herzen, vor dem König. Es handle sich, sagte er, um den speziellen Auftrag, dessentwegen ihn der Kaiser ihm, dem König, mitgegeben und um den er sich, mit Erlaubnis der Majestäten, sogleich zu kümmern habe. Er komme, um nach seiner Vorstellung bei Ihrer Majestät Urlaub zu erbitten.

Katharina nickte freundlich und sah zu Jérôme hinüber, der auch gleich zu erklären bereit war: »Unser vom Kaiser ernannter Finanzminister und Verwalter der königlichen Kassen.«

Neue Verneigung und Abgang . . .

Katharinas zweifelnder Blick wurde gleich klarer, als Jérôme wieder und wieder die Zufriedenheit des Kaisers und den rein förmlichen Auftrag des neuen Höflings betonte.

Dann zog er, aufspringend, aus der Brusttasche ein Etui aus goldbestickter Seide und reichte es Katharina zu. Sie wurde rot vor Freude, machte den Hakenverschluß zögernd auf und jubelte. Jérôme nahm ihr den Ring ab, den sie hochgehoben hatte, und steckte ihn ihr an: ein herrlicher Diamant, ein Solitär von sprühender, blitzender Schönheit, ein Stück von unermeßlicher Kostbarkeit. Katharina bedankte sich, wie erwartet, mit Küssen und Tränen, und Jérôme stand vor ihr und versicherte sie seiner unabänderlichen Treue.

Da klopfte es wieder. Der Graf, bestellte der Diener, wäre unendlich dankbar, wenn er Seine Majestät noch einmal bemühen dürfe – er entspreche damit . . .

Jérôme faßte blitzschnell nach dem Ring, den Katharina ihm im Fensterlicht hinhielt, und steckte ihn in die Rocktasche.

»Nicht nötig, daß er das da dem Kaiser . . .«, murmelte er dabei . . . Und: er komme gleich, wolle sich nur eben erfrischen, und die Königin möge verzeihen, wenn er ihr den Disput mit dem Finanzier erspare und selbst gehe – die Bücher verlangten ohnehin, daß er einiges erkläre.

Er warf den Rock über einen Stuhl – ihm war heiß geworden –, zog die breite blaue Schärpe zurecht, nickte winkend und verschwand im Kabinett, um sich umkleiden zu lassen.

Katharina stand allein, nach einem glücklichen Wirbel plötzlich verlassen, und wartete eine Weile. Dann fiel ihr ein, daß das wundervolle Geschenk ja noch in Jérômes Tasche steckte, und sie hängte den Rock ordentlich über die Stuhllehne und faßte in die Tiefe nach dem Seidenkästchen. Sie spürte Papier und zog es mit heraus – wahrscheinlich die Rechnung, die sie nicht sehen sollte, weil sie einen immensen Preis auswiese, und natürlich durfte sie der Kaiser auch nicht in die Hände bekommen. Sie lächelte. – Es war ein violetter Papierstreifen, schmal, mit einem Blumenrand. Sie legte das Etui mit dem Ring auf ein Nippestischchen und nahm das Lorgnon vor die kurzsichtigen Augen. Der Zettel war zerknüllt, eine Ecke abgerissen, Handschrift: »*Mon bien-aimé, je vous embrasse avec tout mon amour, je sens vos belles mains sur mon coeur . . .*«

Katharina las nicht weiter, sie taumelte und hielt sich am Stuhlrand. Ordnung! Haltung! – Sie hatte noch die Kraft, das Papier in den Rock zurückzuschieben, fiel über den Sessel, glitt ab und blieb liegen.

Eine von ihren Frauen hatte ein Geräusch gehört und lief herein. Man hob sie auf, rief den Arzt, sie hatte sich ein paar blaue Flecken gestoßen, der leichte Schleier hatte sich aus ihrem Haarkrönchen gelöst, einer der flachen Seidenschuhe lag neben ihr.

Der König, gerne bereit, die peinlichen Bücherkontrollen zu unterbrechen, hastete herein, er half, sie bequemer zu lagern, man hielt ihr Riechsalz und Kölnisch Wasser unter die Nase, umwickelte die Knie mit nassen Tüchern, Jérôme, ein ahnungsloser zärtlicher Gatte, schaute den Arzt fragend an und hoffte, daß der mit wissendem Lächeln einen höchst angenehmen und lang gehegten Verdacht bestätigen werde, und da der Doktor nicht näher nachforschte, wiegte er sich im Vorgefühl ersehnter Vaterschaft.

Später, draußen, fragte er dann danach. Aber der Arzt zuckte die Achseln, er habe der hohen Frau in dieser Verfassung eine solche Untersuchung nicht zumuten können, in einer Lage, die sichtlich eine Folge furchtbarer Eindrücke, seelischer Erschütterung gewesen sei.

Jérôme wehrte empört ab – die Königin habe nur erfreuliche, beglückende Erlebnisse gehabt, und eben jetzt, vor ein paar Augenblicken . . .

Die gelähmte, geduckte, erloschene Haltung, die Jérôme in den folgenden Tagen an Katharina ärgerte, schob er auf eine beginnende Schwangerschaft. Er fragte sie ein paarmal, aber sie weinte dann gleich und schwieg, und da man ihm sagte, solche Gemütsverdüsterungen hingen wohl mit ihrem Zustand zusammen, duldete er sie, bis es ihm auffiel, daß Katharina auch seinen Ring nie trug, den sie mit so viel Entzücken empfangen hatte.

Im Winter, in der schneeigen Dämmerung, losch das Abendrot streifig aus; Tannengipfel und Birkenstämme waren nur noch Schattenrisse im Fensterrahmen, Katharina wollte kein Licht, man stellte die Kerzenleuchter beiseite und wartete, der Diener hielt sich nahe der Tür und horchte auf ihre heftigen Atemzüge, während sie am Fenster stand.

Jérôme kam herein, schnell, federnd, aufgeregt, und faßte sie um die Schultern. »Im Dunkeln, *ma chérie*? Trinette, warum so verdüstert?«

Katharina streifte seine Hand vorsichtig ab, jede Berührung war ihr wie ein Schmerz auf der Haut, jeder Händedruck machte sie zittern, sie schluckte, und plötzlich weinte sie.

Jérôme nahm sie in die Arme und lehnte ihren Kopf an seine Schultern. »Was plagt meine Trinette? Ist es – nur das, was Frauen unpäßlich macht, ehe es ganz zu sehen ist, das, worauf wir hoffen?«

Sie wurde steif, verbiß die Antwort auf seine Taktlosigkeiten, auf das Taubsein gegen ihren Kummer. Er trat zurück und sah sie befremdet an.

»Jérôme«, sagte sie schließlich und winkte dem Lakaien zu gehen, »schreibt dir Elisabeth immer noch?«

Er verstand zuerst nichts. »Elisabeth? Welche Elisabeth?«

»Deine Frau, die erste; die ein Kind von dir hat . . .«

»Ach, Elisa Patterson! Nein, nicht mehr. Und ich habe ihr klargemacht, daß sie nichts mehr zu hoffen hat.«

»Hat sie dich noch gern? Besuchst du sie noch?«

»Besuchen? Trinette – sie darf Europa nicht betreten!«

»Oder – hast du noch alte Briefe von ihr irgendwo?«

Er lachte. »Kind! Eifersucht auf die Vergangenheit – warum? Meine kluge Frau, meine Königin!«

»Ach, Jérôme!« . . .

Danach gestand sie langsam, zögernd, mit vielem Stöhnen und Schluchzen, was sie in seiner Tasche gefunden hatte, einen Liebesbrief, unverkennbar den Brief einer Frau, einer Geliebten . . .

Jérôme lachte wieder. »Trinette – wir Korsen, wir Südländer – Trinette, das hat nichts, gar nichts mit dir zu tun!«

»Aber es war doch Elisabeth, die dir das schrieb, damals, als du zum Kaiser gefahren warst – das: ›Mein Geliebter, ich umarme Dich von ganzem Herzen, mit aller Leidenschaft – ich spüre Deine schönen Hände, ich rieche Dein Haar . . .‹ So ähnlich schrieb sie doch, ich habe es behalten.« Ihre Stimme wurde unsicher, als sie flüsterte: »Ach, Jérôme, wenn es Elisabeth war, darf sie das schreiben – sie war deine Frau . . .«

Jérôme sah sie verständnislos an. »Elisabeth? So etwas hätte die nie geschrieben. Dazu war sie zu englisch, so reizend sie war, das muß irgendeine andere gewesen sein, ich weiß nicht mehr.«

Katharina wurde blaß. Sie verstand das nicht. Aber er erklärte ihr, das seien zwei ganz verschiedene Dinge, Liebe, Treue, Ergebenheit, zarte Ritterlichkeit – und *l'amour*, wie sie da wohl gelegentlich passiert sei. Damit müsse sie doch rechnen.

Katharina »rechnete« schließlich auch damit. Sie schwieg. Sie suchte in ihren Büchern nach Briefen und Notizen der fürstlichen Frauen, von denen nur selten eine ohne solche Schatten gelebt hatte; Maria Theresia gab die Anweisung an ihre vielen Töchter weiter, Frauen hätten sich abzufinden mit den verschiedensten Formen der Liebe, die ihren Männern gefiele, wenn nur sie, die Mütter der Erben, treu blieben.

Katharina ließ sich ein kleines Kabinett einrichten, wohin sie sich mitunter zurückzog, und einmal, als Jérôme sie suchte, hörte er an der Tür, daß sie vor sich hinsagte: »Nichts, nichts – gehört mir selber; ich bin nichts mehr, nichts gewesen, nichts geworden . . .«

Der König schenkte ihr ein großes Haus zu 100 000 Francs, entzückend gelegen zwischen Napoleonshöhe und Kassel und zauberhaft möbliert.

Daß allmählich das Geld knapp wurde, störte ihn wenig. Wozu gab es die hessischen Juden, Geldgeber der Fürsten, hatten nicht die Herrschenden immer wieder auf sie zurückgegriffen, die scheinbar immense Hilfsquellen mobil machen konnten (und die man – im Notfall – enteignen, verleugnen, verjagen durfte)?

Napoleon hatte freilich auch für sie neue Gesetze geschaffen, hatte Rechte und Pflichten festgelegt. Jérôme sagte Monsieur Jacobson in Paris immer neue Privilegien zu, die er auch anderen Juden versprach. Er verkaufte Staatsanleihen und Kirchengüter an Jacobson.

Napoleon brauste auf. Er wies seinen Minister Reinhardt, den Schwaben und Landsmann Katharinas, dringend an, Jérôme besser überwachen zu lassen, er tobte gegen Jérômes Kumpan Hainguerlot, der aus Haiti mitgekommen war und den er aus

Westfalen entfernt wissen wollte. Auch den Chefredakteur des *Moniteur Westphalien* sollte der König entlassen, denn der hatte in einem Artikel von »Deputationen der jüdischen Nation« geschrieben, und Napoleon legte großen Wert darauf, festzuhalten, daß die Juden – nach einem Beschluß des Sanhedrin – in der französischen Nation aufgegangen seien.

Freilich war Jérômes Regierungsstil durchaus nicht Napoleons einziger familiärer Kummer, und das, obwohl (oder weil) er seine Brüder und Schwäger alle zu Großherzögen, Königen, Generalen und Admiralen seines neuen Reiches gemacht hatte.

In Madrid nahm der Aufstand gegen Joseph gefährliche Formen an, in Bayern, in Österreich wurde gekämpft, in Tirol gärte es, der Kaiser siegte nur mit großen Verlusten bei Wagram und schloß einen wenig ergiebigen Frieden in Wien: Sorgen – ein beständig schwankendes Gleichgewicht, das er, er allein balancierte; Verdruß auch über seine kinderlose Ehe, die seinem Ruhm schadete und allen Bonapartes ohnehin zuwider war.

Katharina dachte voll Angst und Mitgefühl an die unglückliche Frau, der man ihre »Sterilität« vorwarf, obwohl sie dem Vicomte de Beauharnais zwei Kinder geboren hatte. Sie hörte voll Bangigkeit von Plänen, die »Kreolin« zu entlassen, sie wußte, daß der Kaiser mit leichter Hand Ehen zerriß und zusammenzwang, Elisa Patterson hatte das erlebt.

Sie hatte erreicht, was ein hilfloses Opfertier erreichen kann: Jérôme war ihr ergeben, er war zart, ritterlich, liebevoll. Aber was sollte werden, wenn Napoleon auch an *ihrer* Kinderlosigkeit Anstoß nahm? Sie versicherte ihrem Vater fast in jedem Brief, sie wäre glücklich mit dem feurigen dunklen König. Nur im Tagebuch verriet sie etwas von ihrem sehnlichen Wunsch nach Kindern.

Sie hörte Hofklatsch: Man rede von einer Nachfolgerin der Kaiserin Joséphine, von der Schwedin, der Österreicherin, der Russin . . ., aber sie vermied das Thema Jérôme gegenüber, weil sie seine Vorwürfe – unterschwellig schon spürbar – fürchtete. Er jedenfalls – das betonte er beiläufig und taktlos genug – hatte bewiesen, daß er zeugungsfähig war.

Er selber amüsierte sich im übrigen ohne Hemmungen und Reflexionen und erwartete, daß Katharina sich damit zufriedengäbe, Würde und Luxus des Königtums und gelegentlich Lustigkeiten und zärtliche Anwandlungen mit ihm zu teilen. Der Hofklatsch verbreitete die Details seiner zahllosen Abenteuer mit pikanten Histörchen und trug sie manchmal auch taktlos genug zur Königin, die nichts davon hören wollte.

In den Gaststuben und Schankwirtschaften redeten die Westfalen über den aufgezwungenen »König Lustik« und die Königin, die man bedauerte – im *Grauen Wolf*, im *Weißen Schwan*, in der *Traube* und im *Goldenen Löwen*. Abends saßen die verschreckten, verärgerten Leute zusammen.

»Die früheren Herren«, hieß es, »die Droste und die in den großen Wasserschlössern, die waren von je so, wie sie sind, und gut katholisch auch, und mit der Heiligen Mutter Kirche Freund und verwandt, und abgewendet von den neuen Dogmen der Revolution, die Kirchen und Klöster abschafft und den *Code Napoléon* gutheißt.«

Da hockten Bürgermeister und Apotheker, denen ihre Ämter beschnitten und ihre Hierarchie angeschlagen worden waren, und jammerten unter der Last der wilden, übermütigen Besatzung. Und die und jene Tochter wäre verführt und da und dort wäre geplündert und zerstört worden, hieß es, und auch der Hochwürdige Herr Pfarrer sei in seiner Ausübung beschränkt und gehindert worden. Und die Abgaben, die Steuern, dieses unmäßig weiterfressende Kontributionssystem!

»Der Kaiser . . .«, sagte der Wirt im *Weißen Schwan*, der sich neben dem Honoratiorentisch aufgestellt hatte, »der weiß gar nicht, was sein luftiger Bruder anrichtet.«

»Aber wie viele leben von ihm!« korrigierte der Goldschmied.

»Und gut!« spottete der Arzt, und der Notar setzte hinzu:

»Als ob du nicht auch gut lebtest dabei . . . so viele neue Krankheiten, so viele marode Soldaten.«

»Bürger! Da sitzen wir und konstatieren – und was tun wir? Was haben die in Neapel getan? In Sizilien? Die jagten ihren unfähigen Joseph zum Teufel, ja!«

Ein jüngerer Mann war aufgestanden und schrie, daß man der dummen Katharina und dem Filou Jérôme endlich den Ernst zeigen müsse, sie spüren lassen, wer man sei: eine alte große und würdige Kulturnation! Jawohl! Man schwieg betreten, als unter der Tür plötzlich vier riesige Milizsoldaten erschienen; niemand wollte sie gerufen haben, niemand schuld sein. Sie traten dröhnend gewichtig hinter die Stühle, und da man ihnen »freundschaftlich und voll nationaler Solidarität« einen unmerklichen Wink gegeben hatte, griffen sie sich den jungen »Aufwiegler« und führten ihn ab . . .

Daraufhin wurde es still, man schlich sich betreten aus der Tür, denn wo die Macht war, sagte man sich, hatten die Freiheitsträume keinen Raum mehr.

Die Königin in ihrer »Glaskarosse«, in ihrer Isolation und prachtvollen Abgeschiedenheit, spürte gleichwohl manchmal etwas von den Zuckungen in dem ihr anvertrauten Volk; sie fühlte sich ihm verwandter, als es der König sein konnte. Sie versuchte manchmal mit Gärtnern und Zofen zu plaudern, zu fragen, aber man begegnete ihr in dem vorgeschriebenen steifen Stil, auf Abstand gestimmt, scheu, ehrfürchtig, höflich.

Einmal, im glühenden Sommer 1808, traf sie im Park von Napoleonshöhe, unter dem farnesischen Herkules, im Anblick der sprühenden Wasserfälle, auf ein wild fuchtelndes Paar, einen Gärtner im Hofdreß und eine bunt aufgeputzte, dunkelhäutige Frau mit einem braunhäutigen Jungen.

Die Hofdamen versuchten sie wegzudrängen, befahlen den Streitenden, sich fortzumachen, schnell, bei Strafe, aber die Mulattin, oder was immer sie sein mochte, hielt sich kreischend am Geländer und umklammerte das schreiende Kind.

Katharina wies ihre Frauen zurecht und ging auf die Leute zu. Undeutlich herausgequetscht, murmelnd und wimmernd, brachte die Frau eine lange Rede vor, und Katharina hörte, soviel sie nur eben verstehen konnte, daß sie aus Saint Domingue stamme.

»Dorther? Aus Haiti? Aus der Kolonie?«

»Hispaniola – Haiti!« sagte die Frau verständlicher.

Katharina befahl, sie in ihr Audienzzimmer zu bringen, und kam mit ihren Damen nach.

Wachen, Soldaten – das Kind weinte, die bunte Frau zuckte jedesmal zusammen, wenn einer vor der Königin präsentierte.

Katharina hieß sie sitzen, man brachte dem Kind Kissen, in die es neugierig hineinsank, riechend, fühlend, verstört und dann aufschauend wie ein junger Hund, mit runden dunkelbraunen Augen, ein Achtjähriger ungefähr, ein hübscher Bursche, grazil und geschmeidig. Die Königin ließ Konfekt holen.

Der Knabe saß jetzt anmutig zwischen den Wogen und Falten des schweren Seidenkissens, sein dunkler Krauskopf lehnte vor dem mattrosa Polster, er tändelte mit den bräunlichen Fingern, als habe er ein Saitenspiel auf den Knien.

Katharina sah ihn an, schaute auf die plumpe Frau und wieder auf das Kind, auf das Gesichtchen, das, aufgetan wie eine Strahlenblume, samtig schimmernd, ihr zugewendet war. Die Frau hatte sich mit grellfarbigen Kleidern schrill herausgeputzt, sie sei, sagte sie, mit dem Segler gekommen, im Zwischendeck, man habe sie gar nicht hineinlassen wollen, die Herzogin Borghese, Pauline, die Witwe des Gouverneurs Leclerc, habe ihr zu einem Schiffsplatz verholfen, huldvoll, wie sie sie auch seit je unterstützt habe, seit acht Jahren schon, so alt der Sohn sei, Hieronymus. »Und die Herzogin von Guastalla, die Durchlaucht Borghese . . .«

Katharina hob die Hand. »Pauline ist längst nicht mehr in Saint Domingue.«

Das brachte die Frau aus dem eingelernten Text, sie stockte, zitterte, und plötzlich, mit einem Kreischen, warf sie sich auf Katharinas Schoß. Die schob sie vorsichtig weg, etwas befremdet, und besann sich plötzlich auf die sonderbare Behauptung der Negerin.

»Pauline?« fragte sie, »was hat Pauline damit zu tun?« Sie schaute dabei den Buben an, der sie mit blitzenden Augen anstarrte. Aber die Mutter hielt sich an ihr fest und schielte zu ihr auf. »*Le Général? Il governatore? El Señor Leclerc?*« Französisch, Italienisch, Spanisch.

Katharina schob sie wieder von sich weg, weil ihr das sprudelnde wilde Wesen unheimlich war.

»Ach nicht! Er nicht! Nicht der *Señor Leclerc*!« Sie wickelte und zog an ihrem Halstuch herum. »Er war ganz hart! Die Dame habe ich nur von fern gesehen damals, sie ließ das Geld immer wieder bringen, auch als er tot war – er hatte ja das Gelbe Fieber und das Schwarze Würgen!«

Katharina versuchte sich an Leclerc zu erinnern, sie kannte nur ein winziges verschwommenes Bild von ihm. Es könnte ja sein Kind sein, dachte sie, dieser zierliche weiche Bursche, der da vor mir sitzt mit seiner angeborenen Würde, als gäbe er eine Vorstellung, mit den spielenden Händchen, beinah kokett. – Ein süßes Kind!

Da fing die dunkle Frau an zu reden, als fülle ein Schwall, ein Wassersturz das Zimmer bis in die Winkel.

Es ging um die unmenschliche Strafe, die Leclerc an den aufständischen Negern vollziehen ließ – Gliederbrechen, Aufs-Rad-Flechten und die Massakrierung ganzer Trupps von ihnen –, und oft kam der Name des Toussaint Louverture vor, mit dem Zusatz *mon oncle«.

Aus dem Wust wurde Katharina nicht recht klug, von solchen Greueln hatte man ihr nie erzählt, sie fragte, den Redestrom abschneidend, noch einmal, warum eben der Generalgouverneur Leclerc der Baptisteria gezahlt habe und wofür. (Baptisteria war der sonderbare und nicht ganz eingängige Name der Frau, die jetzt vor ihr saß.)

Und noch einmal, ganz dringlich, wiederholte sie, daß Leclerc nichts, nicht einmal das geringste mit ihr zu tun gehabt – denn sie verstand wohl, was die Königin vermutete.

126

Inzwischen war Katharina der Geruch und Staub unerträglich geworden, der von den beiden ausging, und die Baptisteria bat, als spüre sie diesen Widerwillen, man möchte sie doch zu einem Waschtrog führen – sie seien acht Stunden im Wagen gefahren und, da man die Majestät so unversehens getroffen habe, ganz unvorbereitet gewesen.

Katharina läutete, ließ die zwei gehen und befahl ein Essen für sie. Draußen, so berichtete die Kammerfrau nachher, habe die »Schwarze« dann gefragt, wo der König sei, den sie nirgends gesehen hätte; ihn suche sie und habe das der hohen Frau nicht sagen wollen. Katharina stand ein paar Minuten ganz ruhig vor der Zofe neben ihrem Stuhl, dann, als drehe sich der Erdkreis, sauste es um sie, ein unbezwingliches schwarzes Flügelschwirren drehte sich über ihr, und sie fiel in den Stuhl zurück.

Nach einer Weile – man hatte sich um sie bemüht, auch gefragt, wann der König zurückerwartet werde – stand sie auf und sagte: »Bitte, Liebe, holen Sie das Kind her, wenn es gegessen hat.« Der Kleine kam, man hatte ihn gesäubert und gekämmt, aber seine Bewegungen waren die gleichen wie vorher, und auch die Pflege hätte seinen Charme kaum erhöhen können. Katharina ließ ihn zu ihrem Stuhl kommen, ganz nah, und sah ihm in das runde Gesicht: Die hohen Backenknochen, die nah zusammenstehenden schwarzen Perlaugen, die feine Nase . . ., nur der Mund war der breite, aufgeworfene der Mutter und das Haar ein bißchen krauser als jenes seidige, durch das sie so gern mit den Fingern gestrichen hatte.

Die Baptisteria Toussaint hatte sich in der Nachbarschaft des Hofes eingerichtet und für das schöne braune Kind eine reichliche Versorgung und höfliche Behandlung zuwege gebracht.

In ihrer Umgebung waren ein paar Leute, mit denen sich schnell eine Vertraulichkeit herstellen ließ: Lecamus, der sie oft besuchte, entdeckte jetzt erst richtig ihre kreolische Verwandtschaft, sie redeten sich warm an Erinnerungen, an der Empörung über die Höllenbilder von Port-au-Prince, von Folterungen und Sklavenmorden.

Wenn auch die Blutsbande der Baptisteria nicht so eng mit ihm verflochten waren, wie sie tat, so wußte sie doch genug von der kürzlichen Geschichte der Antillenkolonie, um über das lockere Leben der Pauline Bonaparte, Schwester des Kaisers, zu klatschen, die dem Fürsten Borghese so wenig treu sei wie vorher dem Gouverneur Leclerc.

Ihr eigener Vater sei ein reinrassiger Neger wie Toussaint, die Mutter, wie gesagt, Kreolin wie Lecamus und lebe noch immer auf den Antillen. Und dann hatte Lecamus, obwohl gutbezahlter Zuträger, Minister, Anstifter Jérômes, geflüsterte Nachrichten beizutragen über die arglistige Täuschung und den elenden Tod des Toussaint, den man, mit falschen Beteuerungen ins Netz gelockt, im eisigen Fort Joux im französischen Jura eingekerkert und ohne rechte Pflege habe elend zugrunde gehen lassen; er brachte sogar einen Plan daher, auf dem fünf

128

Festungsgräben und sieben Kasematten zu erkennen waren, die man dort aus dem Fels gehauen hatte. Zwölf Fuß hohe Mauern und dreireihige Gitter
hätten jede Flucht unmöglich gemacht, wie ein Tier
sei der Gefährliche verwahrt worden. Eiskalt sei
das Gefängnis gewesen, und ein Arzt sei nicht –
oder vielmehr nur im »äußersten Notfall«, das hieß
beim Sterben – zugelassen worden.

Frau und Kinder seien »verschollen«, ergänzte
die Bepi. Beide, Nutznießer des Königs und letzten
Endes des Kaisers Napoleon, hatten ihre Freude
daran, Haß und Empörung gegen die Franzosen zu
nähren, nur den König Jérôme nahm die Baptisteria aus: Er sei – schrie sie – ein Ausbund an Schönheit, Vornehmheit und Größe und gönne seine
Gunst nur auserwählten Damen; und die Königin
sei die Güte selber. Sie lächelte geschmeichelt,
wenn jemand nach dem Namen Hieronymus fragte, der doch französisch Jérôme heiße, als wäre sie
geehrt durch den Bubenstreich, den Jérôme an ihr
begangen hatte.

Als Katharina von einer Reise zurückkam, befahl sie, die Bepi am Hof zu versorgen, wie sie alle
Nebenkinder ihres Mannes samt ihren Müttern un-
terstützte, als sei sie ihnen verpflichtet und verschuldet, weil sie ihm noch keinen Erben geboren
hatte. Indessen vergnügte sich der König mit der
Gräfin Truchseß-Waldburg, einer geborenen Ho-
henzollern, deren Gatte ein Nachfahr des berüch-
tigten Bauernjörg war, von dem man sich Grausiges aus den Bauernkriegen erzählte. Sie spielte sich

als Judith auf, die den Tyrannen – Jérôme als Tyrann! – durch zarte Bande blenden und vernichten wolle, bis sie sich Impertinenzen gegen Katharina herausnahm, die Jérôme denn doch zwangen, sie vom Hof zu entfernen.

Die Bepi beachtete er nicht, aber den Kleinen hatte er gern, er saß mit ihm bei der Königin, die den Jungen von den schwatzenden Zofen und intrigierenden Höflingen fernhielt. Der ließ sich die Verwöhnung willig gefallen; wenn seine Mutter ihn an sich riß, ihn in ihre Wärme hineinnahm wie ein Tier sein Junges, sträubte er sich nicht, aber die Bepi spürte, daß er von dem Schimmer, von Schönheit und berauschendem Licht um die Königin gefesselt war – und Katharina ließ ihn nicht los. Bald schon lag er ihr zu Füßen wie ein Hündchen, aß mit dem Königspaar und spielte, frühreif und alles schnell erfassend, Schach mit Katharina, die ihm die Regeln das karierten Bretts beigebracht hatte; oft ging sie mit ihm durch den Park, am See entlang.

An einem schwülen Sommerabend, unter dem faserigen Mondlicht, wanderte sie mit dem Kleinen durch die Gartenwege um Napoleonshöhe.

Er lachte laut und fing mit schwingenden Händen, seine Hand in der ihren, beim tönenden Geplätscher des Wassers zu singen an.

Hinter der Königin und dem Kind wandelten ihre Damen und zuletzt in Abständen zwei Lakaien. Ein verstecktes Orchester spielte halblaut, ein Laternenzug kreuzte den Weg der Hofgesellschaft und zog sich, in gezirkelten Figuren schreitend, wie ein wohlgeordneter Glühwürmchenschwarm um sie her ...

Sie liebte das Wasser, die wilden Kaskaden, die sich von der Höhe über Stufen und Terrassen herunterstürzten, sie horchte verlangend auf das Rauschen, das sie bei ihrem Tanz in der Tiefe widerklingen ließen, lauter und schwächer, eingefangen in die Melodie der königlichen Musikanten. Auf dem See, den die Dämmerung an den Ufern violett und türkisgrün verfärbte, schwammen Boote, die Schwäne, weiße Sagenvögel, hatten sich schon im Schilf geborgen; verschattet wie die buschigen Ränder lagen die künstlichen Grotten um den See, die seltsamen Ruinen, vermoostes Steinwerk, als Unterschlupf für Eulen und Fledermäuse.

Katharina hielt den Kleinen immer noch an der Hand, seine Kinderfinger schlossen sich fest in die der Königin, er schaute und flüsterte; sie verstand ihn nicht, ahnte nur, daß sein Gemüt mehr und tiefer vom Spiel des nächtlichen Wassers ergriffen wurde, als sie es selbst je an sich erlebt hatte. Er nahm das als Wunder, als Bedrohung und Verheißung und jedenfalls ganz auf sich selbst bezogen.

Wasservögel kreischten, die Musikanten waren zurückgeblieben, die Fackeln schon weit voraus.

Braune Schatten zogen sich vor ihr über den Weg und wichen wieder auseinander. Das Wasser roch nach Schilf, nach den Tanginseln, die man immer wieder einfing und abräumte und die doch immer neu aus der Tiefe wuchsen.

131

Da brach aus dem Gebüsch eine dunkle Masse, ein verhülltes Wesen, und packte den Jungen, um ihn wegzureißen. Katharina, die ihn festhielt, wurde weitergezerrt, stemmte sich am Rand des Beckens gegen die Einfassung und spürte einen starken Stoß, während das Kind fortgewirbelt wurde, unkenntlich in der Dunkelheit um den begrenzten Lichtkreis.

Die Königin schrie auf, als sie ins Wasser stürzte, schlug wild mit den Armen um sich, und ein paar Damen bogen sich über die Wölbung und reichten ihr die Hände. Ehe sie zugreifen konnte, war auch einer der Männer heran und zog sie ans Ufer. Triefend, verschreckt, zitternd saß sie auf dem Rasen und fragte nach dem Buben.

Man hatte in der Aufregung über den Unfall der Königin nicht auf den Attentäter und noch weniger auf Hieronymus geachtet, und inzwischen waren beide in der Nacht untergetaucht. Katharina wurde zum Wagen getragen und ins Schloß gebracht. Am nächsten Tag fieberte sie.

Ärzte kamen; in ihren Phantasien schrie sie laut auf, drehte und bäumte sich und redete wirr von der kleinen, lieben Katze, die man ertränkt habe.

»Und das Wasser war gar nicht einmal heiß«, keuchte sie auf deutsch, und niemand verstand, was sie meinte.

Man versuchte mit viel Eifer, das Kind zu finden, die Mutter zu fassen.

Endlich nahm Katharinas Fieber ab, sie sah klarer aus den schönen großen Augen, die dunkel ge-

randet aus dem schmaler gewordenen Gesicht
schauten. Irgend jemand glaubte ihr eine Freude zu
machen, als ihr ein flaumiges graues Kätzchen aufs
Bett gesetzt wurde, mit runden hellgrünen Augen
und schwarzen Augenwinkeln, das die niedlichen
Pfoten um sein Schnäuzchen strich.

Aber Katharina schlug entsetzt die Hände vors
Gesicht und streifte das weiche Tier von der Decke.
Angekrallt blieb es hängen und maunzte heiser.
Die Königin wimmerte. Endlich kam die Zofe und
nahm das Kätzchen weg.

Als Jérôme zurückkam, eilig, nervös, mit Gefolge und Wagenkolonne, hatte er zwar nicht erreicht, was geplant war, aber er hatte eine charmante junge Dame entdeckt und überlegte, wie er
sie nach Kassel holen könnte. Von Katharinas Unfall, dem Überfall, dem Verschwinden seines
Halbblutsöhnchens erfuhr er durch Fürstenstein,
der Angst hatte, als Mitschuldiger in die leidige Geschichte hineingezogen zu werden, und deshalb
lieber gleich als Ankläger auftrat.

Auch die Bepi war verschwunden und seit dem
Abend am Wasser nicht aufzufinden.

Katharina, matt, fiebrig, mit rotgedunsenem
Gesicht, lag in aufgetürmten Kissen und empfing
den König mit ihrem immer gleichgebliebenen be-
scheidenen Lächeln. »Es ist nichts, Fifi«, sagte sie
leise, »es war ein dummer Zufall; nur der Hieronymus, das ist schlimm . . .«

Jérôme, erpicht darauf, sich als energischer Re-
gent zu erweisen, befahl strenge Untersuchungen.

In einem Rheinhafen, auf einem auslaufenden Schiff, das nach Holland bestimmt war, erwischte man die arme Bepi mit dem Jungen, aber sie versicherte verzweifelt, daß sie die Königin nicht ins Wasser gestoßen, bloß den Kleinen habe an sich bringen wollen, der doch ihr eigen sei.

Sie wurde dem König gebunden vorgeführt, schluchzend und bettelnd, und man nahm ihr das Kind schon wieder, und diesmal brutaler und endgültiger, denn jetzt sollte es in ein Internat gebracht werden, das Katharina bezahlen wollte.

Die Königin war kaum genesen, als man am Hof hörte, die Bepi sei in einem Arbeitshaus, wo sie lebenslang Wolle spinnen und Seile drehen solle; Hieronymus war inzwischen bei einer Lehrersfamilie untergekommen, man wußte, was man seinem Vater schuldete und behandelte ihn gut. Freilich weinte das Bübchen fast immer und aß kaum.

Katharina wagte nicht, es zu sich zu holen, sie fürchtete einen neuen Anschlag, fürchtete eine Intrige des undurchschaubaren Fürstenstein-Lecamus – auch Jérômes Widerstand und den Hofklatsch, der ohnehin aus allen Mauern quoll und sie einengte. Aber die verbitterte, gedemütigte, unglückselige Bepi wollte sie zu sich rufen, um ihr zerstörtes Leben erträglicher zu machen.

Wolkentänzer

Was da im Schloß von Kassel brodelte und brüte-
te, wurde kaum berührt von den Bewegungen der
großen Welt, der kaiserlichen Politik, die diese
Welt formte. Und während Jérôme seinem Hofor-
chester 500000 Francs jährlich bezahlte, ungerech-
net die 12000 für den Pariser Musikdirektor Blan-
gini, die Hofkarossen und feudalen Mahlzeiten, die
den Musikern täglich zur Verfügung standen, die
freie Wohnung und die Garderobe; während er
sich schwere Gedanken machte über die stilgerech-
ten Uniformen seiner Lakaien, hatte sich der preußische Major Schill, dem Jérôme ein Husarenregi-
ment unterstellt hatte, mit einer Schar ergebener
Leute aufgemacht, um, wie er hoffte, die Herrschaft des landfremden Königs abzuschütteln; im
Handstreich nahm er Halle, dann Staßfurt und
drang in Magdeburg ein. General Albignac über-
rannte seine kleine Truppe und jagte ihn vor sich
her, Schill floh nach Stralsund, seine Anhänger
wurden zerstreut und aufgerieben, er selber erschossen.

Jérôme hörte davon zu spät, ihm fehlte die Fähigkeit, den »Zwischenfall« richtig einzuschätzen, als ein Vorzeichen, eine Warnung; und wie er sich immer auf sein gutes Glück verlassen hatte, so tat er es auch diesmal: Waren ihm nicht so manche Streiche, Eskapaden, Kniffe und Pfiffe geglückt, die einen anderen, da sie mitunter nah an Fahnenflucht und Verrat grenzten, das Leben oder zumindest die Laufbahn gekostet hatten? War er nicht der Bruder des Weltenherrn?

Napoleon freilich meinte es anders; in einem wütenden Brief schrieb er ihm: »Was Ihnen hier widerfahren ist, habe ich immer vorausgesehen. Ihr Königreich steht ohne Polizei, ohne Finanzen, ohne Organisation da. Mit Luxus und Unordnung hat man noch niemals ein Reich fest gegründet . . .«

Inzwischen war der Herzog von Braunschweig in Sachsen eingefallen, Napoleon befahl Jérôme, alle verfügbaren Truppen dorthin zu werfen, gab ihm noch das Kommando über ein holländisches Kontingent – in der Hoffnung, Verantwortung werde den lustigen Bruder zur Vernunft bringen, aber der brauchte seine Zeit dazu, prächtige Gardeuniformen, Wagen und Gepäck zusammenzustellen, das Tänzerkorps nicht zu vergessen, das etwa langweilige Biwakabende verkürzen würde . . .

Eine Heerschlange sollte aufbrechen und alles den imposantesten Eindruck machen beim Durchzug durch sein Land . . .

Aber die besiegten Völker wurden kaum mehr durch malerische Bilder geblendet – ausgenommen die haltlosen Ärmsten, die nur auf hingeworfene Gnaden spekulierten und nichts zu verlieren hatten. Die jubelten, wenn der fremde König, prachtvoll anzusehen, durch ihre Straßen ritt.

Man holte auf Katharinas Befehl die schwarze Bepi aus ihrem Arbeitshaus, einem Gemäuer, das schlecht beleuchtet, feucht und im Winter kaum geheizt war, so wenigstens erzählten die anderen Mädchen und Frauen. Es waren verwilderte, stumpfe, ausgemergelte Geschöpfe darunter, und als sie ihren Namen hörte, so bedrohlich die Stimme des Aufsehers klang, war die Bepi doch froh, aus dem stickigen Raum herauszukommen, wo Dutzende dicht an dicht, strickend, flechtend, klopfend und plättend zusammengepfercht waren, wenige wegen echter Vergehen, viele durch irgendeinen dummen Zufall, der sie in eine verdächtige Lage gebracht hatte.

Der Bepi freilich warf man ein gewichtiges Verbrechen vor: einen Anschlag auf das Leben der Königin und den Raub des Kindes, das diese bei sich gehabt hatte, und beides sollte nach des Königs Rückkehr genau untersucht und verhandelt werden.

Katharina saß in einem tiefen Sessel, eine Decke um die Beine, ein Tischchen mit Karaffen vor sich. Um ihren Hals lag ein Seidenschal, ein Wolltuch um die Schultern. Das modische Dekolleté war mit gekrausten Spitzen bedeckt, die blonden Haare steckten bis auf die Stirnlocken unter einem Häubchen.

Man führte die dunkle Frau herein, eine Gefangene und Kindsräuberin, die man nur ungern zeitweilig entlassen hatte. Man hatte sie hergerichtet; Katharina sah erstaunt das veränderte Geschöpf, ohne gleich zu erfassen, was sie gewandelt hatte – das Zuchthaus, die Angst, die Sehnsucht nach dem Kind – sie dachte es flüchtig.

Die Bepi war irgendwie gestreckt, hager, straff und so, daß Katharina fast nur ihre Augen anschaute, große schwarze Tieraugen mit bläulichem Weiß, die mit einer undeutbaren abgründigen Schwermut und Verzweiflung in die der rosigen, kindlichen Königin starrten, als müßten sie so alles aussagen, als könnten sie mit unhörbaren Stimmen rufen.

Bepi war gewaschen und gestriegelt worden, das schwarze Kraushaar hatte die Wärterin in ein buntes Tuch geknotet, ein graues Kittelkleid hing ihr bis auf die Füße, die in großen Pantinen steckten, und die braunen Arme waren für diese Vorführung mit Binden umwickelt, da die Striemen von der anfänglichen Fesselung noch nach Wochen geschwollen waren.

Aber ehe Katharina ein Wort der Aufforderung sagen konnte, fiel die Gefangene auf die Knie, rang die erhobenen Hände, demütig nach oben schielend, ähnlich wie sie das auf Anbetungsbildern in der Kirche gesehen hatte. Ihre dicken Lippen waren blau, sie fror und zitterte vor Aufregung.

Katharina brachte nur einen gepreßten Laut heraus, sie zögerte befremdet. Plötzlich stürzte die
Bepi auf den Fußboden, die Arme ausgestreckt,
an den Teppich gepreßt, zuckend wie im Krampf.

Katharina sah sich erschreckt nach einer Hilfe
um, aber da war niemand, der zusehen wollte. Der
Hof fand diesen Auftritt unnötig, und die Damen
meinten, die Königin aus Deutschland, wenn sie
schon so stillos gutmütig wäre, solle sehen, wie sie
mit dem schwarzen Trampel fertig werde.

Da lag das Weib, wimmernd, geschüttelt, eine
geschundene Kreatur, kaum mehr menschlich, und
doch eine Frau wie sie, Katharina.

Zum erstenmal dachte sie: Ein Geschöpf voll
dunkler unklarer Antriebe, herausgerissen aus dem
Boden, in dem es gewachsen war, von . . . ja, von
Jérôme, für den sie, Katharina, verantwortlich war
wie eine Mutter für einen tollen Jungen. *Er* war aus
der Ordnung gefallen, oft genug, und *sie* mußte
wieder in Ordnung bringen, was er verschoben
und verbogen hatte. Sie bückte sich aus ihrem Stuhl
über das Weib und zerrte es hoch. Die Bepi, außer
sich, benommen, taumelte auf die Königin zu, sie
keuchte, Katharina verstand kaum, was sie wollte,
es klang wie eine Beschwörung: »Dein Glück gib
mir, den Glanz, den Königssegen!«

Katharina hielt die Drängende von sich ab, nicht
unzart, nur voll Angst, und sah in das naßgeweinte,
verzerrte Gesicht, roch die Wärme, den Schweiß,
den scharfen Pflanzendunst. Sie verlor sich einen
Augenblick an dieses Element, das tierisch und

bannend auf sie einstürmte; sie dachte: Gib du mir, daß ich ein Kind habe! Aber sie rief sich zurück; Ordnung, Klarheit . . . und fragte ruhiger: »Warum hast du den Knaben wegholen lassen?«

Die Frau fuhr zurück, blitzte Katharina aus rollenden Augenkreisen an und murmelte etwas wie: »Ich weiß, daß du gut bist, deshalb bin ich damals gekommen die lange schwere Reise, aber ich sah, daß du ihn mir genommen hättest, nie mehr hättest du von mir geredet mit ihm, und ich bin die Mutter!« – Sie fuhr mit gespreizten Händen über die Arme der Königin, Katharina meinte, es ströme etwas über, ein Zauber springe funkend heran, aber es war nichts geschehen, nur die Bepi zischte aus den blaugrauen Lippen: »Mein Kleines . . . gib es mir wieder!«

Sie tat Katharina leid: »Ich habe ihn doch gar nicht mehr!« Die schwarze Frau fuhr zurück wie eine Wildkatze, die sich duckt, und vor: Über Katharinas Gesicht zog sich eine rote Schramme.

Sie schrie auf. Lakaien stürzten herein, zerrten die Tobende von der Königin weg. Katharina wischte ihr Blut ab und schaute entsetzt der Kreolin nach. Sie rief: »Das Kind!« und meinte entschuldigend den verlorenen Jungen, der die Mutter so außer sich gebracht hatte und vielleicht auch das, was *sie* sich wünschte.

Die Bepi lag danach wochenlang in einem Verlies und wartete heulend auf ein Urteil. Katharina befahl, sie loszulassen und mitsamt dem Kind heim nach Haiti zu schaffen.

Erst zu spät erfuhr sie, der Kuppler Lecamus habe den Kleinen aus seinem Domizil geholt und an einen Makler verhandelt, der plante, den König mit seinem Bastardkind zu erpressen. Weil Katharina dabei nicht mitgetan hätte, versuchten es die Halunken beim Kaiser und versprachen zu schweigen, wenn Jérôme zahle.

Aber Napoleon erfuhr damit nichts Neues.

Katharina war jetzt müde und ganz ohne Antriebe. Man beschloß eine Kur, zumal der Kaiser nicht sehr taktvoll nach dem ausbleibenden Erben gefragt hatte. Katharina und Joséphine wechselten heimlich Briefe, beide in Angst. Jérôme reiste indessen zu einem berühmten Arzt nach Paris, vielleicht auch, um beim großen Bruder Geld zu erbitten für Kuren, für Ärzte, für die königliche Zukunft.

Jérôme wußte nur allzu gut, daß Napoleon, der Kaiser, die Verkörperung unbeugsamen Willens, nüchternen Verstandes, realistisch harter Planung, ein »Lindenblatt hatte wie der hürnen Siegfried« – wie es ein deutscher Dichter nannte: seine südländische Schwäche für alles, was zu seiner Sippe und Rasse gehörte. Die ganze Familie wußte das und war darin geborgen und sanft gewiegt wie in einem lauen Bad . . . Die einzige, die solche Blindheit nicht ausnutzte, war seine Mutter, Madame Letizia; sie lächelte gerührt und spöttisch, wenn er meinte, sie sei »schön wie die Liebe«, aber sie berief sich nie auf seine verehrende Zärtlichkeit.

Doch das übrige schwirrende, summende, flat-

terhafte Familiengeschmeiß, das den »Unberühr-
baren« umkreiste, war – Lucien vielleicht ausgenommen – nur darauf aus, Honig zu lecken, wieviel und um welche Demütigung auch immer, und
der »starke schwache Große«, obwohl er das alles
wußte und sich immer wieder vorhielt, empfing
den »Kleinen« und gab ihm, dem Causeur und
Charmeur mit seiner rührenden Trinette, wieder
einmal ein Geschenk, das einen anderen, fast jeden
anderen, zu äußerster Anstrengung verpflichtet
hätte: Er überreichte ihm *tout l'Hannovre* – ganz
Hannover! Mit großer Geste – man mußte sich
allmählich darauf verstehen – nahm Jérôme die
Gabe würdig entgegen. (Allerdings hatte Napoleon an Leistungen gedacht, das Pferdeland paßte
in seine Heeresstrukturen, er brauchte es für seine
Kavallerieattacken nötiger als je. Und er legte Rei-
terregimenter nach Westfalen, die der König ausstatten sollte.) Doch war das nur ein blaßblauer
Wolkenschatten über dem strahlenden Gold von
Jérômes Himmel! Die Ställe, die Fourage, Sold und
Verpflegung der Soldaten – *on verra*; auch als sich
herausstellte (er rechnete das natürlich nicht selber
nach), daß ihm bei alledem eine Schuldenlast von
acht Millionen bleiben würde, nahm er's nicht
schwerer.

Indessen merkte auch Katharina, obwohl sie
hellsichtiger war als ihr Wolkentänzer, noch nicht
viel von solchen Fatalitäten. Jérôme erzählte ihr
ohnehin nur das Glorreichste über sich und seinen
Staat und auch über Vorfahren und Eltern und kor-

sische Kämpfe, und sie schrieb das gläubig in ihr Tagebuch.

Auch daß die Bepi im Gefängnis gestorben sei, schrieb sie auf. Sie legte dann testamentarisch fest, daß der Knabe Hieronymus, Sohn der Baptisteria Toussaint, eine Rente erhalten solle, solange er lebe.

Das war wenigstens ein schwacher Versuch, ein Wink und Fingerzeig auf die Ordnung, die für das Kind und seine Mutter so häßlich zerstört worden war.

Inzwischen waren Napoleons Einladungen nach Erfurt ergangen – an die ganze Familie Bonaparte, an alle Brüder und ihre Frauen außer an Lucien und an Madame Mère und den Kardinal Fesch, ihren Halbbruder. Man wunderte sich ein wenig – die gespannte Lage . . .

Freilich, dieses Fest galt nicht allein der konzentrierten Darstellung Bonapartescher Glorie, sondern einem verzweifelten und – wie es viele empfanden – frevelhaften Akt: Der Kaiser, nach manchem Hin und Her, eröffnete seiner Frau Joséphine, daß er einen Erben brauche, daß sie, weil sie ihm seit so vielen Jahren keinen geschenkt, demnach also ihre Berechtigung als Kaiserin der Franzosen verloren habe.

»Ich habe mich für die Österreicherin entschieden«, erklärte er ihr und den versammelten Verwandten, dem Hof, ganz Europa . . .

Katharina war verstört – sie sah die Parallele zu ihrer eigenen Lage.

Joséphine hatte mit List und Charme um ihre Stellung gekämpft – um ihre freilich recht unsichere Stellung, denn ihre kirchliche Trauung war erst eine halbe Stunde vor der Kaiserkrönung in aller Eile durch den »Onkel Fesch«, den Kardinal, vollzogen worden.

Und jetzt, als die Lösung dieser geweihten und (weil katholisch) unlösbaren Bindung praktischer war, mußte eben ein Formfehler gefunden werden, den die devoten Kirchenjuristen auch fanden: Bei jener Trauung durch Fesch hatte der Ortsgeistliche aus Martinique gefehlt, Joséphines Hauspfarrer. – Kein Einwand also gegen eine neue Ehe!

Man hatte mit Rußland verhandelt, diese und jene Prinzessin bedacht und beredet, aber Zar Alexander hatte abgewinkt, auch andere Fürstentöchter waren nicht nach Wunsch verfügbar.

Am ersten April 1810 wurde Napoleon mit der Kaisertochter Marie Louise von Österreich getraut – mit dem Segen von Kardinälen und Erzbischöfen; der Papst aber verweigerte sein Placet, er hatte den Kaiser exkommuniziert und lebte im Exil in Savona.

Marie Louise hatte sich kaum ernstlich gegen den schmeichelhaften Wunsch des Herrschers gesträubt, sie war oberflächlich und vom Glanz der Formen geblendet. Niemand wagte, dem »Minotaurus« entgegen zu sein, am wenigsten der österreichische Kaiser, er opferte seine Tochter »auf dem Altar des Vaterlandes« anscheinend willig, doch schon geheim mit Rußland verhandelnd. Na-

poleon, ungeduldig, seine Braut zu sehen, fuhr ihr
entgegen, ein ungestümer Liebhaber.

Das Fest, für die Augen Europas eine Darbie-
tung der weltweiten und unbezwingbaren Macht
des Kaisers, war eine politische Dokumentation,
zugleich ein Ausweis des modernen Frankreich,
das menschlichere Gesetze, bessere Finanzen, ge-
schulte Industriearbeiter, gerechtere Versorgung
der Massen anbot und in dem für Kirche und Tradition im hergebrachten Sinn, dem gottbezogenen,
symbolträchtigen, kein Platz mehr war.

Am Vorabend der kirchlichen Feier, dieses täu-
schenden, berauschenden Theaters, hatte wie-
derum der Kardinal Fesch die Trauung vollzogen.
Der Zug, ein Karnevalsauftritt mit cäsarischem
Aufwand, vermied freilich die ärmeren Viertel von
Paris, denn dort gab es Wandzeitungen und Geschrei gegen Napoleon. Auch Notre-Dame wurde
gemieden, nur einzelne »kaisertreue« geistliche
Würdenträger waren »sicher«.

Und die Habsburgerin war eine Nichte der hin-
gerichteten Marie-Antoinette – der »Hure«, der
»Blutschänderin«, der »Vampyrin« . . .

Das Volk freilich, die zugelassene und kontrol-
lierte Menge, die jedem Fanfarenstoß zujauchzte,
bewunderte den Aufwand, den es schließlich bezahlte. »Laßt uns diese schäfigen Kreaturen zum
Narren halten, weil sie es schlechterdings nicht anders haben wollen«, hatte ein Seigneur gesagt; für
Napoleon, so hofften die Geblendeten, würden die
besiegten Völker bezahlen.

Katharina, um Jérômes willen blind vom Taumel mitgerissen, spürte trotz allem in solcher auswuchernden, barocken Vergöttlichung des Imperators das tückische Aufflackern, das glimmende Übel, an dem das strotzende Gebilde, das schäumende, »blühende Frankreich« zugrunde gehen sollte. Die »alten Mächte«, die ihres Gewichts sicher waren, streckten ihre Fühler aus und ließen ihre Agenten arbeiten.

Der große Mann, Maßstab allen Stils und jeder Geste, war gereizt. Kleine gesellschaftliche Pannen, Einladungen an Leute, die unangenehme Erinnerungen für ihn heraufriefen, Jérômes Schulden, sein »lausbubenhafter«, sichtlich berechneter Charme, auch Katharinas eigene, königlich aufwendige Naivität, diese überall spürbare Ahnungslosigkeit, deren Lasten er zur »Schwere einer ganzen Welt«, ein Atlas ohne Helfer, zu tragen hatte, zerrten an ihm. Krampfhaft und gegen besseres Wissen hielt er daran fest, daß Verwandte noch immer die treuesten Paladine seien, so fehlerhaft sie regierten, jedenfalls so lang, bis das »eigene Blut«, der »echtbürtige Erbe«, die Zügel in die Hand nehmen könne.

Katharina, in der »Ordnung« erzogen, die dennoch nicht nur Etikette gewesen war, spürte, wie gefährlich dünn die Luft um den Kaiser wurde.

»Er holt die alten Feinde, den Uradel, zu sich, weil die sich auskennen in Manier und Zeremonie«, sagte sie zu Jérôme, und der nickte in einem hellseherischen Moment: »Er ist in einem Rausch, er tut dasselbe wie die, denen man die Köpfe abgeschlagen hat.«

Aber Fouché, bereit, einem etwa künftigen Herrn schon jetzt gefällig zu sein, verbreitete hetzerisch, was Napoleon zu ihm gesagt hatte: »Europa ist eine abgelebte Dirne. Mit meinen achthunderttausend Mann kann ich mit ihr machen, was ich will.«

Katharina war endlich nach allem Trubel müde, sie spürte, wie machtlos und unfähig sie beide waren, Jérôme und sie selber in dem gärenden Land, wo einer »an den Schlaf der Welt gerührt« hatte; sie verlangte, wieder im Schwäbischen Atem zu holen, sie ließ sich den Schwarzwald verschreiben, indes der König nach irgendeinem Weltort raste und rasselte, in irgendwelche buntscheckigen Umtriebe sich stürzen wollte.

Sie saß dann bei Liebenzell auf der Höhe und hatte die Damen und Lakaien weggeschickt; daß sie sich nahebei versteckten, wußte sie, aber sie wollte sie nicht sehen.

Ein Regen zog sich zusammen und kam nicht auf; am Himmel, hinter einer riesigen schwarzen, krummen Tanne, umfasert von Birkenzweigen, brach Licht aus den Wolken, den Pferdeleibern, gebauschten Segeln und gewellten Fahnen, grauen und rosig gerandeten, hinziehend vor dem kaum mehr blauen bleichen Himmel.

Blitzend grell schoß das Licht streifig geteilt, zwischen Rissen hindurch, auf sie herunter. Gras krautete wie verfärbtes Fell, es war stiller als im

Kasseler Park, kleiner, bescheidener und näher ihrem Wesen, und ohne goldfransigen Purpur und Rosengeruch.

Anderntags brach Katharina wieder nach Kassel auf. Der König war schon da, Jérôme kam zu ihr herein; das seidenfaltig drapierte Schlafzimmer, rosablasse Lichtquellen, verdeckt, von Silberdraperien gerahmt: Katharina sah es und übersah es, alles war ihr zuwider. Schaum, Träumereien, Tünche . . .

Jérôme stürzte herein wie ein verstörter Schuljunge, wühlte seinen dunklen Kopf ins Kissen und zuckte, als wollte er weinen.

»Trinette – er demütigt uns, er hat mich angefahren wie einen Schuft, er – nimmt uns Hannover wieder weg, er ist wie ein Besessener, größenwahnsinnig! Und dazwischen hat er auf einmal bei dem üblichen Aufundabgehen ganz sinnlose Worte gemurmelt . . . und etwas vom Herzog von Enghien auch . . .«

»Ja, er hätte das nicht befehlen dürfen, den zu erschießen; keine Schuld war ihm nachgewiesen als sein eigenes maßloses anklägerisches Gerede, ach, Fifi, lieber Fifi – schreckliche Politik!«

Naiv und hilflos wie zwei verwöhnte, verscheuchte Kinder saßen sie nebeneinander in ihren duftenden Luxusbetten und spürten, wie unsicher und geblendet sie in diesem Glanz herumtasteten, abhängig von dem brutalen und – das wußten sie auch – selber Gejagten, der sich jetzt noch als Weltenherrscher fühlte.

Katharina redete eine Weile weiter, als könne Jérômes Aufregung allmählich versickern und sich stillen, damit er einschliefe; aber sie fand nichts Beruhigendes zu sagen, im Gegenteil: Der Name des Herzogs von Enghien hatte das Bild dieses unrechtmäßig Ermordeten geweckt, für den sogar die Kaiserin Joséphine sich eingesetzt hatte, und damit ein anderes, das Katharina aus der Heimat näher war, das des Nürnberger Buchhändlers Palm, der aus dem Württembergischen stammte, aus Schorndorf, aus einer sehr alten guten Sippe; das war noch vor ihrer Heirat gewesen.

»Fifi«, sagte sie müde, »den Palm hat man auch bloß deshalb füsiliert, weil er einen Namen nicht preisgab, und er hatte doch nur das Schriftstück verpackt und gelagert, und man weiß heut noch nicht, wer's schrieb.«

Er drehte sich um.

»Ach, Fifi, hast du nie ein Todesurteil unterschrieben?«

Nein, das habe er nie getan, murmelte der König schlaftrunken und streckte die Hand trostsuchend zu seiner Trinette hinüber. »Immerhin«, brummte er noch, »handelte das Palmsche Pamphlet von Deutschlands Erniedrigung, und das war unverschämt.«

Napoleon regelte jetzt die Stellung seiner Brüder neu – erschreckend neu für die Könige von seinen Gnaden. Sie wurden künftig nur noch als französische Prinzen behandelt und hatten nicht mehr die Rechte eines Souveräns. »Als Cäsar wird man geboren, man kann es nicht werden«, dekretierte der Kaiser, und demnach war sein künftiger Sohn – er zweifelte nicht daran, daß es ein Sohn würde – ein geborener Weltenherrscher. Dann war allein noch die Dynastie aus Napoleons eigenem Blut die eigentlich wahre, legitime, und seine Brüder waren bisher nur Statthalter für diesen echtbürtigen Erben gewesen.

Aber der Überschwang der durch ihn gekrönten Häupter wurde noch weiter gedämpft. Jérôme hatte schon Hannover und die Küstengebiete verloren und seine Rechte an Davout abgetreten, ausgerechnet an den Urfeind, dessen Duellkugel noch in Jérômes Brustbein steckte.

Die Schwester Elisa mußte auf die Einkünfte aus Carrara verzichten, Murat und Caroline wurden gemaßregelt, weil sie versuchten, Sizilien auf eigene Faust zurückzuholen. Mit dem Heiligen Vater verfuhr der Kaiser nach Gutdünken: Er ließ durch Senatsbeschluß dessen weltliche Macht annullieren, wenn auch der Papst von seinem Exil in Savona aus protestierte. Wenigstens verweigerte er die kuriale Investitur für den Erzbischof von Paris, den Napoleon eingesetzt hatte. »Die Epoche, in der wir leben, versetzt uns in die Zeit Karls des Großen. Alle Königreiche, Fürsten- und Herzogtümer, die sich aus den Trümmern seines Reiches bildeten, haben durch unsere Gesetze eine Erneuerung erfahren. Die Kirche meines Reiches ist die des Abendlandes und umfaßt nahezu die ganze Christenheit. Ich bin entschlossen, ein abendländisches Konzil einzuberufen, damit die Kirche meines Reiches nicht nur durch den Glauben, sondern auch durch die *Disziplin* geeinigt werde.« So lautete der Erlaß des selbsternannten Halbgottes.

Katharinas Instinkt ließ sie zurückschrecken. Sie empfand, wie Madame Mère, den gefährlichen Tanz auf dem Vulkan, den die »alten Mächte« nicht mehr lange dulden würden.

Katharina ließ sich berichten; endlich schrieb Jérôme, von ihr gedrängt, an den Kaiser: »Die Gärung erreicht hier ihren Höhepunkt, man schlägt sogar vor, dem spanischen Beispiel zu folgen. Wenn der Krieg ausbricht, werden alle Gegenden zwischen Rhein und Oder zum Herd eines aktiven Aufstands. Die wichtigste Ursache dieser Bewegung liegt nicht in der Unerträglichkeit der Fremdherrschaft, sie liegt vielmehr im Ruin aller Klassen, im Übermaß von Steuern und Kriegskontributionen, im Unterhalt der Truppen, im Durchmarsch der Soldaten und in andauernden Scherereien und Ärgernissen. Man muß die Verzweiflung der Völker fürchten, die nichts zu verlieren haben, weil man ihnen alles genommen hat.«

Das war eine neue Sprache, und ihre Schärfe richtete sich gegen Davouts Requirierungen, seine plündernde Soldateska, seine durchaus feindselige Haltung in einem Land, das auf die Dauer befriedet und von Jérôme – dem ahnungslosen Jérôme – regiert werden sollte.

Dieser Ton hätte den Kaiser erschreckt, wäre er nicht schon zu tief in den mystischen Glauben an seine eigene Göttlichkeit verrannt gewesen, und daß der »Kleine« diese Sprache fand, hätte ihn befremden müssen, aber dafür gab es eine Erklärung: »Das ist die deutsche Frau, und die Deutschen waren Rebellen seit je, Individualisten und Utopisten und Romantiker.« So etwa, nur mit etwas anderen Worten, beruhigte sich der Kaiser.

Er hörte nicht genug: Rußland nahm die schwedische Nachbarschaft eines napoleonischen Generals übel. Der Zar belegte französische Waren mit hohen Zöllen, da die Kontinentalsperre seinen eigenen englischen Warenaustausch blockierte, er öffnete seine Häfen für England; Alexander, Katharinas Vetter, der sie verehrte, Sohn einer schwäbischen Mutter, verhandelte mit Wien, wo Metternich an Napoleon Treueadressen schickte; Bernadotte, König von Schweden, einst Napoleons Marschall, verhandelte mit Rußland und schloß einen Geheimvertrag mit Alexander; während der Zar noch zögerte, besetzte Davout Schwedisch-Pommern und drängte Bernadotte damit vollends auf die antifranzösische Seite.

Im März 1811 gebar Marie Louise dem Kaiser den erwarteten Thronerben. Die Taufe fand im Juni statt, mit allem Pomp, der sich seit Napoleons Hochzeit noch gesteigert hatte. Die Fürstlichkeiten waren in großer Hofgala, das Volk säumte stundenlang erwartungsvoll die Straßen, durch die der Zug kommen sollte. Brausender Jubel begrüßte den Säugling, der in einer achtspännigen Kutsche vorbeigefahren wurde, auf den Armen der Gräfin

Montesquieu, der – nach uralter französischer Herrschersitte – Napoleon den Titel »Erzieherin der Kinder Frankreichs« verliehen hatte . . .

Über das Spitzenkleidchen hatte man dem Kind die rote Schärpe der Ehrenlegion gelegt. Vor Notre-Dame wurde dem Kleinen ein Hermelinmantel übergeworfen, dessen Schleppe der Herzog von Valmy – ehemals General Kellermann – trug.

Taufpaten waren Napoleons Mutter Letizia und der Erzherzog von Würzburg, in Vertretung des Kaisers Franz II., des Vaters der jungen Mutter. Napoleon – nach der Zeremonie – nahm seinen Sohn in die Arme, küßte ihn und hob ihn hoch, damit die Menge ihn sehen konnte. Vielleicht dachte Madame Mère in diesem Augenblick an die viel bescheidenere Taufe ihres Napoleone in Ajaccio, vor zweiundvierzig Jahren.

Nachdem der Trubel verrauscht war, fuhr die alte Dame mit ihrer Tochter Pauline nach Aachen und bald danach nach Kassel, um den langgeplanten Besuch bei ihrem geliebten Jüngsten und seiner Katharina zu machen, die sie ehrlich gern hatte. Jérôme ließ aus Paris Möbel kommen, die denen der Mutter ähnlich waren; man empfing sie wie ein Staatsoberhaupt, mit Aufmärschen und Fanfaren, veranstaltete Jagden, Theater, Konzerte, und Letizia genoß diese Beweise der Liebe und Anhänglichkeit. Einmal fragte sie Katharina (weil sie sich schon über die Antwort klar war), ob sie denn nicht die sonstige Animosität gegen ihre Schwiegermutter empfinde?

Und Katharina sagte: »Ihnen, Frau Mutter, verdanke ich den Mann, der mich glücklich macht, darum kennt meine Dankbarkeit keine Grenzen.«
Letizia hatte reiche Geschenke mitgebracht, Perlen und Schmuck aller Art, und Katharina dankte gerührt. Sie plauderten über Mode, Möbel, Gartenanlagen, und sie erzählte, Jérôme habe dem Wiener Kompositeur Beethoven in Kassel eine Stellung angeboten, aber der lehne anscheinend ab.

Letizia und Katharina saßen im Park von Napoleonshöhe, nicht weit vom Teich, und die Königin war erleichtert, daß die Mutter bei ihr war, die Mutter der Könige, die feste, unbeugsame, warmherzige Frau, die sie vor dem Anhauch der bedrückkenden Erinnerung behüten würde, die der verschilfte See zu ihr herüberströmte.

»Madame Mère«, sagte die junge Frau – »ich habe gehofft, das arme wilde Tierchen würde mir ihren Zauber verraten, das Geheimnis ihrer Fruchtbarkeit, dem sie den schönen goldmundigen Knaben verdankt – verzeihen Sie, Teure, Verehrte . . . ich nannte ihn so!«

Madame Mère streifte erstaunt die Hand der Jüngeren. »Wen?«

Katharina erzählte vom Auftauchen und dem Raub des Knaben, von der Verfolgung durch ihre Soldaten, der Einweisung des Kindes ins Internat, vom Tod der Mutter in Elend und Schmutz und Heimweh, den sie nicht hatte hindern können.

Letizia schwieg eine Weile. »Wir wissen wenig von diesen Wesen«, sagte sie langsam, »*Sie* wissen wenig von ihnen, *ma fille*«, und den perlenbesetzten Fächer auf und ab bewegend, daß er wie ein kleines helles Segel vor ihrem bräunlichen Gesicht wippte, murmelte sie träumerisch: »In Korsika, Cathérine, waren wir der Natur näher als in Frankreich. Mütter waren heilige Geschöpfe und doch auch Gefährten ihrer Männer – ich bin mit Carlo durch die Bergschluchten geritten, ein paarmal hochschwanger, und im Duft der Macchia und am brennenden Biwakfeuer gelegen und habe die Kugeln pfeifen hören, französische Kugeln, Cathérine, aber ich habe mich nie beklagt und nie mein Amüsement gesucht; starke, gesunde, wilde, schöne Kinder habe ich gewollt – und er hat sie mir gegeben, Carlo, und Gott, der ihn dazu segnete.«

Jetzt schlug Letizia den Fächer zusammen und sah mit den großgerandeten schwarzen Augen in Katharinas rundes gutes Gesicht. »Und Sie lieben ihn, wie eine Frau soll.«

Die junge Königin sah vor sich hin und flüsterte: »Es ist nicht anders.«

Es gab auch andere Themen für die beiden, und immer häufiger saß sogar Jérôme zwischen ihnen, froh, daß es wenigstens hier keine Rivalitäten gab, daß man seine Eleganz, seine Grazie würdigte, ihn wirklich mochte und im übrigen nicht mehr von ihm erwartete, als daß er da war; er ruhte sich, ohne es sich selbst einzugestehen, ganz gern aus von den Strapazen, die ihm seine putzsüchtigen, törichten oder machtgierigen Mätressen bereiteten, und verschloß recht willig Augen und Ohren vor den

Droh- und Tadelerlassen Napoleons, der – an Davouts gefährlichem Beispiel – immer wieder bewies, was alles aus dem unglücklichen Land herauszupressen wäre.

Auch Katharina vermied eine Zeitlang das traurige Kapitel: Hunger und Klagen, drakonische Strafen für Bagatellen, Willkür und Pressionen der Besatzung.

Aber endlich brach das doch durch eine dünne Decke von Schonung und Höflichkeit, Katharina sprach Madame Mère von ihren Ängsten, von Jérômes Versuchen, den Kaiser von dem Druck zu überzeugen, der auf dem Land läge, und endlich von seinem dringlichen Wunsch, ins Feld zu ziehen, um einer immer unhaltbareren Lage in »seinem« Land zu entgehen.

Napoleon sehe, sagte die Königin, die Klagen ihres Gatten nur als Anklagen gegen Davout, seinen alten Feind, und nehme sie nicht ernst genug.

Letizia war das alles schmerzlich, nicht bloß peinlich – sie spürte, wie gerade ihre beiden Lieblingssöhne gegeneinanderstanden, ohne daß sie vermitteln konnte: der eine, weil er ein großer Weltherrscher war, und der andere, weil er ein immer wieder hilfsbedürftiges und – ach! – so geliebtes Schoßkind war, dem man nicht weh tun durfte.

Katharina »tat ihm nicht weh«; sie liebten ihn beide, fast mit der gleichen, zärtlichen, blinden Zuwendung, beide ohne eigene Ansprüche und Erwartungen, kritiklos und selbstlos.

So wohnten sie zusammen in einem – trotz der

dunklen Untertöne – noch immer zartfarbigen, anmutigen Idyll, als umgebe sie streichelnd eine sanfte schwebende Melodie; sie schonten sich gegenseitig und überspielten Launen und Ängste mit den altgewohnten guten Manieren.

Katharina schrieb nach Letizias Abreise in ihr Tagebuch: »Sie war die angenehmste Gesellschaft«, und deutsch fügte sie bei: »Endlich jemand, mit dem ich mich aussprechen konnte.«

Polenfeldzug – Grodno

Dann aber wurden die »rosigen, azurnen, falter-flatternden« Farben fahl, als ob eine Dämmerung, eine unerwartete Sonnenfinsternis eingefallen wäre. Am 29. Juni 1812 begann – nach Jérômes Version – der polnische Feldzug, die Eröffnung des großen Rußlandkrieges.

Freilich hatte er viel früher begonnen, und Jérôme hatte den Befehl, spätestens am 29. Juni mit seinen Truppen in Grodno einzuziehen, das vor ihm andere in schweren Kämpfen eingenommen hatten. Der Traumtänzer, der spielerische Knabe, der Schaumschläger zog wirklich ein, mit allem Aufwand und Glanz.

Napoleons Botschaft lautete: »Ich wünsche, daß sich der König mit *größter Tatkraft* an die Verfolgung des Feindes macht; *ich* lasse meine Divisionen gegen die Tête des Generals Bagration marschieren, der wahrscheinlich in Richtung Minsk einschwenkt. Der Feind hat Grodno am 29. geräumt.«

Aber Jérôme kam erst am 30. an. Er schrieb sofort an Katharina, wie glänzend sein Sieg gewesen sei, und kündigte seine baldige Heimkehr an. Dies wäre dann der Gipfel seines Glücks! Und danach – blieb er noch sechs Tage in Grodno . . . Am 3. Juli meldete der General Vandamme mit einem Eilkurier: »Sire, die Leiden des achten Korps sind auf ihrem Höhepunkt, und wenn Eure Majestät nichts zu unternehmen geruhen, bitte ich um meinen Abschied!«

Jérôme, zwischen seinen Feten und Amouren, machte sich kaum die Mühe, die behelfsmäßig biwakierenden, erschöpften Leute zu besuchen, er beschwerte sich vielmehr bei Napoleon über die Bevormundung; darauf der Kaiser: »So kann man nicht Krieg führen. Kleinkram, Eifersüchteleien! Bei Dir ist alles Kleinkrämerei, Du stellst den Erfolg des ganzen Feldzuges in Frage – man könnte wahrhaftig nicht schlechter manövrieren!«

Er beorderte den Bruder nach Paris, am 3. August. Und der Zauber des Kleinen, dieser feminine Charme, nahm dem großen Mann alle Nüchternheit: Er betraute Jérôme mit dem Oberbefehl über den rechten Flügel! Wieder eine rühmliche Erhebung und Belohnung . . .

Es war sogar die Rede davon, Jérôme zum König von Polen zu ernennen. Denn er hatte Napoleon wissen lassen, daß die Zukunft alles gutmachen werde, was er je versäumt habe.

Aber die vergeudeten Tage hatten dem russischen Befehlshaber einen nie wieder auszugleichenden Vorteil gebracht, sein Nachschub war herangeführt worden, seine Soldaten hatten sich erholt . . . Jérômes Leute hatten die Lässigkeit und Unsicherheit der Führung gespürt, sie waren von einem mörderischen Vormarsch ausgehöhlt und erschöpft, und die Offiziere hatten erkannt, daß der König von Westfalen kein Stratege war, allenfalls ein tapferer, ja tollkühner Kämpfer ohne Überblick und Ausdauer. Wer verwundet oder krank in die Heimat zurückkam, erzählte, daß die Truppen schon auf dem Einmarsch tief im Dreck gewatet und in den polnischen Sümpfen fast versunken seien.

Aber im Ansturm, im vorwärtsdrängenden Elan und in der Hoffnung auf Sieg und Beute hatten sie das nicht hoch angeschlagen. Die hinhaltende Bereitschaft wirkte anders auf sie.

Katharina ließ sich berichten, sie las fieberhaft aufgeregt alle Botschaften ihres »immer siegreichen, glänzenden, unübertrefflichen« Jérôme, und wenn sie auch, liebevoll lächelnd, manches abrechnen mußte, so war ihr doch der phantastische Triumph des vorstürmenden Königs unzweifelhaft.

Napoleon sah schärfer. Plötzlich entzog er dem Bruder sein Kommando und berief wieder Davout, den Urfeind: eine ungeheuerliche Demütigung für Jérômes Eitelkeit. Vielleicht, vermutete der bissige Davout, hatte der Kaiser dem kleinen Bruder seine Erhöhung nur darum gegönnt, um ihn – falls er versagte – um so tiefer stürzen zu können . . .

Dann kam der Herbst. In Kassel war er schön,

die Bäume strahlten in purpurnen, gelben, tief-
braunen Farben, Katharina genoß die kühlere Luft,
die frühe Dämmerung; nur manchmal, wenn sie
über den Rasen ging, kam ihr dieses Vergilben und
Schrumpfen deutlicher zum Bewußtsein, sie empfand es als das, was es war: Symptom des Alterns,
des Abnehmens, der Krankheit und Vergängnis,
und ohne Jérômes Überschwang spürte sie das alles
unverstellt, als griffe es mit Fingern nach ihr, un-
abwendbar . . . Und dann – Bedrückung und
Peinlichkeit! – übertrug ihr Jérôme die Regent-
schaft des Landes! Sie notierte in ihrem Tagebuch:
»Der Titel Regentin, der mir verliehen wurde, ist
völlig illusorisch, denn die Minister sagen mir
nichts und tun, was sie wollen.«

Auch Jérôme hielt es wie seine Minister, er erklärte, nicht länger bei der Armee bleiben zu können, und das, obwohl er Napoleon in anmutigen
Wendungen seiner Ergebenheit versichert hatte.

Katharina, die hilflos wartete, erhielt einen an-
onymen Geheimbericht: »Der König ist desertiert
vor dem Feind, jeder andere Befehlshaber wäre vor
ein Kriegsgericht gestellt worden mit den ernste-
sten Folgen. Da die Armee Bagration *nicht* zwischen den Truppen des Königs und denen des Fürsten von Eckmühl, Davout, in die Zange genommen wurde, blieb sie nahezu unversehrt, und die
entscheidende strategische Aktion mußte scheitern, die das Schicksal des ganzen Feldzugs bestimmen konnte. Wer vertraute 80 000 Mann solch
unverantwortlicher Führung an?«

Katharina ahnte, daß das die Wahrheit war: Die Napoleoniden, dieses genialische Geschick Europas, hatten zwei Gesichter: die cäsarische Überschau, die Unerbittlichkeit und den Instinkt für Menschen und ihre Fähigkeiten, Strategie und Selbstbewußtsein und hohe Intelligenz – und auch (und das war Jérôme zugefallen) Maßlosigkeit statt Sinn für Größe, Eitelkeit, die Grenzen und Zuständigkeiten und Fähigkeiten übersah und überspielte, alles aufbauschte, traumtänzerisch und sich selber blendend in einem kindischen Rausch.

Der König der Holländer, Louis, war ins Krankhafte abgeglitten – und etwas von seiner verwirrten Ziellosigkeit war auch in Jérôme, ihm unbewußt, aber ihr, Katharina, entsetzlich klargeworden . . .

Er schrieb: »Der erste Teil des Feldzugs ist beendet, teure Trinette, der Feind ist an allen Seiten abgeschnitten, Polen ist gänzlich geräumt, die Russen müssen wohl oder übel tun, was der Kaiser will.«

Er zog also mit seinen Soldaten ab – Napoleon gegenüber berief er sich auf den Befehl des Fürsten von Eckmühl, Davout – und bat seine Frau, recht wenig Aufheben von seiner Heimkehr zu machen, die aus »Gesundheitsgründen« erfolge. Zunächst allerdings mußte er sich in Warschau erholen; dort traf er freilich keine ergebenen Offiziere, sondern starre, höhnische Mienen, denen man ansah, daß die Zickzackzüge dieses »Fifi« der Truppe alle Sympathien ausgetrieben hatten.

Er beeilte sich also heimzukommen, nicht so

rasch, daß es auffiel, aber doch nach vier Wochen Krieg, und Katharina erwartete ihn angstvoll: Sie glaubte an seine Dysenterie, aber sie fürchtete auch um seine Ehre.

Doch jetzt, wieder in Katharinas Obhut, schickte der König huldvolle Grüße an »seine tapferen Truppen, die dem Lande so viel Ehre machten«, winkte allegorisch mit der feierlich bewegten Rechten, wie ein Priester, der den Segen spendet, ließ Orden verteilen, und niemand, am wenigsten seine Trinette, sagte etwas dagegen, obgleich man ihn beim Heer nicht nur unfähig, sondern allmählich lächerlich fand – ach! auf diese Entfernung war sein Charme nicht mehr wahrzunehmen, das Timbre seiner Stimme nicht mehr zu hören.

Nur Katharina vernahm sie, ganz nah und direkt, und sie wußte nichts vom wirklichen Zustand seiner Soldaten, vom Stand des Krieges, von der Gefahr für ihre Existenz.

Der König von Württemberg, Praktiker, der er war, erfuhr immer durch seine Agenten das Wichtige und zog seine Schlüsse: Napoleon marschierte auf Moskau; endlose Entfernungen, unlösbare Nachschubfragen, Frost, Hunger, Erschöpfung und Seuchen und kaum Schlaf, wenn es nicht unwahrscheinlich schnell ging.

Napoleon las viel, hörte man, statt zu schlafen, er brauchte erstaunlich wenig Schlaf, dieser Motor war beständig bewegt und bewegte alles um sich her zu einer Hektik, der sein schwerfälliger Heeresapparat auf die Dauer nicht gewachsen sein konnte. Er, immer wach, immer zur Stelle, erholte sich bei seinen historischen Büchern: Er las die Geschichte des Kolumbus, der seine murrenden Matrosen immer wieder vertröstete, mit halbwahren Gründen und mit Legenden und sogar mit der Fälschung seines Logbuches, und er, Napoleon, verstrickte sich in diese Taktik, er spürte die Ähnlichkeit der Situation, als er mit dem Heer tiefer in die unüberschaubare Weite dieses russischen Riesenreiches vordrang, unter vielerlei Quälereien und Mühsal, und immer wieder, wo man Kost, Quartier, Herdfeuer, Weiber erhofft hatte, leere Dörfer antraf.

Was ihm jetzt fehlte, war die tierhafte Witterung, die seine kluge Mutter besaß: *Sie* hätte ihm die Zeichen gedeutet.

Nachher, als es zu spät war, erfuhr er, was sie von seinem russischen Feldzug dachte: *»Pourvu que cela dure!«* (sie sprach das italienisch aus und mit »e« am Schluß) – »Wenn das von Dauer ist . . .« Napoleon vertröstete seine Leute angesichts dieser scheinbar ziellosen Fahrt, auch er war auf ungenaue, unerprobte Karten angewiesen, auf Berichte, denen er nur halb traute, und wie der Genueser Kolumbus den Stürmen war er den beständigen Reiterangriffen der Kosaken ausgesetzt, die wie Phantome aus dem Nebel auftauchten und, kaum behelligt, wieder verschwanden.

In den Dörfern immer dasselbe Bild, lähmend gleichförmig, raffiniert geplant. Kein rauchender Schornstein, kein brüllendes Vieh, kein Vorrat in den Kellern, kein Mensch weit und breit: ein elendes Totenland, und Sümpfe, Regenböen, Steppenwind . . .

Nirgends kamen die Genarrten zur Ruhe, sie lebten von mitgeschleppten Vorräten, die immer knapper wurden; dort, in der Hauptstadt, würden alle Nöte zu Ende sein, und Prassen, Schwelgen, Sattsein, Wärme, Triumph würden auf sie warten. In Moskau!

Schon seit August war Jérôme in Kassel, strahlend eingezogen und wie ein Heros empfangen (auf eigenen Befehl): Beflaggung, Feste fürs Volk, Bälle, Maskeraden, Galavorstellungen.

Und an diesem Operettenhof klatschte man über einen Wechsel der königlichen Mätressen, über die Geburt irgendeines Nebenkindes, das die gutmütige Katharina über die Taufe hielt, über eine neu eingeführte Uniform . . . und vor allem über die Bestellung der Edelsteine für Jérômes Krone und die der Königin, für die in Amsterdam Diamanten, Smaragde, feine Perlen und Türkise ausgewählt wurden, die man dem König zur Ansicht schickte; denn zweifellos mußte diese Krönung bald stattfinden, nachdem nun der russische Krieg ohnehin demnächst beendet sein würde.

Kaum war Moskau wirklich eingenommen, wurden in Kassel neue Freudenfeste notwendig, und ein Kammerherr wurde nach Rußland abgeordnet, um Beileid für Verluste und Orden für Verdienste maßgerecht und im Namen des Königs zu verteilen; er kam nicht wieder – er war verhungert, erfroren, doch davon wußte man nichts in Kassel: Jérôme hielt sich drei Mätressen, darunter eine Polin, die er als Kriegsbeute mitgebracht hatte.

Aber dort hinten, weit fort hinter dem windverwehten Vorhang aus undurchsichtigem, unerbittlichem Schnee, verkam und verrottete die sieggewohnte Armee, die den ersten entscheidenden Schlag vertan und verloren hatte, siechte an dem unerwartet harten Frost dahin, aus dem glostenden, endlich hell aufbrennenden Moskau verjagt in die Eiswüste, ein langer schwarzer Heerwurm, da und dort Schuppen lassend, Klumpen von verkrampften verkrallten Leibern, die der Schnee schnell verwandelte in gefrorene Hügel. Allmählich sickerte doch durch, was unglaubhaft und unfaßbar war: Einzelne Polen, die sich durchgeschlagen und aus östlichen Breiten mehr erfahren hatten, berichteten davon, Lieferanten, die vergebens versucht hatten, zu dem rückflutenden Heer zu gelangen, und erschreckt umgekehrt waren.

Katharina, die sich am Morgen nach einem Tanzfest zu Einkäufen durch die Straßen fahren ließ – sie fand sich auf dem Ball nicht ganz so anziehend und reizvoll wie etliche Hofdamen –, verlangte plötzlich auszusteigen, weil sie ein Juweliergeschäft näher anschauen wollte.

Die begleitenden Damen hatten Bedenken, das Wetter war regnerisch, die Königin trug leichte Schuhe, die nur für die Wagenfahrt vorgesehen waren, man hatte keine Schirme mitgenommen.

Aber Katharina befahl den Halt; zögernd schob

sie einen Fuß aus der halbgeöffneten Kutschentür, schielte scheu hinaus, noch ohne auszusteigen. Die Pferde scharrten und traten hin und her; man müsse sie zudecken, meinte der Mann auf dem Kutschbock, es sei zu kühl.

Katharina zögerte. Während man noch stand, querte etwas wie ein Schatten die Bahn, schleppend und hastig zugleich, ein kleines hinkendes Wesen mit einem großen Kopfputz, einem Pelzturban über einer quittengelben Maske, die kaum mehr ein Gesicht war. Seitlich torkelte der Mensch, weggetrieben von einem, der die Prunkkarosse erkannt hatte und die Königin darin. Aber der Gescheuchte riß sich los, jemand rief, er sei vor Tagen hereingetappt, hereingekrochen und bräche jetzt immer wieder aus seinem Quartier aus, mit Kräften des Wahnsinns, und da ihn niemand kenne und wolle, lasse man ihn rennen.

Katharina blieb wartend sitzen, sie fragte, woher dieser Ärmste komme, aber da schwiegen alle. Ein paar Leute zogen an dem Gespenst, bogen an seinen Armen, trugen ihn halb, der starr zwischen ihnen hing wie eine Puppe. Auf einmal glitt er zu Boden, rutschte, robbte unter ihren Beinen weg und war am Wagen, an den Rand der offenen Tür geklammert, und zog sich höher; Katharina riß den Schlag zu, der Mensch heulte auf wie ein geplagtes Tier und wurde zurückgezerrt.

Katharina zuckte weg, als wolle die Pest sie anrühren. Sie sah, als wäre er noch nah vor ihr, die Augen, die wie flackernde Höhlen waren über dem eingerissenen blauen Mund, obwohl sie in Wirklichkeit nichts mehr sehen konnte, da nur ein schwärzliches Bündel gekrümmt im Schnee lag, über dem sich viele Arme kreuzten.

Dann sah sie nicht einmal das mehr: Sie saß, die Hände vor dem Gesicht, jetzt selbst gekrümmt und zerschlagen, und hörte doch das Krähen des Geschundenen, das sie anklagte: »Ich war bei der Großen Armee – ich bin die Große Armee – Mörder seid ihr, du, dein König, ihr alle!«

Der Kutscher trieb die Pferde an, Menschen stoben vor ihnen weg, Geschrei und Getrappel, man trug schließlich die Königin ins Schloß, über allzulange Gänge und durch allzuviele Türen, und hinter jeder war sie matter und schlaffer, und als man ankam bei einem Lager, auf das man sie betten konnte, war sie nicht mehr sie selber, nur noch ein wimmerndes Kind, das nach Jérôme verlangte – und doch davor zurückschrak und endlich schwieg und nur noch weinte.

Der König sei beim Kaiser, hieß es, er halte dort wichtige strategische Besprechungen ab – ein Gerücht, über das man bald genug lachte, denn Napoleon irrte irgendwo im russischen Schnee mit seiner geschlagenen Armee herum – das ließ sich nicht mehr vertuschen; und Jérôme, der weiche, glatte, elegante »Fifi«, würde kaum dahin vordringen.

Ein paar Tage später war das Schloß und die ganze Stadt ein wimmelndes Chaos: Die Königin war verschwunden.

Ehe man Jérôme in Paris oder wo immer entdeckte und damit behelligte, machten die Minister und Hofdamen lieber halb Westfalen zu einem Tollhaus; aber Katharina, die kranke, wirre, verstörte Frau, war nirgends zu finden.

Was in Rußland abrollte, als unabwendbares, vorbestimmtes Geschehen, spiegelte sich wie ein Schattentanz in den deutschen Berichten und Gerüchten. Man erfuhr von einem Aufstand in Paris, dessen Ziel der Sturz des Kaisers sei; daß Tausende und Tausende in den verschneiten Ebenen erfroren und verdorrt, verhungert und verludert seien; wie ein schlecht organisierter Feldzug, ein Plan, der Dauer und Klima und Nachschub nicht genug bedacht hatte, der auf den ersten Blitzsieg gebaut und für gewohnte Entfernungen berechnet war, scheiterte; und daß der Kaiser, durch Eilkuriere von den Pariser Unruhen verständigt, sich hastig allein auf den Rückweg gemacht habe.

Zusammenbruch

Man hörte dann, eine Woche später erst, daß die Königin, abgerissen und hungrig, mit verstörtem Blick, zu Fuß in dem Ort angekommen war, wo man den Hieronymus untergebracht hatte, und daß sich der, so oft er früher wie ein schmeichelndes Kätzchen zu ihren Füßen gelegen hatte, jetzt kreischend von ihr abwende.

Katharina habe ihm entsetzt nachgesehen, gerufen, die Arme ausgestreckt, die schmutzigen verschrammten Hände, und niemand habe sie erkannt, zuallerletzt der Kleine, der nicht einmal mehr ihre Augen hätte anschauen mögen, die jetzt tiefer gelegen hätten und groß und immer naß von Tränen gewesen seien.

Einen Augenblick drang es in ihren verwirrten Sinn, daß sie so viel Quälerei, so viel nie gekannte Entbehrung, so viel Angst erlebt hatte, um zu dem Kind zu kommen, einem schuldlosen, unwissenden Geschöpf, ohne Anteil an dem Elend, das sie, endlich wissend geworden, um sich her sah. Sie hätte Jérôme jetzt nicht ertragen und nicht den Kai-

ser und nichts von den Auftritten und Aufmärschen, von Pomp und Maskerade und auch nicht
ihren Vater mit dem einzigen, was ihn in seiner
Starre aufrechthielt, seiner »Ordnung«.

Es war alles wie aufgelöst in ihr, zerrissen, fort-
flutend, und auch was sie von Hieronymus gehofft
hatte, daß er sie lieben würde und ihr danken, war
weg.

Das Kind verstand bloß, daß Schimmer und
Glanz fehlten. Keine Herrlichkeit und kein Duft,
keine Verwöhnung. Diese dicke, weinende Frau
war gar nicht mehr so wichtig . . . Kinder wollen
etwas Imponierendes, Starkes, Verlockendes haben, dachte sie verbittert, jemand, der sie be-
schenkt und größer und leuchtender ist als sie selber; das ist so wie bei den Völkern: Geschlagene
Könige und zerbrochene Kronen mögen sie nicht
mehr. Hieronymus war jetzt ein recht selbstbe-
wußter, bildhübscher Bursche, gut angezogen,
umhegt und umschmeichelt, eigenwillig und un-
bändig, manchmal auch schmiegsam, mit verführe-
risch glühenden schwarzen Augen.

Das Internat war eine Gründung Jérômes im
Kaufunger Wald, recht angenehm an einem Flüß-
chen gelegen und eingerichtet für adlige Knaben.
Die Oberin, eine alte Gräfin, die man der guten
Manieren wegen hier »walten« ließ, erkannte Katharina und sprach mit dem Arzt: Es scheine nicht
bloß ein körperliches Leiden, sagte der, und auch
der Wahn, der sie unverkennbar umtreibe, sitze
doch tiefer und kreise nicht nur um das Kind und

die persönliche Lage. Die Kranke rede von einer entsetzlichen Ahnung.

Was den König selber betraf, so schien der strenge Befehle erhalten zu haben. Der Kaiser habe seine Rückkehr ins »Mutterland« verweigert, verlange, daß jeder auf seinem Posten bleibe, und fordere weiterhin Soldaten, Waffen und Pferde. Und er, Jérôme, dies höchst vertraulich an Lecamus, er wolle und werde diesen Befehl nicht beachten, ehe er nicht ein großes Kommando erhalten habe, mit allen Rechten!

Lecamus hatte an Jérôme einen Eilkurier mit dringender Nachricht abgefertigt, da man endlich wieder einmal seine Adresse kannte: Die Königin sei verschwunden! Freilich wußte der Kreole recht gut, daß es dem König deshalb nicht sehr eile, zumal ihn diese unerklärte Flucht als den böswillig verlassenen Gatten auswies und ihn zu weiteren Eskapaden berechtigte . . .

Immerhin verlangte er empört, daß der ganze Hof jetzt, da er auch aus dem Internat drängende Botschaften erhalten hatte, eiligst zur Königin reise, »drehenden Hufes«, wie er dekretierte.

Wenig später kamen Wagen aus Kassel, der Leibarzt, Hofdamen; Lecamus kam selber, der sich inzwischen mit Packen, Räumen, Aufbruch befaßt und dabei nachdrücklich an sich gedacht hatte. In den sieben Tagen, da die Königin fehlte, waren Anweisungen Jérômes an Lecamus gelangt (einen der Briefe hatte er doch nicht zu öffnen gewagt, er war an Katharina adressiert).

Katharina wachte aus ihrer Verstörung auf, da sie die bekannten Gesichter wiedersah, die Uniformen, Orden, Schleppen, die Kaleschen, Bagagewagen, Sänften ... und die verpflichtende Anrede hörte: »Majestät«.

Sie riß sich zusammen, mit starrem Gesicht übernahm sie ihre Rolle. Sie verstand, daß es als geplanter Schachzug und politische Absicht vor der Öffentlichkeit erscheinen mußte, was sie in verwirrter Verzweiflung getan hatte, im Schrecken über das Elend, das über die Wehrlosen gekommen war, und in der Angst, daß Jérôme – ihr lieber Jérôme – sich in eine böse Schuld verstrickt habe. Natürlich hatte er recht gehabt, man mußte den Hof nachkommen lassen, und es war sicher auch die Sorge um sie, seine Trinette, die ihn zu solchen Anordnungen trieb. Sie befahl, den Hieronymus mitzunehmen.

Inzwischen war sie wieder ausgeruhter, gelassener, stiller geworden: Er, der König, würde sie schon verstehen und ihre schlimmen Ahnungen ernst nehmen, er würde das Unrecht einsehen und entsprechend handeln – er würde ...

Der Hof hatte die Kleiderkisten mitgebracht, die königliche Garderobe, den Schmuck (soweit er, wie Lecamus bedauernd anmerkte, nicht gestohlen worden war).

Freilich kam doch mit allem Flitter nicht mehr ganz die alte Arglosigkeit, die Gewißheit der Erwählung, der Erhabenheit und – was sie vielleicht am heftigsten gewünscht hatte – auch nicht die

Zärtlichkeit des Kindes, das sie immer noch und immer wieder zurückstieß, angewidert fast, obwohl doch der äußere Glanz sie wieder verschönte und sie auch die Grazie und Sicherheit in Haltung und Bewegung wieder fühlte.

Sie fand sich wieder in den gewohnten Räumen in Kassel zurecht, versuchte zu lesen, gab auf die vorsichtigen Fragen ihrer Damen ausweichende und kaum überzeugende Auskünfte, hoffte auf Jérômes Kommen und seinen Trost, seine Bestätigung, ihrer beider Harmonie, seine Zärtlichkeit.

Lecamus erschien, um ihr einen Brief des Königs zu bringen. Sie stand am Fenster und sah hinaus, es war Frühling, Tulpen blühten, die Kinder der Höflinge spielten, rote und gelbe Röcke und Jacken, und ihre kurzsichtigen Augen zeigten ihr das alles wie ein aquarelliertes Bildchen, heiter und leicht ineinandergeflossen vor den gelbgrünen Büschen.

Der Kreole hatte sich in die goldverschnürte Uniform gezwängt, er nahm den Federhut ab, als wäre er von draußen gekommen, verneigte sich füßescharrend – Katharina mußte lächeln. Sie winkte ihn weg und dankte. Dann riß sie den Umschlag schnell auf: ein Brief des geliebten Fifi . . .

»Teure Trinette! Du weißt, wie dankbar ich Dir bin für alle Treue und Güte, die Du mir in den fast sieben Jahren unserer Ehe erwiesen hast, meine Königin! Du weißt aber auch, daß unsere Ehe durch den Zwang meines Bruders, dessen unerbittliche Haltung Du kennst, zusammengekittet wurde. Meine Ergebenheit gegen Dich ist unauslöschlich, doch hat Dir der Himmel bisher Kinder versagt, und diese stärkste Bindung wurde uns nicht vergönnt, eine Bestätigung der ewigen Mächte.

In diesen schwierigen Zeitläuften sehe ich mir nun ein neues Glück erblühen, an der Seite der edlen Gräfin, die Du kennen wirst und die ich nicht zu nennen brauche (ich schreibe dies, ohne einen Sekretär befohlen zu haben, wie Du siehst, da es zunächst unter uns bleiben soll). Ich habe deshalb den Kaiser gebeten – und hoffe, daß auch Du meine Gründe verstehen wirst –, unsere Scheidung einzuleiten . . . Daß ich und er für Dein Wohlergehen und Deine standesgemäße Versorgung . . .«

Katharina las nicht mehr, sie lag, als sie aufwachte, neben dem umgestürzten Perlmuttischchen, ohne es zu sehen, auf dem zerbrochenen Kristallglas, aus dem sie getrunken hatte, und ein Fetzen ihres im Sturz zerrissenen Schals hing noch im Sessel.

Der Kreole hob sie auf.

Indessen war Napoleon (aufgeschreckt durch die Nachricht vom Aufstand des ausgebrochenen Generals Malet, der jahrelang im Kerker gelegen hatte und nun halbwahnsinnig tobend Paris aufwühlte) durch seine zurückwankenden, hinkenden, sinkenden Soldaten gebraust, hatte sie, die nur schwach ihr »Vive l'empereur!« lallten, auseinandergestäubt, die Bahn vorwärts preschend im schnellsten Schlitten, hinter sich die Kosakenüberfälle und die Totenhügel.

Als er am 18. Dezember – der Rest des Heerwurms wand sich noch immer durch die Schneewüste – in Paris ankam, war alles schon wieder ruhig, die Schuldigen erschossen, eingesperrt, eine Episode ohne Eklat.

Aber der Kaiser spürte das Symptom: Niemand hatte, da er schon für tot gehalten worden war, an die Dynastie gedacht, seinen Sohn zum künftigen Kaiser ausrufen, seine Frau als Regentin einsetzen wollen – mit ihm und nur mit ihm stand und fiel die Dauer seiner Herrschaft. Es war, als schwinde wie ein Nebel sein Nimbus, Glaube und Vertrauen, Begeisterung und Dankbarkeit: Die hatten ihn selber verlassen, und kein Zwang, kein Feind hatte diese Verdüsterung bewirkt als ein Ermatten seines Antriebes, die Abkehr des Genius. Wie ein Gewicht zog ihn die Last von Hunderttausenden von Toten hinunter, von Regimentern, die den höllischen Übergang über die Beresina, über die vereiste, gebrochene, hastig geflickte Brücke nicht mehr erreicht hatten und niedergemetzelt worden waren.

Der russische Feind, Österreich zu sich lockend, Preußen bestärkend im neuen gewaltigen Aufschwung, ergriff die Initiative. Alexander hatte seinen erfahrenen Heerführern nachgegeben, hatte gewartet, hingezögert, kleine Scharmützel angesetzt, bis Kälte und Hunger wirkten, bis sich die *Grande Armée* aufgezehrt hatte, bis sich erwies, daß kein Befehl und Zwang mächtiger war als der arme geschundene Leib, erfrierend, verhungernd, ausgemergelt und einfach versagend.

In solche Götterdämmerung wirbelte der naive Brief Jérômes an den Kaiser, der die Scheidung von der kinderlosen Frau verlangte und auf Napoleons eigene Scheidung anspielte. Katharina floh zum zweitenmal.

Der Kaiser war mitten in Planungen und Bedenken, nervös gespannt, deprimiert, mürrisch, skeptischer Beobachter seines deutlicher gewordenen Versagens. Napoleon schrieb an Katharina und lud sie nach Blois ein, wo sie mit ihrem Hof Wohnung nehmen könne, und später werde ihr das Schloß Meudon angewiesen werden. Er fügte hinzu, daß er, bei allem Mitgefühl mit der Flüchtenden, ihren Aufbruch keineswegs gutheiße, da er der Welt einen ungünstigen Eindruck machen werde; fliehende französische Herrscher gäben seinen Feinden nur Auftrieb. Von seinem Bruder erwarte er, daß er unter allen Umständen auf seinem Posten bleibe.

»Dieser undankbare haltlose Bursche, dieser Tunichtgut, dieser Feigling . . .«, das ungefähr hörte der erschrockene Sekretär und zögerte, es zu Papier zu bringen.

Dann schrieb der Kaiser selbst, einen seiner hingeworfenen Erlasse, wenig brüderlich: Jérôme habe hier wie dort Stetigkeit zu beweisen, und im übrigen sei seine Frau, eine Königstochter, mehr an Charakter und Rang, als er je werden könne, diese edle, duldende, wahrhaft vornehme Frau.

Jérôme saß beim Empfang dieser Epistel mit der Gräfin Löwenstein am Kamin, las und fing zu zittern an. Er zog das Spitzentuch aus der Tasche und stand auf. Die Gräfin lief ihm nach und hielt ihn fest; aber er schüttelte sie ab und schloß sich ein.

Aus! Also: Katharina! Also: Ihr Vater, der Dikke, aus dem schwer etwas herauszuholen war. Und also: Wieder als Brüderchen vor den Großen schleichen, bittend, ohne Kommando und als gescholtener Schuljunge – und ein nahezu verlorener Krieg . . . Und der Verlust der süßen schönen Frau hier, deren Mann so dumm war, ihn zu dulden.

Und Katharina! Sie würde – würde sie . . .? Ja, er hoffte es.

Napoleon hatte die Argumente des Königs durchschaut als das, was sie waren: ein Manöver der Gegner, um die Gatten zu trennen. Aber da Katharina aus eigenem Antrieb noch einmal geflohen war und da er – bei allen Sorgen um sein Werk – Mitleid mit ihr hatte, half er ihr, der »törichten, erschütternd tragischen Erscheinung«, die so anders war, als er es von seinen Frauen gewohnt, und so nützlich für ihn, um den Spieler Jérôme zu festigen.

Indessen hatte Tschernitscheff die Armee des Prinzen Eugène de Beauharnais zum Rückzug gezwungen, die Russen fielen in Kassel ein, die Einwohner flohen in heller Panik, der König hatte sich in Sicherheit gebracht.

General Hammerstein lief mit zwei westfälischen Regimentern zum Feind über, dem General Kellermann blieben nur knapp tausend Mann zur Verteidigung der Stadt in verzweifelten Straßenkämpfen, die er endlich wegen der Meutereien und seiner zahlenmäßigen Unterlegenheit abbrechen mußte; wenigstens erreichte er einen ehrenvollen Abzug, bei dem er das diplomatische Corps und viele Zivilbedienstete mitnehmen konnte.

Die Russen hielten sich im ganzen diszipliniert, aber die geliebten Einwohner plünderten tagelang das Schloß des landfremden Königs.

Jérôme »weilte« inzwischen in Koblenz, in Gesellschaft Fürstensteins und der Gräfin Löwenstein, und auch Lecamus' Frau, die Gräfin Hardenberg, war dort.

General Allix, der sich immer wieder sehr tapfer gehalten hatte, gelang die Rückeroberung der Hauptstadt, der König kam nach dem Ende der Kämpfe zu einem glockenbeläuteten kurzen Besuch heim, aber schon zwei Tage danach, am 18. Oktober 1813, wurde das französische Heer in der Völkerschlacht bei Leipzig völlig besiegt. Diese Nachricht war nicht aufzuhalten und wegzuleugnen – schneller als aus der russischen Steppe kamen die Hiobsbotschaften von Leipzig nach Westfalen, nach ganz Süddeutschland –, und als erster zog der skeptische, nüchterne, harte Friedrich von Württemberg seine Konsequenzen daraus: Er fiel ab, gab das Signal für den ganzen Rheinbund, er ging zum »Feind« über.

Katharina erstarrte: Ihr Vater ließ sie im Stich! Denn daß sie, Trinette, die Exkönigin von Westfalen, jetzt an die Seite ihres Gatten gehörte – es war etwas in ihr, vor ihr, das sie wie ein bitteres tödliches Getränk schlucken mußte, etwas, das sie lähmte und doch mit aller Gewalt forderte und aufrief, und sie gestand sich klar und unerbittlich ein, um was es ging: Der schillernde, unzuverlässige, ungetreue, der widerlich-egoistische, kindisch-eitle, der lächerlich-posierende . . . ach, Fifi stand da und bat um Hilfe, Fifi war, was er immer gewesen war, Fifi blieb so und würde ihr immer von neuem wehtun und sie enttäuschen, sie immer wieder ohne Geborgenheit lassen und immer wieder Tarnung, Schaustellung, Selbstbetrug von ihr fordern. So war Fifi, so war ihr Leben . . .

Er kam dann leibhaftig herein, unverhofft, und sah aus, wie sie ihn vorher nie gesehen hatte: abgerissen, verschmutzt, sehr blaß und eingefallen, mit ein paar klimpernden Orden auf der knitterigen Uniform – und schaute sie an.

»Fifi!« schrie sie auf und nahm ihn, ein weinendes Kind mit zerstrubbeltem Haar, in die Arme. Er streichelte sie nicht einmal, er hing wehrlos und zitternd an ihrer Schulter und stammelte: »Alles aus, Trinette, alles!«

Es war nicht bloß Mitleid, es war – ja, was denn, Katharina? Ein harter, unzerstörbarer Kern ganz innen, etwas wie Stahl, das sich hielt, zurückschnellte, wo es fast zerstampft und verbogen worden war. Vielleicht war es verwandt mit Friedrichs »Ordnung«, aber es war mehr geworden, ein inneres Gesetz, keine Form mehr, ein Geistfunke, der kräftiger lebte als das Elend, das von außen kam, und größer war, als die Demütigung durch den unwürdigen kleinen Fifi, der haltlos jammernd zu ihr kam . . .

Indessen rollte das Rad wirbelnd bergab, die Völkerschlacht hatte das Zeichen gegeben, die kleinen deutschen Staaten fielen ab, Preußen führte, von Rußland bestärkt, Österreich hielt sich noch zurück, verhandelte, verriet, und der Empereur verwickelte sich immer tiefer in die Verstrikkungen seiner unaufhaltsamen Katastrophe.

Katharina – zäh und geduldig und, nach den französischen Berichten, mit Würde und Tapferkeit – erreichte in einer stundenlangen Unterredung mit Napoleon günstigere Bedingungen, eine größere Apanage, einen schöneren Wohnsitz für sich und Jérôme, Teilerfolge in einer verzweifelten Lage, für die Jérôme ihr nicht dankte. Man zog also nach Compiègne, der entthronte König mit zwei Frauen, Katharina und der Gräfin Löwenstein-Wertheim; Katharina schwieg dazu. Sie schrieb an den Vater, fragte, bat – aber Friedrich verhielt sich still, sie wußte, es kam jetzt und in aller Zukunft nur noch darauf an, Haltung zu bewahren, sonst wollte sie nichts mehr.

Napoleon verbot seinen Satelliten jeglichen Luxus, alle großen Anschaffungen und Ausgaben, aber der »Kleine«, wie ein niedliches freches Hündchen, tat das Gegenteil: Er ließ seinen Wohnsitz umbauen und ausschmücken, bezog mit seinem Hof das Schloß Stains, das ihm Napoleon verweigert hatte, und erregte überall Ärger und Empörung.

Da seine Geldmittel versiegten und niemand für Kredite garantieren wollte, fand Jérôme einen neuen Ausweg: Bruder Joseph, seines spanischen Königreichs ledig, war von Napoleon (wieder in einer sentimentalen Anwandlung) zum Statthalter und Kommandeur der Nationalgarde in Paris ernannt worden, dazu während der Dauer des Feldzuges zum Berater der Marie Louise, mit geheimer Aufsichtsfunktion, da sie als Regentin amtete . . . Jérôme kam häufig mit ihm zusammen, er drängte darauf, daß Joseph dem Kaiser seine militärische Wiederverwendung nahelegte und ihn wieder »lieb Kind« machte . . ., aber nach wochenlangem Hinhalten kam die Ablehnung: Bescheidenheit, keinerlei Luxus, Stillhalten, bürgerliche Schlichtheit . . .

Die Verbündeten stießen jetzt gegen Paris vor, Napoleons Genie, seine Verbissenheit hielten dem Ansturm nicht mehr stand. Und Marie Louise war trotz ihres »alten Blutes« keine Katharina. Sie weinte den ganzen Tag.

Der kleine Prinz trutzte und verlangte nach seinem Vater. Endlich befahl der Kaiser dem zerstrittenen Regentschaftsrat, Kaiserin und Thronfolger nach Rambouillet zu bringen.

Inzwischen hielt sich Katharina beim Kardinal Fesch in Rom auf, dem Hauskaplan der Familie, der Letizias Stiefbruder war; er war ihr Freund, ihr geistlicher Berater und garantierte durch sein kluges Lavieren zwischen der ungebärdigen Sippe und der Kurie eine gewisse Schonung.

Aber endlich ließ sich der Aufbruch nicht mehr verzögern, der Wagenzug setzte sich in Bewegung: Marie Louise neben Katharina, die eine steinerne Ruhe bewahrte, Gepäckwagen, Dienertroß, Geschütze, eine Reitereskorte. Am Nachmittag langte man in Rambouillet an.

Bruder Joseph, als Beauftragter des Kaisers, erklärte dem Volk, er werde bei Annäherung des Feindes ausharren – aber heimlich wurde die Flucht vorbereitet. Jérôme, an seiner Seite, lief von Minister zu Minister, rekognoszierte, kritisierte, lamentierte und erwartete vom Militär verzweifelten Widerstand, soweit es die offiziellen Verlautbarungen verkündeten: Geheimbefehle erlaubten den Generalen zu verhandeln, wenn sie ihre Stellungen nicht mehr halten könnten. Joseph und Jérôme setzten sich danach – nicht ohne eindrucksvollen Aufzug – mit ihrer Begleitung ab in die Wälder von Rambouillet. Dort fanden sie die Kaiserin und Königin nicht mehr vor, sie waren nach Blois weitergeeilt. Paris kapitulierte.

Alexander von Rußland zog an der Spitze seiner Elitetruppen in der Hauptstadt ein, erklärte, er verhandele mit keinem Mitglied der kaiserlichen Familie, und der Senat proklamierte die Absetzung Napoleons.

Talleyrand hatte vorgesorgt: Er ließ Ludwig XVIII. zum französischen König ausrufen, Napoleon trat zugunsten seines kleinen Sohnes zurück; aber schon zwei Tage später wurde er gezwungen, bedingungslos abzudanken.

Die Familie klebte nun förmlich an der Kaiserin und dem Knaben, sie waren Geiseln, Garanten für Napoleons Hilfe, wenn er irgend noch zur Hilfe imstande war.

Jérôme zeterte; dieser grausame, hassenswerte, gewissenlose Tyrann, der große Bruder (dem er nebenbei alles verdankte!), dieses Scheusal hatte sie alle ins Unglück gestürzt.

Während ihr Gatte sinnlos wütete, überlegte Katharina: Sie wandte sich an ihren Vetter, den Zaren, er möge das Lebensnotwendige garantieren, ihnen helfen, sie retten.

Ihre ruhige Würde im Niedergang beeindruckte Alexander, der eine verwandte Natur in ihr spürte.

Inzwischen bestürmten Jérôme und Joseph die Kaiserin, sie müsse nach Bourges ausweichen, die beiden Verzweifelten wurden ungeduldig, beinahe gewalttätig, sie machten Marie Louise böse Szenen, als sie ihnen entgegenhielt, sie wolle die Befehle ihres Gemahls abwarten.

Katharina stand inzwischen am Fenster ihres Gastzimmers, hielt sich gerade, gelassen, abwartend, was kommen sollte. Leichter Schneeregen stäubte gegen die Scheiben, sie hörte gedämpftes Trappeln und Schleifen, sah die Begleitpferde und trat zurück, noch ehe man ihr meldete, es seien russische Offiziere draußen: grüne Uniformen, Vorreiter, breite vierspännige Schlitten, abspringende Adjutanten; sie verstand, daß jetzt alles vorbei war.

Freilich, für sie, nur für sie, gab es eine Hoffnung: Alexander war ihr Vetter, Rußland ihr Kinderland, ein fahles, bedrückendes Land, aber doch jetzt das Land eines vielleicht verstehenden Herrschers.

Der Angekommene war der General Schuwalow mit dem Befehl des Zaren, die Kaiserin und ihr Gefolge nach Orléans zu bringen.

Am neunten morgens fuhren sie ab, Marie Louise, Madame Mère, das kaiserliche Kind, Jérôme, aber Katharina gab vor, von Alexander eigens eingeladen zu sein – sie hatte es durchgesetzt, ein paar Minuten lang allein mit Schuwalow zu sprechen, und der hatte das von ihr erbetene Treffen mit seinem Herrn nicht abzulehnen gewagt.

Unter den Angstschreien ihres Gefolges stieg sie in den Schlitten nach Paris – der Schnee lag dünn, Frankreich war wärmer als Kassel, man mußte die Kufen abschrauben und Räder einsetzen, eine Erfindung aus Napoleons Ingenieurbüros, und während die verschreckte Kaiserin mit Kind und Königen nach Orléans zockelte, kam Katharina auf der Pariser Straße rasch voran.

Im Palais, das sich Alexander hatte herrichten lassen, spritzten die Chargen hoch und rannten; Alexander trat ihr entgegen; er erwartete seine Cousine, keine Feindin, ein blondlockiger, schlanker Mann in den engen weißen Hosen und der goldklimpernden russischen Uniformjacke mit breiten Epauletten. Er war schon an der hohen Tür, als sie langsam auf ihn zukam, und küßte ihr die Hand. Katharina empfand sofort das Verwandte, Europäische in Gestalt und Gesicht, und als er schnell im Aufrichten den Kopf wandte, um dem Adjutanten zuzunicken, war es das Profil der württembergischen Tante, seiner Mutter, schmal und vornehm und anders als das ihres Vaters, dessen Schwester die Zarin gewesen war. Katharina blieb stehen, streckte den kurzen vollen Hals, um größer zu erscheinen, öffnete weit die blauen Augen, deren Wirkung sie kannte und hob scheu, aber gestoßen vom Gedanken an Jérômes Hilflosigkeit, die rundlichen Arme, an denen die Bracelets klirrten.

Sie schaute geradeaus und ließ sich brüderlich umarmen, spürte verwirrt eine starke Ausstrahlung, hielt Alexander von sich ab und schaute in das braungebrannte Gesicht mit den leicht schrägstehenden Augen, gerade soviel kriegszerzaust, daß es ihn heroisch machte und eben so gepflegt und schwerblütig, um zu fesseln.

Sie sprachen französisch, Alexander saß ihr auf einem niedrigen Sesselchen gegenüber, sie lehnte in einem weichen Polster, nahm allen Mut zusammen und trug ihre Bitte vor: Pässe für sich und Jérôme, ihren Gatten, zur Ausreise in die Schweiz, das mindestens, wenn sich kein anderer Ausweg finde. Er fragte nach Weg und Plan, nach ihrem Befinden, nach Jérômes Verbleib . . .

Sie berichtete, daß Jérôme mit ihr auf den Namen des Grafen Hartz reisen solle, der Zar redete von der gemeinsamen Großmutter, von Petersburg, bis er merkte, daß Katharina bleich wurde, einen flachen maskenhaften Zug um die Augen hatte und die Lippen zusammenkniff.

186

»Ist Ihnen nicht gut, *ma cousine*?« fragte er, und errötend, mit weggewandtem Kopf, flüsterte Katharina, sie erwarte ein Kind . . .

Das war für den galanten Zaren alarmierend, erschreckend fast, denn er hatte natürlich von der brüchigen Ehe gehört. Und gerade jetzt . . . im Unglück? Er hätte es fast laut gesagt, schwieg eben noch und gratulierte.

Katharina ging danach mit den gewünschten Pässen, zögerte kurz am Wagen, gab Alexander noch einmal die Hand und machte das Zeichen des Schweigens. Er winkte, hielt den gewölbten, federwallenden Hut in der Hand und vergaß, den König von Westfalen grüßen zu lassen.

Katharina, im Gefühl ihrer Gefährdung, ihres ganz unerwarteten und ungewohnten Zustands, von dem sie noch nicht einmal Jérôme gesagt hatte, verkroch sich in ihrer Wagenecke und unterdrückte die aufsteigende Übelkeit.

Als sie aus Paris zurückkam, war Jérôme nicht da; er hatte allerlei unternommen, um Geld aufzutreiben, um Napoleon zu erreichen, der stumm blieb, um Land zu kaufen – so unsinnig das war –, und sogar, um irgendeinen Heraldiker herbeizuschaffen, der einen möglichst hochadeligen Stammbaum des Grafen Hartz anfertigen könnte; denn, so machte er seiner Umgebung klar, ein guter Forscher, der sein Handwerk verstehe, könne jeden von jedem abstammen lassen.

Katharina ließ sich nach der anstrengenden Fahrt zu Bett bringen; jetzt erst, seit sie es ausgesprochen hatte, war sie ihrer Lage ganz sicher, jetzt erst hatte sie das Siegel auf ihre Einheit mit Jérôme, die Gewißheit seiner Zugehörigkeit, da sie schon an seine Treue nicht mehr glaubte.

Endlich schrieb sie ihm sehr sachlich und verhalten und deutete eine Frage an, die sie plagte: Ob er, da ihre Ärzte ihr keine Erklärung gäben für diese späte Erfüllung, den Grund dafür kenne?

Sie fragte sich, warum sie dem »Fremden«, dem Zaren, ihre Schwangerschaft gestanden hatte, denn sie spürte, daß es nicht geschehen war, um mehr von ihm zu erreichen; nur das »Verwandte«, das Feste und Königliche an ihm, hatte sie – ohne ihren Willen – durchdrungen und überzeugt.

Sie schrieb nach Stuttgart, an den Vater, der ihr diese Ehe aufgezwungen und ihr dieses Schicksal bereitet hatte.

Es kam eine Woche lang keine Antwort. Indessen kam Jérôme, lag ihr schluchzend und tiefergriffen zu Füßen, strich über ihre Haare und küßte ihre Hände, sogar die seidenen Schuhe, schwamm in einem Meer von Überschwang, der sie rührte und abstieß zugleich.

Dann brachte der Eilkurier ein Schreiben ihres Bruders, des Erbprinzen: Es sei in dieser Lage unmöglich, sich für sie zu verwenden, sie möge alle anderen Quellen erschöpfen, aber man sähe keinen Weg, sie in Württemberg aufzunehmen, wie sie verlange, es sei denn, sie käme allein, ohne den ehemaligen König von Westfalen.

Katharina saß still vor dem Briefblatt, sie las es

ein paarmal und konnte nicht glauben, daß man ihr die Heimat, Württemberg, das Stammland, das Vaterhaus, verschließe; sie schrieb noch einmal, dringender, und Friedrich selbst antwortete, diesmal sehr rasch: »Wenn König Jérôme bereit ist, sich von der Königin, meiner Tochter, zu trennen, dann verspreche ich, mich bei den Kaisern und Königen, meinen Alliierten, wirksam dafür einzusetzen, daß ihr eine ihrer Würde entsprechende Zukunft geschaffen wird. Ich verpflichte mich, meine Tochter selbst unterzubringen und zu verhalten, und ebenso, mich um das Schicksal des Kindes, das sie zur Welt bringen wird, zu kümmern. Wenn sich der König Jérôme aber diesem Vorschlag widersetzt oder meine Tochter nichts davon wissen will, dann muß ich eingestehen, daß ich in Hinkunft nicht in der Lage bin, irgend etwas für sie zu unternehmen.«

Katharina ging es in jenen Tagen recht schlecht; Übelkeiten und Erbrechen schwächten sie, Aufregungen über ihre ungewisse Lage und dazu Jérômes Gejammer und seine Unrast, sein Reisetrieb, dem sie mißtrauen mußte, sein schwächliches, gefühliges Gehabe, drückten sie mehr, als sie sich zugab; einmal, im Aufwachen, noch halb im Traum, sah sie Alexanders königlich sichere Gestalt, meinte sogar seine Stimme zu hören, fühlte etwas wie einen Hauch und Streif über ihrem Gesicht und fuhr auf.

»Jérôme – bist du da?« sagte sie und stützte sich ab; freilich, Jérôme war wieder verreist, und nur die Kammerfrau hörte sie und kam herein, um ihr den Morgentee anzubieten.

Später, als sie sich ankleiden ließ, holte sie aus einer kleinen Schatulle das Elfenbeinporträt ihrer Mutter heraus, der Braunschweigerin, die in Schloß Loden verschollen war; sie schaute es lange an, die weichen Züge, den vollen, kindlichen Mund, Locken und Stirnband und Perlen, und sprach vor sich hin. Die Zofe verstand nur: » . . . doch von der großen Schuld der Zeiten . . . Minuten, Tage, Jahre streicht.«

Sie war ein einfühlsames Mädchen und fragte nicht, was für eine Schuld die Königin da streichen wollte, und auch nicht, von wem die deutschen Worte stammten, die sie sich übersetzen konnte. Und Katharina, schwankend und taumelig, schleppte sich zum Schreibtisch und nahm die lange goldstielige Feder und schob sich das Tintenfaß heran, legte einen großen Bogen bereit und schrieb, ohne den Sekretär zu rufen: »*Cher père!* Ich bin an meinen Gatten mit Banden, die ursprünglich politischer Natur waren, geknüpft; ich will hier nicht von dem Glück sprechen, das ich ihm in den sieben Jahren verdanke. Aber selbst wenn er sogar der schlechteste der Ehegatten für mich gewesen wäre und Sie mich fragten, was ich tun würde, so müßten Sie selbst zugeben, daß ich ihn niemals im Stich lassen kann, wenn er im Unglück ist . . .«

Friedrich nahm den Brief von seinem Sekretär in Empfang, las, wurde hochrot und fing an, nach seiner Gewohnheit, im Kabinett herumzustapfen, die Hände auf dem Rücken, die Rockschöße hochgeklappt, mit schweren Schritten; die dicken Waden in den hellen Strümpfen unter zu engen Kniebändern waren noch stärker geworden, seit er viel in Soldatenstiefeln herumging, die ihn klemmten und engten.

Mit kurzsichtigen Augen las er noch einmal, rief den Kammerherrn, der an der Tür stehengeblieben war, und fragte ihn aus: Was die einstige Kaiserin von Frankreich, Marie Louise, getan und wo sie geblieben sei, seit ihr Gemahl ein geschlagener Eroberer sei? Wo die Königinnen von Italien, Spanien, Holland seien? Was der Geheimdienst von Briefen der österreichischen Krone über die Kaiserin melde? Was man von ihrer Korrespondenz habe abfangen können? Ob das Kind schreibe und an wen?

Alle seine Fragen stieß der König schnell und hart akzentuiert hervor und lief dabei unaufhaltsam im Kreis.

Der Kämmerer – er war erstaunlich gut instruiert – berichtete: Marie Louise neige dazu, sich von ihrem Gemahl abzuwenden, sie beklage sich über seine Kriegführung und seinen Aufwand für Kanonen und Truppen, der dem Land geschadet habe. Sie jammere viel, daß sie ein so elendes Leben führen müsse durch seine Schuld; bei den übrigen Napoleoniden sehe es ähnlich aus, und auch Jérôme, der Schwiegersohn, schreibe erboste und empörte Tiraden an seine Freunde.

Man dürfe annehmen, daß keine der bonapartistischen Königinnen und Fürstinnen, kaum die Kaiserin, auf die Länge der Zeit bei ihren geschlagenen und entthronten Gatten blieb . . . und so fort.

Friedrich dankte, ohne zu fragen, woher sein Höfling solch detaillierte Berichte beziehe. Er selbst hatte die Fäden gespannt, die Minen gelegt, die Charaktere richtig eingeschätzt. Er selber hatte ja, das wußte er sehr deutlich, dem Feind, solange seine Waffen noch scharf waren, geschmeichelt und ihm willfährig seine Tochter überlassen, für einen liebenswürdigen Narren, den er schon damals durchschaute.

Aber er war ein nüchterner Mann, Politiker, Rechner und wollte sein Land mächtiger haben, als er es angetreten hatte, ein Schachspieler, der auch die kleine Katharina auf dem Brett hin- und herschob.

Daß sie jetzt unter veränderten Aspekten sich nicht mehr schieben ließ, ärgerte ihn, enttäuschte ihn, empörte den Souverän und Despoten, der er an seiner Aufgabe und durch sein Schicksal geworden war.

Er schrieb noch einmal, diktierte diesmal einen herrisch-kurzen, keinen väterlich überredenden Brief; er sagte ihr ohne Umschweife, wie töricht sie sei, der neuentstandenen Lage nicht zu entsprechen, sich gegen das Geschick zu stemmen, da doch alle übrigen Frauen, zumal die Kaiserin selber, deutliche Zeichen der Umkehr und Einsicht

Jérôme Bonaparte mit seiner Gemahlin Katharina
von Württemberg.
Gemälde von Kinson.

Letizia Bonaparte, »Madame Mère«.
Gemälde von François Gérard.

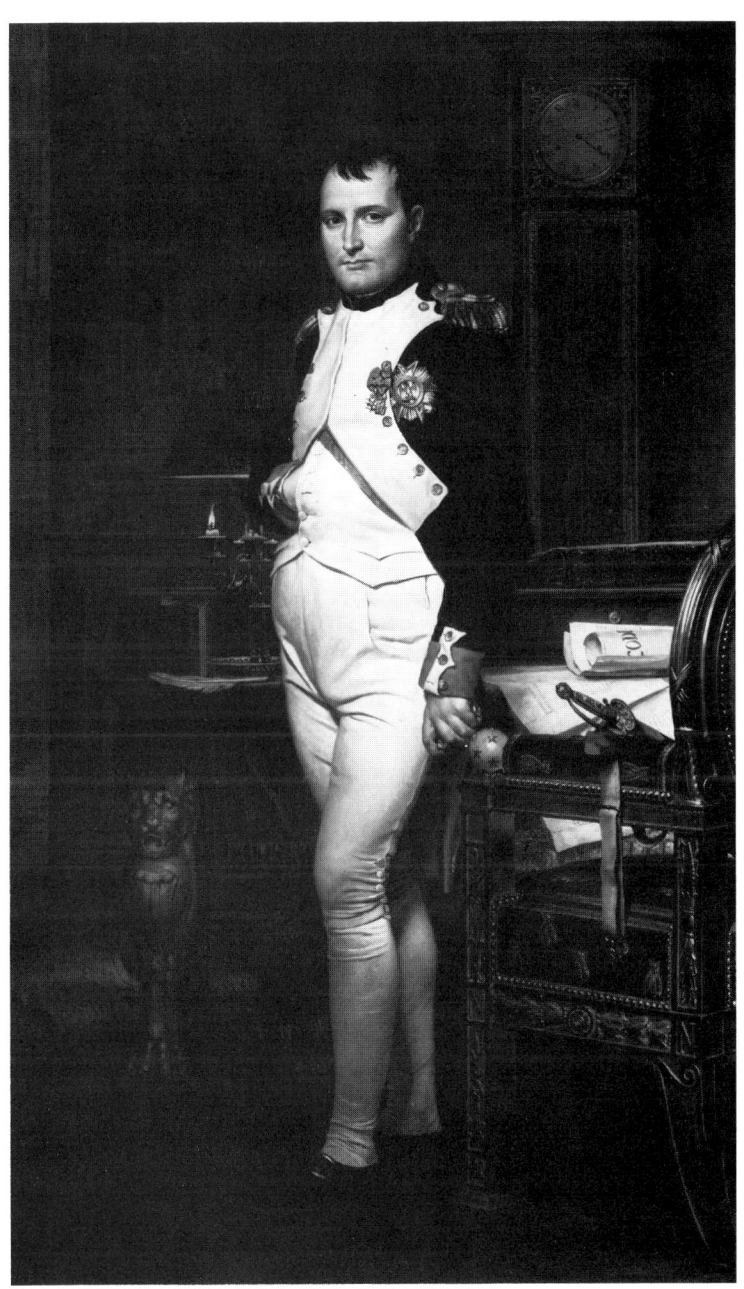

Napoleon I.
Gemälde von Jacques-Louis David (1812).

König Friedrich I. von Württemberg.

zeigten, wovon er untrügliche Beweise in Händen habe.

Sie sagte nein.

Der Bruch mit dem Vater, dem sie bisher immer nachgegeben hatte, für den sie sich in das dampfende, glühende Bad dieses Abenteuers hatte stürzen lassen, ein hilfloses Kätzchen, ein gefälliges Opfertier, der Bruch war jetzt endgültig und unwiderruflich, trotz aller Angebote, die er immer wiederholte, und trotz eines brüderlichen Schreibens aus der Kanzlei des Erbprinzen.

Sie wollte es so; sie konnte den armen Jérôme nicht verlassen, von dem sie jetzt endlich ein Kind trug, empfangen im Gefühl seiner Torheit und Hilflosigkeit und ihrer bergenden Überlegenheit.

Die Pariser Polizei drängte darauf, daß sie das Land verlasse; die Bourbonenherrschaft sah ungern, daß die Exkönigin, die ihren unerwünschten Mann nicht losließ, die vom Zaren nur mit Floskeln hingehalten und von ihrem Vater aufgegeben worden war, noch länger in ihrer unklaren Rolle – geduldet, halb Feindin, halb Verbündete als Tochter ihres Vaters – dablieb.

Katharina ließ packen, sie verkaufte Kleider und Schmuck, Pferde und Aktien, nahm nur 84 000 Goldfrancs und ihre und Jérômes Diamanten mit, neben sich in der großen Berline die Gräfin Bocholtz, ihre deutsche Ehrendame, und hinter sich Graf und Gräfin Fürstenstein-Lecamus, die ihr klettenartig anhingen.

Die Schlösser Villandry und Stains, die ihr gehört hatten, ließ man unter Aufsicht des zwielichtigen Hainguerlot.

Die vier Wagen – hinter dem ihren fuhren ihre Leute – rasselten in Richtung Schweiz ins Morgengrauen.

Katharina hatte nichts gegessen, um unterwegs nicht von der häufigen Übelkeit geplagt zu werden, sie würgte ohnehin an einem fast unstillbaren Erbrechen, das man als glückliches Vorzeichen und Ankündigung eines kleinen Prinzen lobte, während sie sich wand.

Noch vor Fossard erkannten ihre Postillione eine Schützenkette, die die Straße zu sperren schien; davor standen zwei Offiziere, schwer bewaffnet. Katharina richtete sich auf und ließ das Fenster herunter; ein Offizier trat an den Wagenschlag. »Madame, wir haben Auftrag, Ihr Gepäck zu kontrollieren.«

»Kennen Sie mich nicht?« fragte sie, »ich bin die Königin von Westfalen.«

»Ach? Sie stehen unter dem Verdacht, die Kronjuwelen zu entführen.«

Katharina fiel auf ihren Sitz zurück. »Sind Sie bei Sinnen? Ich habe nur mein Eigentum, einen kleinen Teil meines Eigentums bei mir – was sollen mir die Kronjuwelen der Bourbonen?«

Sie zog ihren Paß aus dem Portefeuille, und zugleich die Briefe des Kaisers von Rußland und des Habsburgers, in denen beide sie wärmstens dem Schutz der Kommandanten der alliierten Armeen empfahlen.

Er sei beauftragt, seinen Befehl auszuführen, schnarrte der Offizier ungerührt. Die Soldaten stellten sich mit gezogenen Säbeln rund um den Wagen auf, man räumte trotz aller Proteste die Koffer und Kisten sämtlich herunter.

Dann verlangte der zweite Offizier, ein Husar, die Schlüssel zu Katharinas Truhen und Kasten. Katharina stand dabei, die Kammerfrau legte eine Decke auf einen geleerten Koffer und drückte die Königin behutsam darauf.

Da fuhr Katharina in die Höhe: »Ich kenne Sie doch?!« Sie trat nah an den Husarenobersten heran, »Sie sind Maubreuil, Sie haben zu meinem Hof gehört, Sie hatten die Affäre mit der armen Carega, und danach waren Sie in Spanien! Und jetzt – ich habe davon gehört . . .« Ihre Stimme schlug um – sie drehte sich weg und preßte ein Tuch vor den Mund. Nach einer Weile, während die Leute rücksichtslos wühlten und kramten, wagte sie nach dem Verbleib des Kaisers Napoleon zu fragen.

Erstaunte Gesichter, man höre nur, daß er jetzt auf dem Weg zur Insel Elba sei, wohin man ihn ja bekanntlich verbannt habe.

Maubreuil wußte mehr, aber er hütete sich, Andeutungen zu machen: Er erwähnte nur, Marie Louise sei schon in Orléans kontrolliert worden, und einiges von den Diamanten habe gefehlt.

Aber darauf ließ sich Katharina nicht ein: Was sie das alles anginge? Er handle ganz rechtswidrig, ja kriminell.

Da zeigte Maubreuil seine Vollmacht, gezeichnet vom Polizeipräfekten, zwei Generalen, dem Kriegsminister und dem Postpräsidenten.

Vollmachten? Von allen offiziellen Stellen? Wer steckte dahinter? Wer hatte so viel Interesse an ihr, Katharina von Westfalen? Die Königin sah zu, saß dabei, wie sie beraubt und erniedrigt wurde, sie konnte nichts ändern, und Jérôme war unerreichbar, unbekannt wo . . .

Endlich ließ man sie, mit zynischem Bescheid, frei, sie könne weiterreisen – entblößt und mittellos; jetzt werde man ihre Bagage nach Paris bringen zur Kontrolle ihrer Angaben.

Katharina starrte dem Bauernwagen nach, auf den man ihre Habe geladen hatte, und ließ ihre Berline nach Paris umkehren. Angekommen, gab sie sofort dem Zaren Nachricht, und der versprach, empört über solche Räubermanieren, strenge Untersuchung und Ersatz aller Verluste. Er beauftragte den Polizeiminister Pasquier mit der Sache.

Aber seltsam – die Aufklärung des Falles zog sich hin, irgendeine mächtige Hand deckte die Verbrecher, der Untersuchungsrichter durfte nicht eingreifen, und nach ein paar Wochen waren Maubreuil und Dassies, sein Kumpan, verschwunden, untergetaucht, glücklich geborgen.

Katharina ließ nachforschen, aber da auch Alexander schließlich das Interesse an der Sache verlor – er hatte anderes zu tun –, verlief alles im Sand. Einiges von ihren Preziosen bekam die Königin zurück, das Wichtigste blieb verschollen.

Es hieß dann, Talleyrand habe die Hände im

Spiel gehabt und eine dunkle Rolle dabei gespielt, da er sich jetzt, nachdem Napoleon entmachtet sei, sichtlich dem neuen Herrn gefällig zeige; es sei ein Attentat auf den gefangenen Imperator geplant gewesen, der auf dem Weg nach Elba noch in Frankreich einen »bedauerlichen Unfall« hätte erleiden sollen, den er nicht lebend überstanden hätte. Die Engländer freilich hätten sich der unsauberen Unternehmung widersetzt. Maubreuil habe dann doch jemand überfallen und berauben wollen, die Vollmachten durften nicht erlöschen. Das Beutegut konnte er ja dann dem neuen König, dem dicken Ludwig XVIII., überreichen, ein wenig davon auch wohl selbst behalten. Und so hatte er's auch gemacht, ehe er unsichtbar wurde.

Jérôme und Katharina hatten am Ende über drei Millionen verloren.

Er, der Exkönig, mußte indessen Schlösser besichtigen, Briefe schreiben und zwischendurch hübsche Feste feiern, im kleineren Kreis, versteht sich, aber noch immer fern von seiner geliebten Trinette.

In Bern trafen sich die Gatten wieder.

Freilich, er hatte die Verwundung von Waterloo auszuheilen, er hatte die bittere Lektion zu lernen, daß er ein entthronter König war – aber er lernte sie eigentlich nie. Denn ihm wie Trinette war Napoleon jetzt nur noch der Tyrann, der Ausnützer und ewige Forderer, die Kriegsbestie schließlich, die den »armen, edel denkenden Jérôme in dieses tragische Desaster hineingestoßen« hatte.

Man schickte Lecamus wieder nach Paris, um den Prozeß wegen der gestohlenen Diamanten abzuwarten und die Interessen des Grafenpaares – Graf und Gräfin Hartz – wahrzunehmen. Jérôme und Katharina reisten inzwischen in der Schweiz herum, es galt, ein würdiges und bequemes Domizil für Katharinas Wochenbett zu finden . . .

Friedrich von Württemberg ließ ihr durch den Baron Linden sein Mitgefühl wegen des Überfalls ausdrücken, aber sie wies ihn schroff ab: Solange der König von Württemberg seinen Schwiegersohn, den von ihm bestimmten Gatten seiner Tochter, nicht einlade, lege auch sie keinen Wert auf seine Anteilnahme.

Alexander, der Zar, bot Katharina ein Exil in Rußland an, wo auch der Exkönig wohnen könne; aber Jérôme gab noch nicht alle Hoffnung auf, wieder rechtmäßig in Frankreich leben zu dürfen, und Katharina lehnte auf seinen Wunsch ab.

Endlich erteilte der Kaiser Franz seine Zustimmung zum Kauf eines großen Schlosses bei Graz, Eggenberg. Man zog dort ein.

Zahlreich war das Gefolge, glanzvoll die Aufmachung, aber es fehlte an Dienern, Katharina fand alles zu weitläufig, zu öde, und als die Fürstin Bacciochi, Jérômes älteste Schwester Elisa, in Eggenberg Besuch machte, ehe sie über Triest nach Bologna reiste, um dort ihr drittes Kind zu erwarten, begleitete Jérôme sie und blieb in Triest hängen, »bezaubert von der Schönheit der Stadt«, wie er

Katharina schrieb. Er kaufte die Villa Romana am Strand des Meeres für Katharina, und dorthin holte er sie endlich nach.

Am 24. August 1815 brachte sie einen Sohn zur Welt, Jérôme-Napoléon-Charles; sie hatte sich vierundzwanzig Stunden lang gequält . . .

Elisa, eben selber erst Mutter geworden, kehrte zurück, um sie zu pflegen. Diese energische und gescheite Schwester des »Kleinen« hatte gegen Napoleons Willen einen unbedeutenden korsischen Hauptmann geheiratet, eine »lockere Ehe« geführt, aber ihre Gebiete, Lucca und Piombino, die der Kaiser für sie zu Fürstentümern erhoben hatte, recht umsichtig verwaltet, sie war zur Großfürstin von Toskana gemacht und zur Generalgouverneurin der Provinz ernannt worden. (Ihr Mann regierte nie.) Sie hatte ihr Land vom Banditenunwesen gereinigt, was ihr Napoleon hoch anrechnete; trotzdem nahm sie, als er im Unglück war, gegen ihn Stellung und traf sich darin mit Jérôme – aber ihr Land konnte sie sich ohnehin nicht sichern.

Jérôme hatte eine Art von Achtung für die Ältere, die an Furcht grenzte, wie er denn manchmal empfand, daß Letizias Kinder irgendwie an Kraft und Charakter eingebüßt hatten, je später sie geboren wurden – es war fast, wie ein österreichischer Diplomat es nannte, ein Potenzverlust, ein Vordringen der schwächeren Züge des Advokaten Buonaparte gegen das heroische, unerbittlich-furchtlose Wesen der Mutter.

Letizia war eine ahnungsvolle Seherin, instinktsicher und fast archaisch in ihren Empfindungen, sie hatte Napoleons Aufstieg mit leuchtenden Augen verfolgt, aber jedesmal sofort gespürt, wenn ihn sein Genius verlassen hatte, wenn seine Ausstrahlung schwach, seine Entscheidungen halbherzig waren.

Katharina ging jetzt ganz auf in ihrer mütterlichen Erfüllung. Geschwächt nach der langhingezogenen, immer wieder durch eine Wehenschwäche verschobenen Geburt, konnte sie das Kind nicht recht stillen; ihre starke Brust wollte dem zarten, schwächlichen Saugen der winzigen Lippen nicht genug geben, eine schwere Entzündung stellte sich ein, die Königin hatte Fieber, Schmerzen, man suchte einen gleichaltrigen Säugling, der kräftiger trinke, man fand – ein dezenter Hinweis von Jérômes Kämmerer half zur richtigen Adresse – ein winziges Mädchen, Tochter der Triesterin Serena, das fast am gleichen Tag geboren war wie Jérôme-Napoléon-Charles, ein noch ungetauftes, das man dieserhalb schnell taufen ließ, ehe man es der Mutter wegnahm, die durch Hochschnüren und kalte Umschläge ihre Milch zurückdrängen und schließlich – schwerkrank – durch Jérômes Arzt halbwegs kuriert werden mußte: Die Taufe (nicht ohne finanzielle Mitwirkung Jérômes) gab dem Säugling den Namen Cristina, und Katharina nahm das kräftigere, begierigere Mäulchen hoffnungsvoll an ihre schmerzende Brust.

Als es gedieh, als auch der kleine Prinz sich bequemte, fester zuzupacken, genas die Königin.

Sie genoß gerührt die Anmut ihres Kindes, seine Hilflosigkeit und die Schönheit, die es schon in den ersten Wochen für ihre begeisterten Augen hatte, jedes Krähen und Strampeln und Ärmchenheben war ihr eine Offenbarung, sie »sah« keines von Jérômes neuen Abenteuern – er sollte ja nichts entbehren – und ließ ihm das Glück mit der Sängerin Pinotta.

Man mußte jetzt eiligst überall die Geburt des Prinzen bekanntgeben, und Katharina schrieb, sobald sie dazu in der Lage war, an Napoleon nach Elba und bat ihn um die Annahme der Patenschaft – und der Kaiser ließ mitteilen, er befinde sich wohl. Er war ein Gefangener, kriegsgefangen, und empfand das Schreiben der Königin als geschickten Schachzug zur Entlastung ihres Gemahls; und als Farce.

Jérôme dachte noch immer daran, sich in Rom anzusiedeln; dort war die Mutter, der angesehene Kardinal Fesch, dort war Lucien, und ihn bat er, beim Papst für ihn zu intervenieren; der Heilige Vater blieb aber ebenso taub wie seither, und ebenso unzugänglich war auch der Kaiser Franz von Österreich, das heißt der Fürst Metternich, der in Wien zu bestimmen hatte. Man wolle den Wiener Kongreß abwarten, hieß es, und Zar Alexander ließ wissen, einzig der König von Württemberg könne vielleicht etwas für seine Tochter erreichen, Jérôme möge ihn nicht gänzlich verärgern.

Freilich, so höflich-hinhaltend Alexanders Antwort war, so sachlich-hart, nüchtern bis zur Grobheit, klang die des Königs Friedrich: »Wer zweifelt daran, daß Kriege nur geführt werden, um bedrückende, belastende Verträge zu annullieren? Das ist der Kern der Koalition, das ist der Anlaß des Krieges, den die Mächte gegen Napoleon angestrengt haben. Die Besiegten sind Sieger geworden. Natürlich haben sie die verlorenen Provinzen wieder zurückgeholt, und das Recht der Eroberer beendet alle Verpflichtungen, die aus dem gleichen Recht der Eroberung hervorgegangen waren, das Napoleon in die Lage versetzte, das Königreich Westfalen zu schaffen. Das ist so klar und so allgemein anerkannt, daß es unmöglich wäre, etwas anderes anzunehmen. Deshalb kann . . . kein Mitglied der Bonaparte-Sippe irgendein Herrschaftsgebiet, ob groß oder klein, besitzen.

Die Insel Elba ist ein Staatsgefängnis, und wenn Parma der Marie Louise zugeteilt wurde, so geschah das nur deshalb, weil sie sich von ihrem Gemahl getrennt hat und wieder Erzherzogin von Österreich geworden ist.«

Und auf den Einwand, die Mächte hätten doch in einem Vertrag vom 11. April zugesagt, den entthronten Königen eine Apanage von 500 000 Francs zu bezahlen, schrieb Friedrich – ganz ähnlich, wie er beim Tod seines Onkels Carl Eugen reagiert hatte, als er dessen Testament gegenzeichnen sollte –: Dieser Vertrag sei »von niemand ratifiziert und von sehr vielen gebrochen worden.« Er hielt seiner Tochter vor, daß – durch die Namensänderung – sie beide als das Grafenpaar von Hartz keine Ansprüche mehr an die Bonaparteschen Besitzungen hätten. Wenn sie also wolle, daß Jérôme, ebenso wie sie, glücklich sei, so möge sie dafür sorgen, daß er wie ein Privatmann still und unauffällig lebe. Vielleicht hätte er dann noch ein bißchen Glück und die Volksgunst für sich.

Sternschnuppen

Elba war freilich kein »Staatsgefängnis« für den Kaiser, er war souveräner Herr der Insel und konnte über einen kleinen Hofstaat verfügen und Anbau und Rodung befehlen, wie es ihm gefiel. Er wohnte mit seinen Getreuen ganz angenehm, wenn auch beengt, aber er hoffte und wünschte jetzt, daß Marie Louise mit dem kleinen Prinzen käme, er hielt das für so natürlich und selbstverständlich, daß er alles für ihren Empfang vorbereiten ließ: Sie sollte sich nicht »aufs Land verbannt« vorkommen, sollte alle Bequemlichkeiten vorfinden, die sie als Erzherzogin erwarten konnte, sie sollte auch keinen Grund zur Eifersucht haben und kein Mißtrauen empfinden müssen – er wollte sie nicht verlieren. Er liebte sie, so seltsam es klingt, wirklich, er dankte ihr den Sohn, an dem seine ganze Hoffnung hing.

Aber Marie Louise dachte nicht daran zu kommen; sie amüsierte sich mit dem Grafen Neipperg, den man ihr – so wurde in Hofkreisen geflüstert – absichtlich präsentiert hatte, um sie vom Kaiser abzuwenden und damit den Verbündeten, vor allem ihrem Vater, ein »nur noch politisches« Spiel möglich zu machen.

Sie mokierte sich in ihren Briefen über Napoleons ständige Bitten und Vorschläge, über seine Pläne für ihr gemeinsames Leben; und Katharina, die davon natürlich einzelnes hörte, fing an, die mollige, sinnliche Habsburgerin zu verachten. Aber während der Kaiser ein kleines Heer aufbaute, Minister ernannte und Bewässerungskanäle anlegen ließ, wartete er immer noch auf seine Frau.

Madame Mère kam, er hatte ihr das schönste Haus von Portofino gemietet und es behaglich einrichten lassen. Sie verplauderte mit ihm Herbst- und Winterabende am Kamin, und auch die Gräfin Maria Walewska kam auf ein paar Tage und zeigte ihm seinen Sohn, der blond war wie die Mutter und scheu, da er den fremden General nicht kannte.

Napoleon hatte auch diese Gäste zusammen mit dem Bruder der Gräfin, dem Grafen Lipinski, gemütlich einquartiert, schlief aber selbst im Freien, um keinen Anlaß zum Klatsch zu geben. Und wartete auf die Kaiserin.

Indessen ließ Fouché die Zahl der Spione auf der Insel verdoppeln, Briefe wurden zensiert, aber heimliche Meldungen berichteten Napoleon von der Unzufriedenheit mit den unfähigen Bourbonen, von einer Tabula rasa, die dem großen Mann bereitwillig offenstünde . . . (Die Vorrechte des Adels wurden von oft anspruchsvollen »Ultras«, wie man sie nannte, allzu rigoros beansprucht.)

Und die alten Soldaten verglichen den gichtischen, aufgeschwemmten, bequemen Bourbonen mit dem Heros der Schlachten, mit seinem hinreißenden Pathos und psychologischen Geschick. Sie verlangten nach Nahrung für ihre Phantasie, nach Verwirklichung so vieler unerfüllter Sehnsüchte und Träume, nach Bestätigung ihrer selbst – nach etwas glühend Hohem und berauschend Erhabenem, das den blutigen Krieg rechtfertigte, und sahen ernüchtert nur die Wiederholung der überwunden geglaubten Kleinlichkeiten, der egoistischen Winkelzüge und menschlichen Armseligkeit.

Inzwischen versuchte Jérôme verzweifelt, sein Mobiliar zu verkaufen, das noch in Paris stand. Wenigstens die gröbsten Schulden mußten gedeckt und der Lebensunterhalt einigermaßen gesichert werden.

Aber als sein Beauftragter endlich so weit war, die großen Kisten und Ballen zum Transport nach Le Havre zu verladen, erschien ein Polizeikommissär und beschlagnahmte alles im Namen des neuen Königs. Kein Bonapartesches Eigentum durfte Frankreich verlassen.

Wieder wurde der Exkönig an seinen Schwiegervater verwiesen, den er verärgert hatte, an den Zaren, der sich trotz der Bitten Katharinas kaum mehr um die leidigen Affären des gegnerischen Bittstellers kümmerte, an den Kaiser Franz, in dessen Gebiet Triest lag – vergeblich.

Katharinas Gesundheit rächte sich schließlich für alle Ungewißheit und Angst, sie litt unter

Schwindel und Mattigkeiten, und endlich bat man den Kaiser, ihr in Lucca eine Badekur zu gestatten. Franz stimmte zu – ein ritterlicher Ton zwischen den Souveränen, die sich trotz aller blutigen Schlachten Bruder und Schwester nannten, machte das traurige Spiel menschlicher.

Aber da Katharina kaum gebessert zurückkam, schleppte sich die Zeit in Triest traurig hin: Man war bewacht, bespitzelt, unfrei.

Jérôme hoffte auf Botschaft von Napoleon, er hörte dies und das, aber ohne Gewißheit, er unterhielt heimlich Agenten. Abbatucci, der neapolitanische Konsul von Triest, war einer seiner Vertrauten; auf seinen Ritten, wenig beobachtet als Amtsträger einer fremden Macht, hielt er die Augen offen.

Katharina war allein zu Hause, schreibend, denn ihr Vater mußte immer wieder geschickt und genau gemahnt werden – da kam er atemlos angelaufen – kaum habe er das Pferd dem Stallknecht überlassen können, und er bitte zu verzeihen, daß er in Reitstiefeln . . . denn – das da habe er mitgebracht.

Jérôme war ins Zimmer gekommen, Katharina stand neben ihrem Stuhl – fühlbar zitterte etwas Entscheidendes im Raum.

Abbatucci trat nahe an Jérôme heran und zog etwas Schmutziges aus der Tasche, etwas Eckiges, Unregelmäßiges und hielt es dem Exkönig mit bebenden Fingern hin: ein Stein, in verschmiertes Papier gewickelt, verklebt und verschnürt – aber Abbatucci hatte die Hülle schon abgelöst und nur flüchtig wieder um den Brocken geschlagen. Jetzt hielt er den weißlichgrauen Streifen vor Jérômes Augen.

»Trinette! Trinette! Hör doch!« flüsterte Jérôme erregt, »lies!«

Katharina beugte sich über den Stein, über das aufgefaltete Papier: Da stand, mit langen schleifigen Buchstaben schnell hingeworfen, in dunkler Tinte: »*Les hirondelles sont en vol!*«

Der Bote lachte erleichtert, er hatte schon längst verstanden; Jérôme wurde bleich und faßte nach Katharinas Hand, und die Exkönigin stützte sich auf den Arm ihres Mannes – *en vol*, im Flug, die Schwalben sind im Flug!

Das war nicht anders zu deuten als: Der Kaiser ist aufgebrochen, er ist im Anmarsch . . .

»Wir haben keine Zeit mehr, uns zu freuen . . .« sagte Katharina ernst, als sie Jérômes Augen übermütig leuchten sah, »sie passen auf, sie werden ihn bald entdecken, und dann sind wir Gefangene!«

Sie drehte sich zur Tür, wo eben, lautlos fast, ein Lakai eintrat: Lautlos gingen und kamen sie, Kammerdiener und Kammerherren, Zofen und Ehrendamen, und niemand wußte genau, wer unter ihnen von Metternich bestochen und in seinen Diensten war.

»*Très bien, mon cher!*« sagte sie deshalb heiter, »*je vous remercie mille fois!*« Und obwohl keiner der beiden Herren annehmen konnte, der indifferente Dank gelte gerade ihm, verneigten sich beide, Gatte und Bote, und gingen zur Tür.

Katharina blieb zurück mit ihren Damen, sehr gefaßt, denn es war schon beschlossen, was jetzt geschehen sollte. Der König war in Gefahr – Österreichs Agenten würden ihn jetzt als Feind behandeln, er mußte fliehen.

Für Katharina – sie sprach kaum von sich – hoffte man auf die Fairneß der Höfe.

Ein Kanonenboot, das Depeschen gebracht hatte, wurde im Hafen festgehalten, der König legte sich ins Bett und ließ durch Katharina die Nachricht von seiner Erkrankung verbreiten; in der Nacht nach der alarmierenden Meldung schiffte er sich, von zwei Adjutanten und einem Kammerdiener begleitet, ein.

Es war höchste Zeit gewesen, schon am Morgen kam ein Bote Metternichs, um das Paar aus Österreich zu verbannen: Sie hätten nach Prag auszureisen.

Katharina war jetzt eine Gefangene, aber Jérôme hatte sich in Sicherheit bringen können – freilich war es eine recht zweifelhafte Sicherheit, denn ganz wie bei seiner Flucht aus Baltimore mit Elisa, geriet er in einen bösen Sturm, fast kenterte sein Kanonenboot, mühselig wurde es bei Nacht wieder seetüchtig gemacht, und im Tageslicht, kaum wieder auf der Route nach Frankreich, sichtete man englische Schiffe.

Dreimal sah es so aus, als sollte Jérôme sein Abenteuer nicht überstehen, aber jedesmal half ihm sein sprichwörtliches Glück.

Sogar die verfolgenden Österreicher konnte er

täuschen, und schließlich, zweieinhalb Monate nach Napoleon, erreichte er den Golf Juan, am zweiundzwanzigsten Mai, während der Kaiser, den seine unwiderstehliche Ausstrahlungskraft inzwischen durch die schnell umgestimmten, jubelnden Franzosen weitergetragen hatte, schon in Paris war.

Nach der Landung am elften März hieß es im *Moniteur*, das korsische Ungeheuer habe es gewagt, seinen Fuß auf Frankreichs geheiligten Boden zu setzen, aber je näher Napoleon mit seinem ständig anwachsenden Heer kam, desto versöhnlicher, ja devoter wurde der Ton der Gazetten, desto ehrenvoller die Titel des Herannahenden, und aus Paris, das ihm nach der kampflosen Flucht des jammernden Ludwig zufiel, tönte es schwelgerisch, voller Lobeshymnen und kriechender Ergebenheit.

Jérôme ließ seine Begleiter in Montélimar zurück und stieß eilig zum großen Bruder.

Er habe ihn ganz als den alten angetroffen, schrieb er mit Geheimkurier an Katharina, er sei ohne Vorwürfe und voll Herzlichkeit empfangen worden, und er selber, da ihn das Geschick von allem Königsglanz entblößt habe, wolle nur noch dienen und helfen und wäre sogar mit der Führung einer Kompanie zufrieden, wenn er nur kämpfen dürfe.

Und dann folgte dem dramatischen Auftakt das gloriose Schauspiel der wiedervereinigten Familie, des glänzenden Hofes, Demonstration der unerschütterten Macht, der blendende Rausch eines gigantischen Festes.

Auf dem Maifeld bei Paris sammelte der Kaiser alles, was ihm vorher zugejubelt hatte und, wie er glaubte, trunken vom wiedererstandenen Licht ihm treu ergeben war.

Jérôme wurde dazu berufen, in weißleuchtendem Atlas an der Seite des Kaisers zu stehen, neben Lucien und Joseph, den Imperator flankierend, der ohne die Kaiserin antrat.

Am dritten Juli wurde Jérôme zum Generalleutnant der Armee ernannt, die freilich unter dem Befehl des Generalleutnants Reille stand. Tatsächlich war der »Kleine« nur mit einem flimmernden Titel, mit Stäben, Ordonnanzen, Adjutanten dekoriert worden, ohne eigentlich Befehlsgewalt zu haben. Reille rückte nach Avèsne vor, nachdem er – mit einiger Verzögerung – seinen militärischen Stab zusammengestellt hatte, im Hin und Her zwischen dem Kaiser und dem Brüderchen, das unbedingt einige westfälische Offiziere zu behalten wünschte . . ., und dann ritten sie, nach Napoleons großem Plan, gegen Waterloo.

Katharina war in Triest geblieben, täglich von Agenten Österreichs bespitzelt, wie eine Gefangene kontrolliert, unter Hausarrest. Von Jérôme hatte sie keine Botschaft mehr. Sie schrieb an Metternich, an den österreichischen Kaiser, an ihren Vater. Aber alle verlangten weiter ihre Übersiedlung nach Prag. Sie hoffte noch immer, ihren Vater umzustimmen, er mußte doch einsehen, daß sie

211

sich, wollte sie einen Rest von Selbstachtung behalten, nicht von Jérôme trennen konnte.

Schließlich war der Druck übermächtig, sie wurde mit höflicher Gewalt zur Abfahrt nach Prag gezwungen. Wenigstens erlaubte man einen Aufenthalt in Graz – und dort lag eine Nachricht ihres Vaters für sie: Kaiser Franz und Metternich hatten ihm nahegelegt, der umherirrenden Frau Zuflucht zu gönnen – in einem geheimen Brief war Friedrich gemahnt worden, vor der Welt seiner Vaterrolle nicht untreu zu werden; das allerdings erfuhr Katharina erst viel später.

Napoleon marschierte. Ein ganz anderer, neuer, böser Ton dröhnte plötzlich durch die Gegend, es war, als schwebe jetzt, lang schon unterschwellig brodelnd und grollend, die düstere Wolke unmittelbar über den Marschierenden, über dem Land, über der Welt.

Es war Zeit. Es war Zeit, daß alles endete, der Glimmer und Flitter, der Aufwand und Umtrieb, das goldgestickte und purpurgewirkte Gehaste und Gezirpe, alles Angeleuchtete und künstlich Erhellte.

Ein Paukenschlag, nicht mehr napoleonisch, sondern aus dem Unsichtbaren, schien sich vorzubereiten, und Jérôme, der flatterhafte Schönling, spürte ihn voraus. Seine Kameraden sprachen leise von seiner Bedrücktheit und seiner deprimierten Stimmung. Die Schlachtreihen formierten sich. Die Heilige Allianz war jetzt entschlossen, den

Kaiser, den Erzfeind, den Störenfried allen gewohnten Brauchs, zu vernichten. Man hatte Jérôme alte bewährte Soldaten beigegeben, erprobte Kriegsleute, gehärtet und gut ausgerüstet, die fast alle Schlachten des Kaiserreiches mitgemacht hatten. Mit ihnen, unter Reilles Kommando, überschritt er die Sambre, griff an, schlug den Feind zurück, nahm eine Stellung auf der Straße von Quatre Bras.

Am sechzehnten lief der Vormarsch weiter, und jetzt ging es um den alten Wald von Bossu; aber da kämpften Schotten und »Orangisten«, Holländer, und die waren zäh, so wild und hart wie die Franzosen. Endlich, mit einer verzweifelten Anstrengung, immer wieder anstürmend und mit gelichteten Reihen – da und dort und zwischen den Vorstürzenden fielen die Kameraden, brüllend oder stumm, blutig zerrissen und blaß hingemäht – eroberten die Franzosen den Wald, das kleine Waldstück – zerfetzte Büsche, entrindete Stämme, verkrümmte Glieder und zerschmetterte Gesichter im Ring hinter den Erschöpften.

Jérôme wurde von einem Schuß gestreift, der an seinem Degenknauf abprallte, sein Oberschenkel blutete, die helle Hose färbte sich, er schwankte, hielt sich aber auf seinem weißen Pferd. Man konnte es ins Strauchwerk zerren und ihn schnell verbinden, aber er blieb im Sattel, da er den Bajonettangriff des gefürchteten Herzogs von Braunschweig anbrausen sah, der mit blanker Waffe losbrach.

Wie ein gigantischer Kamm, Zahn an Zahn, rasten die Verbündeten heran; und lückenhaft – ausgebrochene Zinken, zerfetzte Linie – prallten sie zurück. Der Braunschweiger hatte Schreckliches geleistet: Westfalen, Hannover, Hessen mit ein paar Bataillonen überrannt, »heimgeholt ins eigentliche Vaterland«, und er war ein guter Taktiker, er hatte Valmy verzögert und dann, gegen die ausgebluteten Sansculotten, »gewonnen«, verebben lassen im Schlamm verregneter Märsche. Aber jetzt, hier, am unerbittlichen, unmenschlich harten Widerstand der Franzosen – es waren die Alten, die Garde, die mit gebleckten Zähnen standen –, brach sich der Elan der Verbündeten.

Der Braunschweiger fiel, von einer Kugel in den Leib getroffen, schreiend und schnell verstummt. Man brachte Jérôme seine beiden Sattelpistolen.

Doch als die Führer abends über das verdämmernde Feld hin blickten, das wie ein groteskes Blumenbeet von den Uniformen der liegenden Soldaten gesprenkelt, von ziehenden Schwaden gestreift war, sagte der Marschall Ney, der Feind habe, im Ergebnis, alle seine Stellungen halten können.

Der Junimorgen kam, blitzend hell, zu früh herauf. Bis zum Kommandohügel gellte ein langhallender Schrei, ein sterbendes Pferd lag nicht weit, das sich die Nacht über gequält hatte. In der grellen weißleuchtenden Sonne war die Horizontlinie plötzlich dunkel, blau, rot, bräunlich, begrenzt von einer erschreckenden Kontur: Wellingtons

Soldaten drängten vor, unaufhaltsam gegen die er-
matteten Leute des Kaisers. Furchtbares Feuer dagegen . . ., aber die Briten setzten sich fest im
Wald von Soigne, am Mont Saint Jean. Reilles
Truppen standen vor dem Schloß Hougoumont,
am Hügel; sie hatten Befehl, den Wald zu nehmen,
aber nicht weiter vorzustoßen; entsetzliches Rin-
gen, General Bauduin fiel an der Spitze seiner gelichteten Truppe.

Jérôme, ganz er selber, konnte nicht stillhalten,
er wollte noch weiter vordringen, das Schloß nehmen, Ruhm ernten, er allein . . . Er sah nicht, daß
die Engländer aus gesicherten Stellungen feuerten,
und wollte nicht sehen, wie der knatternde, pfei-
fende Tod seine Leute hinmähte: fünf Stunden um
einen Wald, Blut und unausdenkliche Qual, und
Hin und Her zwischen den Gegnern, und die
Bäume, die Pferde, die Wehrlosen starben stumm,
auch sie bluteten.

Jérôme war keinen Augenblick ausgewichen,
und als die verkrampften, verknoteten Linien sich
eine Weile voneinander lösten, rief Napoleon seinen Bruder zu sich: »Ich habe Sie verkannt, *mon
frère*, man kann sich nicht tapferer schlagen!«
(War's noch immer der große Taktiker, der den
Gehilfen in verzweifelter Lage bei der Stange halten
wollte? Oder wirklich der ergriffene, erschütterte
Bruder?)

Wellington ließ seine Engländer immer und immer wieder anrennen, ausbluten, schreiend veren-
den, und als der Abend kam, seufzte der Herzog

215

auf seinem Feldherrnhügel: »Ich wollte, es wäre Nacht oder die Preußen kämen!«

Verbissen kämpften die Schotten, die königlichen Eliteregimenter.

Und endlich, endlich – da ritten Blüchers Dragoner an, frische Truppen, vom »Marschall Vorwärts« selbst geführt, und mähten nieder, was ihnen noch entgegenstand – nein, doch nicht – aus dem wogenden Meer von Leibern und den Strömen der Flüchtenden hob sich ein starres Karree heraus, wie ein Block: Im Viereck stand die Garde inmitten des Taumels und im Kern des zerfetzten Chaos – die alte glorreiche Garde stand unter ihren zerrissenen Fahnen. »Die Garde stirbt – aber sie ergibt sich nicht.« Pendelndes Wogen, vor und zurück – und immer noch das starre Karree – da preschten sie herein wie apokalyptische Reiter, Wellingtons Kavallerie, und zertrampelten die Leiber, die Köpfe, die Rücken, und mit der Panik schwemmte alles davon, was noch laufen konnte, und alles löste sich auf.

Napoleon trennte sich von Jérôme und sammelte die Versprengten um sich. Es war sieben Uhr abends am 18. Juni 1815.

Der Rest der Armee zog sich nach Avèsne zurück, und dann nach Laon. Am 22. traf Napoleon mit den Geschlagenen ein, er gab dem Marschall Soult, den er dort fand, den Oberbefehl über seine Leute.

Jérôme, ganz ohne Funktion, ohne Hoffnungen, kehrte nach Paris zurück. Schon im März 1814 hatte Napoleon in Laon durch Blücher eine schwere Niederlage erlitten – nun war dies hier Ende und Abgrund, und Jérôme, ahnungsvoller als früher, hatte ihm das warnend vorhergesagt.

Er fand Paris im Umbruch und hörte, wie ein schallendes Geläute von allen Seiten, nichts als das: »Er hat abgedankt!«

Er trat vor den düsteren Besiegten, klagte, er habe keinen Sou mehr, und erhielt 100 000 Francs als Weggeld. Aber gleich darauf kam die Weisung Fouchés, er habe sich sofort aus Paris zu entfernen. Jérôme floh Hals über Kopf . . .

Er brach noch in der Nacht mit dem Baron Gayl und einem Diener auf, flüchtete zuerst in das unbewohnte Schloß Douy, wohin ihn sein berüchtigter Freund Hainguerlot führte, irrte dann ein paar Wochen in den Nachbar-Departements herum, immer beschattet, immer ungesichert und gejagt. Schon wieder ohne Geld . . . Endlich langte er in der Nähe von Niort an, ließ sich als Weinhändler eintragen und mietete ein Vergnügungslokal. Er müsse eine Schiffsladung nach Amerika vorbereiten – ein Vorwand, der ihm die Verbindung mit Schiffseignern möglich machte; und er dachte wirklich daran, mit seiner Familie nach Amerika auszuwandern, das er ja kannte, wo er vielleicht auch endlich seine »amerikanische Frau«, wie er Elisa nannte, treffen und den Sohn kennenlernen wollte.

Aber der Präfekt des Departements Deux-Sèvre, Curzay, der einmal Beisitzer im Staatsrat des kai-

serlichen Reiches gewesen war, verweigerte die
Ausreise, da er fürchtete, als Bonapartist zu gelten.

Ohne die Gesellen erkannt zu haben, meldete er
sie und ihr Ansinnen bei Fouché.

Fouché, undurchschaubar und immer auf alle
Karten setzend, verriet Jérôme, daß er in Talleyrand und Decazes seine übelsten Gegner zu fürchten habe, und wandte alle Macht und Gerissenheit
auf, um Jérôme zu retten . . . Wieder war Abbatucci der Bote, der den Ausweg zeigte: Man möge
rasch nach Paris zurückkehren und sich dort verbergen, sonst drohe die Einkerkerung in der Festung Wesel: Haussuchungen bei Decazes, bei drei
ehemaligen Mätressen Jérômes, bei seinen Dienern. Indessen saß er bei einem korsischen Landsmann, Chiappe, einem ehemaligen Konventsmit-
glied. Sie verhafteten den Sekretär Filleuil, Hainguerlot war nicht aufzutreiben.

Fouché, immer besorgt, sich für alle Fälle ein
Alibi bei den Bonapartes zu sichern, drängte end-
lich beim württembergischen Geschäftsführer
Wintzingerode darauf, daß man für ein Asyl bei
König Friedrich sorgen solle – inzwischen möge er
doch dem Exkönig von Westfalen bei sich in der
Botschaft einen gesicherten Unterschlupf geben,
im Schutz der Exterritorialität.

Wenige Tage später kam Friedrichs Antwort: Er
sei bereit, auch den Schwiegersohn in seinem Land
unterzubringen, im Göppinger Schloß, unter der
Bedingung, daß er die Grenzen nie ohne seine,
Friedrichs, Erlaubnis überschreite, und Jérôme

wußte, was das hieß: eine kaum gemilderte Gefangenschaft unter ständiger Aufsicht, ohne Mätressen und das gewohnte Amüsement – jedenfalls würde dort alles viel schwieriger werden. Es würde Katharinas Stil sein . . .

Inzwischen wuchs der kleine Jérôme heran, ein heiteres Kind, aber ein wenig nervös, verstört durch den ständigen Wechsel seiner Gouvernanten, auch durch die tränenreichen Auftritte mit seiner Mutter, die ihn, da Fifi fehlte, mit der ganzen Gewalt ihrer mütterlichen Leidenschaft zudeckte.

Plötzlich, noch immer ohne Nachricht von ihrem Mann, fing sie an, das braune Kind der Baptisteria herbeizuwünschen, als Spielgefährten des kleinen Prinzen oder als Garant für Fifis Heimkehr, der an ihm schuldig geworden war. Sie wollte erziehen, verwöhnen, liebkosen. Sie ließ nachforschen, aber König Friedrich, dem solche Pläne gemeldet wurden, schüttelte den Kopf. Was der Verbrecher Lecamus – der er in seinen Augen war – mit dem Buben der Negerin angefangen hatte, war ihm gleichgültig, ja, er fürchtete Komplikationen. Trotzdem erreichte Katharina durch eine Kammerfrau, die ihr blind ergeben war und dunkle Kanäle kannte, daß man nach dem Makler forschte, dem Lecamus das Kind verhandelt hatte. Das brachte freilich nicht mehr ein, als daß der finstere Ehrenmann Lecamus sich an Katharina heranmachte und andeutete, wenn sie dem Makler nicht mit Geld gefällig sei, ergehe es dem Hieronymus schlecht.

Indessen ließ Jérôme sie immer noch im Ungewissen – er hätte sich verraten, wenn Briefe abgefangen worden wären, erklärte sie ihren Damen.

Fouché jonglierte, wie es seine Methode war: Jérômes Irrfahrten ließ er hindern und fördern, je nachdem er sich seine Aktivitäten von den Bourbonen oder den Bonapartes bezahlen ließ; er verzögerte etwa die telegraphische Meldung von Jérômes Herannahen bis zu einem Nebelmorgen, an dem die Lichtsignale schlecht verständlich waren und zu spät entziffert wurden, so daß Jérôme über die Grenze entwischen konnte; er war in Karlsruhe, ehe Fouché offiziell etwas erfuhr, und konnte dezent weitergelenkt werden.

Katharina hatte wieder und wieder an ihren Vater geschrieben, und endlich sagte der König von Württemberg, freilich vage und ungenau, seinen Besuch in Göppingen an; das Schloß hatte er seiner Tochter einigermaßen wohnlich einrichten lassen.

Da kam Lecamus, geschmeidig und widerlich, und das Gespräch mit ihm erschöpfte Katharina wie ein Fieberanfall. Er sei, sagte Lecamus, eben noch unter Gefahren hierhergelangt, man habe ihm das Kind Hieronymus entrissen, es sei krank, es sei auch böse und starrsinnig und habe seine Wachen verärgert, und er, der eigentlich nichts damit zu tun habe, sei nun gezwungen gewesen, es unter Opfern – er habe die Leute bestechen müssen – freizukaufen und anderswo unterzubringen, bei einer Bekannten, da die Mutter tot sei und da man ja wisse, woher der Knabe stamme, bei einer Bonapartistin, die sich ihrerseits verbergen müsse . . .

Alles klang unklar, verschwommen und schlei-
mig, und Katharina stand endlich ungeduldig auf
und verlangte, daß Hieronymus hergebracht werde, jetzt sofort und ohne Umschweife; sie werde
das mit ihrem Gatten und ihrem Vater regeln.

Lecamus verlangte wieder Geld, da alles geheim
und auf Umwegen gemacht werden müsse, und sie
gab ihm, was er verlangte. Dann endlich ging er.

Im Frühherbst, unter dem windigen Himmel,
saß sie am Beginn der Allee, unter den beschnitte-
nen Büschen zwischen den Damen; zwei Wachsol-
daten, trabten gelangweilt hin und her, als am Tor
Unruhe aufkam und ein Bauernwagen sich rasselnd
vordrängte, aus dem ein Bursche heraussprang, ehe
der Karren schnell davonstiebte, von den Soldaten
am Tor verfolgt, die nach ein paar Schüssen von
ihm abließen.

Katharina hielt den Jungen zurück, der sich da-
vonmachen wollte; sie fragte nach seinem Namen.

»Hieronymus!« murrte er, ein struppiger, derb-
knochiger, breitlippiger Kerl, fünfzehn oder sechzehnjährig, und blieb mit gesenktem Kopf vor ihr
stehen.

»Du?« fragte Katharina ungläubig – aber er nickte.

Dann kamen die Wachen zurück, man schubste
den Menschen ins Schloß, um ihn auszufragen, und
Katharina blieb wie gelähmt sitzen.

Sie fragte Lecamus, der sich in der Nähe herum-
drückte, wie der Junge denn überhaupt hereinge-
kommen sei?

»Mit dem Ausweis!« sagte der Bursche.

»Welchem Ausweis? Von wem? Von meinem Gatten? Wissen Sie von ihm?« Sie zitterte heftig.

»Ach ja!« machte der Eindringling aufgeschreckt, »Seine Majestät hatten die Güte . . .«

»Wo? Wo war er?«

»Das ist lang her, inzwischen sind Seine Majestät schon lange dort weg . . .«

Katharina wollte den Ausweis sehen, läutete nach dem Aufseher.

Da hatte Lecamus wirklich einen Zettel mit dem württembergischen Staatssiegel. Katharina war es endlich zu dumm, noch weiter zu fragen – vielleicht steckte Fouché dahinter, von dessen Allgegenwärtigkeit sie inzwischen einiges »Wunderbare« erfahren hatte.

Draußen hörte sie Geschrei: Ihr Söhnchen, verwöhnt und ein bißchen raffiniert, hatte von dem Burschen verlangt, mit Pfeil und Bogen auf eine Scheibe zu schießen, und da man dem kleinen Prinzen, der kaum den Bogen halten konnte, nur lachend widersprach, hatte der andere ihn gepackt, den Pfeil aufgelegt und blitzschnell auf eine Glaskugel gezielt, die auf dem Rasen stand. Als das blaue Ding mit einem dünnen Zirpton zersplitterte, weinte der Kleine und lief hin, um die Scherben aufzuklauben, die weit verstreut herumlagen. Er schnitt sich, der Finger blutete, er heulte, Katharina hastete hinaus und schickte instinktiv dem Großen einen bösen Blick nach, als der eilig davonlief.

Nachdem das Prinzchen verbunden und beruhigt war, rief sie den Hieronymus herein.

Fragend und ärgerlich nahm sie ihn vor, aber was herauskam aus dem mürrischen Mund, war nur wirres Gerede. Sie spürte, daß man sie belogen hatte: Das war ein untergeschobener Hieronymus und nicht das Kind Jérômes, und sie hatte ihre Hoffnung, ihre Geschenke, ihre Erregung vertan.

Sie ließ den Lecamus suchen, aber der war verschwunden. Danach schickte man den Knaben »Hieronymus« zu den Nonnen, die ihn aufnahmen, auf Bitten Katharinas und ohne nach seiner Abstammung zu fragen; wo der echte, Jérômes anmutiges Ebenbild, sei, fragte sie nicht mehr, seit sie die widerliche Miene des Lecamus gesehen und seine Maskerade durchschaut hatte.

Jérôme schrieb nicht.

Sie wartete immer noch; sie schrieb noch einmal an ihren Vater und bat ihn zu kommen, sie hoffte auf seine Einsicht, auf Mitleid und irgendeine zuverlässige feste Wesenheit, die ihr in all dem Nebel, zwischen Intriganten und Spionen, tröstlich wäre, auch wenn's eine feindselige, harte Sicherheit war.

Endlich kündigte man das Kommen König Friedrichs an. Bei seinem Besuch gab es dann allerlei gefühlvolle Worte, auch Tränen auf Katharinas Seite und einiges Gebrumme und Gemurre des Königs, da sie nicht aufhörte, ihr Los zu beklagen. Er sagte ihr, wenn sie jetzt, nach der blutigen Entscheidungsschlacht und nachdem das Blatt sich entschieden gegen Napoleon gewendet habe, noch immer zu dessen Bruder halte, so stelle sie sich zu seinen, des Vaters, Feinden; er sei durch Abmachungen fest an seine Bundesgenossen gekettet. Er hätte es, sagte er unumwunden, lieber gesehen, wenn sie dieses Kind, so niedlich es sei, nie geboren hätte, nachdem sie so lange kinderlos gewesen war; dann hätte sie freier zurückkehren, vielleicht eine zweite Ehe schließen können, wie es manch andere, sogar Marie Louise, wenn auch nicht einmal legitim, anstrebte.

Aber jetzt, das könne er ihr versichern, sei der Kaiser ohne Gnade als Staatsgefangener auf eine weit entfernte und kaum mehr zugängliche Stelle im Weltmeer verbannt worden, als Feind Europas und der zivilisierten Welt, und alle, die es mit ihm gehalten hätten, könnten dankbar sein, wenn man sie nicht ähnlich behandele.

Katharina schwieg lang und schluckte ihre Tränen. Dann sagte sie, eigentlich ohne Zusammenhang: »Seit Waterloo ist sein Stern erloschen, obwohl Jérôme sich dort als Held erwiesen hat.«

Friedrich, auf einem allzuleichten Stühlchen ihr gegenübersitzend, stand auf, als traue er dem zierlichen Möbelstück nicht zu, sein Gewicht auf die Dauer zu tragen. »Ich will dir etwas sagen, Kind« – (er sprach sie jetzt nicht mehr wie früher, als Königin, mit ›Sie‹ an) »hör mir gut zu: Sein ›Stern‹, wie du es so pathetisch nennst, ging schon vor Moskau unter, und – ich hatte ihn gewarnt.

Ich habe noch die Kopie des Briefes in meinen Archiven, den ich ihm damals geschrieben habe, aber – er wollte mir nicht glauben. Wahrscheinlich, Trinette, wäre sonst alles anders.«

Katharina saß schweigend vor ihm, der seiner Gewohnheit nach auf- und abstapfte, schwerfälliger freilich als Napoleon, sie sah die Silhouette seines riesigen Körpers gegen das Fenster und dachte besorgt, wie stark er geworden sei, wie massig, und daß er heftiger nach Luft ringe als früher.

Katharina war erschrocken, nicht nur aus dieser plötzlichen Erkenntnis heraus: Er wird alt, er verfällt . . ., denn noch während sie das beinah körperlich spürte – den drohenden Verlust –, verstand sie auch, was er da angedeutet hatte: Napoleons Vorwurf, Jérôme habe durch sein gewissenloses Zögern in Grodno den ersten vernichtenden Schlag gegen den russischen General Bagration gelähmt, den Kaiser entscheidend geschwächt, war widerlegt, abgestritten, abgetan. Der liebe Fifi war – sie hatte es immer gewußt – unschuldig.

»Papa, *mon cher père!* Was hast du ihm gesagt, dem Empereur? Was hat er nicht wissen wollen?« fragte sie drängend, und Friedrich, auf seinem Rundgang durchs Zimmer, blieb stehen.

Er sah sie aus kleinen Augen beobachtend an.

»Es ist jetzt längst ohne Bedeutung, *ma fille*, die Sache damals mit dem Betrüger; er hieß Leppich und nannte sich gelegentlich Schmidt – und dir nutzen die alten Geschichten heute nichts mehr – also, was soll's damit?«

»Mir bedeutet es sehr viel, Vater; wenn du es sagst, ist es wahr und belegbar und richtig – sprich davon, *mon père* – ich weiß so wenig, und Jérôme – *le roi, mon épous* – er schreibt so selten . . .«

»Du kannst ihn ruhig beim Vornamen nennen, Tochter, denn König ist er nicht mehr, und daß er dein Mann ist, Gott sei's geklagt, weiß ich nachgerade . . .« Er setzte sich wieder, diesmal in einen breiten Sessel, und versuchte, ein Bein übers andere zu schlagen, ließ es aber ächzend bleiben. Dann sagte er langsamer, mit einem listigen Lächeln: »Er schreibt seit vierzehn Wochen nicht mehr . . . *n'est-ce pas?*«

Katharina sprang von ihrer Bergère auf. »Woher weiß du das denn?«

»Man ist leider gezwungen, deine Post zu kontrollieren!«

Katharina lief zur Tür, sie drückte ihr Tuch vor die Augen. »Papa!«

»Ja, mein Lämmchen – daß es nur soviel war, was man mir auslieferte, verdankst du meiner Lässigkeit, einer väterlichen Toleranz, die dir manchen verliebten Seufzer durchgehen ließ und weiterzuleiten erlaubte – schließlich ist es dem Kind zu gönnen, wenn es in seiner rosa Wolke bleibt, im süßen Liebeswahn, in der Illusion des Glücks . . .« Er sah auf einmal aus, als freue ihn jede Quälerei, als wäre er nicht mehr der Vater.

Katharina fiel das Wort von der Katze und der Maus ein, das grausame Bild von damals, als er ihr die Entscheidung über ihre Heirat erklärt hatte, und sie straffte sich. »Es ist gar nicht so wichtig, Vater, laß nur.«

»Doch, freilich, ich werde dir den Artikel aus dem *Moniteur* zusenden, Kind«, sagte er unverhofft beschwichtigend; danach ging er bald, und sie meinte, er sehe irgendwie zusammengefallen und erschöpft aus, und fühlte das alte Mitleid, das sie jedesmal schwach machte, das gleiche, das Jérômes Eskapaden verklärte und vertuschte.

Erstaunlich bald kam dann ein Brief des Königs mit dem Artikel aus dem *Moniteur* an, mit Eilkurier, und sogar ein reizendes kleines Notizbuch lag bei, mit Goldschnitt und ihrem Namenszug in den Saffian gepreßt und mit kleinen Korallen ausgelegt.

Katharina lächelte, weil sein schlechtes Gewissen allzu deutlich daraus sprach.

Interessanter als das schönformulierte journalistische Gerede im *Moniteur* war freilich die Abschrift eines Briefes an Napoleon. Sie wunderte sich, daß Friedrich sein Schreiben an den Kaiser preisgab . . .

»24. Oktober 1812

Mein Herr Bruder (hieß es da in seinem gediegenen Französisch), ich lese eben im *Moniteur* und anderen Veröffentlichungen die Mitteilung, daß ein Mann namens Schmidt unter der Gönnerschaft des Generals Rostoptschin in Moskau Versuche gemacht hat, um eine Vernichtungsmaschine zu konstruieren, ein entsetzliches und abscheuliches Projekt. Ich erkannte schnell, selbst unter falschem Namen, den Mann, von dem die Rede ist, er heißt Leppich und hielt sich eine Zeitlang hier im Lande auf. Nachdem Eure Kaiserliche Majestät von dem

Unternehmen, das dieses Individuum vorher verfolgte, unterrichtet war, scheint es mir noch wichtiger, daß Sie auch von den Maßnahmen unterrichtet werden, die ich in bezug auf ihn traf, und von den Bemühungen, die ich anstellte, damit Eure Majestät davon erfahre. Deshalb füge ich hier einen Bericht über die Geschichte des Leppich bei, soweit sie mein Land betrifft. Eure Kaiserliche Majestät wollen bitte in dieser Mitteilung einen neuen Beweis meiner Ergebenheit sehen und der unabänderlichen Gefühle, die ich Ihnen, Sire, gewidmet habe . . .«

Was geht mich der Leppich an, oder wie der Mensch heißt? dachte Katharina, aber dann, im Lesen, kam ihr wieder zum Bewußtsein, daß dies, was ihr Vater da scharfsinnig erkannt und als damals treuer Vasall an Napoleon weitergegeben hatte, eben doch eine Entlastung des lieben Fifi sein konnte, auch in den Augen des Vaters.

Leppich, ein – wie sich zeigen sollte – recht dunkler Ehrenmann, trat in Stuttgart als Freund des Komponisten Conradin Kreutzer auf, und was er tüftelte und bastelte, gehörte zunächst ins Gebiet der Musik: Er hatte mit Kreutzer ein Panmelodicon konstruiert, und der Musiker war als Komponist und ehrenwerter Mann bekannt – Katharina hatte sein *Nachtlager von Granada* gehört.

Also hielt man am Stuttgarter Hof auch den Leppich für vertrauenswert. Er war von Haus aus Tischler, in England Mechaniker, in Amiens Legionär, in Wien Landwehroffizier, schließlich

Hauptmann gewesen. Wegen irgendeiner üblen Geschichte mußte er den Abschied nehmen, und endlich fing er wieder mit seinen mechanischen Versuchen an und bot schließlich »einer großen europäischen Macht«, wie es im Bericht hieß, eine Vernichtungswaffe an, wurde aber abgewiesen. Wieder in Stuttgart und mit Kreutzers zuverlässigem Ruf garniert, angeblich mit dem Panmelodicon befaßt, werkelte er tatsächlich an einem lenkbaren Flugapparat herum, verbrauchte viel Geld und machte einen Vertrag mit einem reichen Holländer, der an sein Projekt glaubte; Kreutzer trennte sich von ihm.

Schließlich, als die Kosten des unsicheren Unternehmens stiegen, überwarf er sich auch mit dem Geldgeber.

Katharina las sich fest – sie schickte die Kammerfrau weg, die ihr die Schokolade bringen wollte – und stieß dabei auf die heimatlichen Namen, und immer wieder auf den des Vaters: »Der König, in Unkenntnis seines Charakters, erlaubte ihm, in dem unbewohnten Tübinger Schloß seine Experimente zu machen. Leppichs lenkbarer Schwebeballon, der, von Flügeln getragen, eine Gondel mit zwanzig Personen emporheben sollte, interessierte den König, der das Neue, Zukunftsträchtige des Planes erkannt hatte.

»Dann«, las sie, »hörte man monatelang nichts mehr von Leppich, außer daß er riesige Mengen leicht brennbaren Materials, vitriolhaltiger Flüssigkeiten und dergleichen verbrauchte – so jedenfalls munkelte man. Es gab immerhin Leute, die noch etwas von seinem »Ingenium« erwarteten, er fand neue Geldgeber, für deren Vorschüsse ein »Ausländer« gutsagte. Der König ließ sich durch seine Geheimagenten regelmäßig unterrichten, und endlich, als die Versuche sich mehr und mehr auf Explosivstoffe bezogen, forderte man ein Gutachten von der Universität Tübingen an, die zwar den Effekt der Proben für möglicherweise positiv, die ganze Unternehmung aber für reichlich »gefährlich« erklärte. Der König hielt es deswegen für seine Pflicht, die Zerstörung der bisherigen Objekte anzuordnen und den Mann aus seinen Staaten zu verbannen. Aber gleichzeitig wies er seinen Außenminister, den Grafen Ferdinand von Zeppelin an, dem Gesandten des Kaisers Napoleon vom Ergebnis seiner Recherchen Mitteilung zu machen.

Der Zeitpunkt seiner Ausweisung wurde von der Antwort auf diese Nachricht abhängig gemacht. Nachdem keinerlei Reaktion erfolgte, brach Leppich freiwillig nach Wien auf, aber heimlich kam er wieder und arrangierte sich mit dem russischen Gesandten in Stuttgart, Baron d'Alopeus; der Gesandte schickte einen Legationsrat nach Wilna zum Zaren Alexander, von wo er rasch zurückkehrte, mit erheblichen Geldmitteln, die dazu dienten, die Schulden des Leppich zu begleichen, der bald danach selbst nach Wilna abreiste.«

Nachher erfuhr man, daß Leppich sofort nach Moskau geschickt worden sei, nachdem er in Petersburg Instruktionen erhalten habe. Und als Napoleon von Smolensk gegen Moskau einschwenkte, sei Rostoptschin entschlossen gewesen, die Stadt, falls sie in Feindeshand fallen sollte, anzünden zu lassen.

Katharina setzte sich – ihr wurde schwindlig: Also, das sagten die Schriftstücke ganz klar, war ein raffiniertes Arrangement an der Vernichtung Moskaus schuld und nicht, wie man überall behauptete, Jérômes Versagen.

Ein paar Tage lang genoß Katharina die Genugtuung, wieder einen Beweis für Fifis Bedeutung zu haben; das war nötig genug, denn Fifi schwieg sich aus.

Indessen hatte sie den Kleinen, endlich den ersehnten Sohn, und in ihm eine »Quelle des Entzükkens«, wie sie überallhin schrieb; er war »hübsch, gescheit, gesund, originell« und hatte natürlich alle Züge Jérômes und einige – geniale – ihres Vaters. Und er war zärtlich und eigenwillig, und täglich zeigte sie ihm das Porträt seines Papas, und wenn man ihn fragte, wo er sei, zeigte er mit seinen kleinen dicken Fingern darauf.

In dieses Idyll voll »liebenswerter Gänseblümchen«, wie Friedrich es nannte, platzte ein unerwarteter Donnerschlag: Herr von Stoelting, Sekretär Katharinas, wurde in der Nacht vom 23. zum 24. Juni 1814 verhaftet und nach Ulm gebracht unter der Anklage, ein Komplott zur Entführung des kleinen Prinzen angezettelt zu haben, um diesen seinem Vater zuzuführen. Friedrichs Brief versetzte Katharina in Schrecken und Empörung. Der

König gab keine Erklärung für die Verhaftung, deutete nur an, daß er wichtige Gründe und für diese unzweideutige Beweise habe – er sagte nichts davon, daß der Auftraggeber Jérôme hieß, wie ihm seine Agenten angeblich gemeldet hatten (und sie sollte es auch nie erfahren).

Ob das Ganze ein Vorwand Friedrichs war oder ob er aus Zartgefühl der Tochter verschwieg, daß der geliebte Fifi einen so heimtückischen Plan ausgeheckt hatte – das blieb ungeklärt.

Friedrich schrieb lediglich: »Meine liebe Tochter, es schmerzt mich, daß ich gezwungen bin, den sogenannten Stoelting von Dir zu entfernen, aber kriminelle Unternehmungen, die gegen Deine Ruhe gerichtet waren und Deine innere Herzensfreude untergraben hätten, ebenso wie die Sicherheit der Regierung, unter der er gegenwärtig lebt, verlangten unweigerlich seine Festnahme. General Brusselle ist beauftragt, Dir Einzelheiten mitzuteilen, die zu dieser Maßnahme geführt haben, obgleich ich hoffe, daß dieses Unternehmen sich für Dich erträglich anläßt ... Ich umarme Dich, meine liebe Tochter, und bin ohne Unterlaß Dein guter Vater.«

Katharina reagierte mit zwei aufgeregten Briefen. Stoeltings Entlarvung hatte Jérôme übrigens selbst verschuldet; sein Brief an einen Oberstleutnant von Bosse war König Friedrich in die Hände gefallen: » ... geben Sie ihm eine kleine Zulage, mit Bewilligung der Königin. Ebenfalls dem Hausschneider, er hat sich bei der Entführung gut ge-

zeigt . . . dem Küchenmeister traue ich sehr . . .«
etc.

Ahnungslose Trinette! Von Jérôme betrogen,
vom Vater geschont – oder doch intelligenter und
scharfsichtiger als es schien? Als sie zeigte?

Inzwischen hoffte sie auf das Wiedersehen mit
Jérôme, den sie, noch nach allen Enttäuschungen,
liebend und dankbar empfangen würde – in einem
Gefühl der Inferiorität vielleicht? Oder doch sehr
klar bewußt und in einem starren Trotz, der verbergen sollte, daß sie litt?

Dabei hatte man Schulden, Fifi würde deren
noch mehr haben, wenn er kam, und sie mühte
sich, überall Kredite, Darlehen, Renten, Apanagen
zu erbitten, beim Vater nicht mehr, dessen Gefangene sie war, aber doch beim Habsburger, beim
Zaren, bei den Bourbonen . . .

Napoleon saß auf Sankt Helena, dem rattenver-
seuchten kahlen Felsen, denn jetzt, nach der zweiten völligen Niederlage, wurde er nicht mehr ritterlich als Besitzer eines kleinen Gebietes behandelt,
das ihn immerhin an seine Heimat erinnern konnte,
sondern als Staatsfeind, als Vernichter und Ungeheuer, und sein Bewacher, Hudson Love, war ein
kleinlicher und rachsüchtiger Mann. Freilich, Napoleon ärgerte ihn auch, wo er konnte, er zeigte
ihm seine Überlegenheit, seine Intelligenz, statt ihn
sich – wie hätte er das zuwege bringen können? –
günstig zu stimmen.

König Friedrich beeilte sich, sehr eindringlich an
seine Tochter zu schreiben. Sie mußte endlich be-

greifen, daß Napoleons Zeit vergangen war, daß der Kaiser endlich und völlig vernichtet war und mit ihm Glanz und Anspruch seiner Familie. Und damit auch die Verpflichtung, zu dieser Familie zu gehören, zu ihr zu halten, sie zu schonen, zumal, wenn man doch sah, wie wenig verantwortungsvoll sich dieser ihr Gatte gegen sie benahm . . .

Aber das drang nicht in ihr Bewußtsein: Nur Jérôme füllte es aus. »Mein lieber Vater«, schrieb sie ihm, »ich wäre traurig, wenn Du glauben könntest, daß die Nachricht, die ich soeben erhalte, mich zerschmettern könnte. Seit einigen Jahren bin ich vom Unglück verfolgt. Nur eine schwache Seele fällt dem zum Opfer. Die meine ist stark in ihrem Fühlen und im Bewußtsein ihrer Pflicht. Was immer das Schicksal meiner Familie sein möge, ich werde es teilen. Ich habe nie einen anderen Gedanken noch einen anderen Ehrgeiz gehabt als den, mein Los mit dem meines Gatten zu vereinen. Die Hoffnung, daß dieser Moment näher kommt, tröstet mich . . .«

Friedrich war doch angerührt – er wußte, wie schäbig politische Entscheidungen einen Menschen machen konnten; er selber, der König, hatte ja alles widerrufen und umdrehen müssen, was er an Versicherungen und Treueschwüren an Napoleon verschwendet hatte . . . Aber er hatte die Rechtfertigung durch das Wohl des Landes, seines Volkes.

Katharina schrieb an Jérôme (und Friedrich bekam eine Abschrift durch seine Agenten): »Ich brauche Dir nicht zu wiederholen, daß ich Dir überallhin folgen werde, an jeden Ort, den Du mir bestimmst und den man uns bestimmt. Du bedeutest meine Seligkeit, mein Glück. Die Heimsuchungen, die uns treffen, sind furchtbar, Jérôme, aber was wiegt aller Hohn des Schicksals, wenn Du mir bleibst.«

Friedrich lächelte, und da es ihm schwerfiel, seinem ganzen Wesen nach, dem alle Nuancen fremd waren, lachte er laut. Er las wieder, was sie vor langem geschrieben hatte – »seit vierzehn Wochen habe ich keine Nachricht von Dir, Jérôme!«

Träume der Gefangenen

In jener Zeit machte die unglückliche Kaiserin Joséphine den Fehler, die Briefe des Verbannten aus ihrer Brautzeit einer Hofdame zu zeigen, und die, um die romantische Legende um den Märty- rer-Kaiser auf Sankt Helena zu illustrieren, hielt es für rühmlich, sie abzuschreiben. Allmählich mehr- ten sich die mitleidigen Klagen über die elende Lage des Gefangenen, und wenn auch sein Leben auf der weltfernen Insel leichter war, als er's gern wissen lassen wollte, so war es doch übel genug: Ein Ge- nius, der, noch immer sprühend von Tatendurst, dämonisch umgetrieben wurde, mußte sich all- mählich hier selber verzehren. Da nun sogar Ka- tharina (wohl kaum mit Zustimmung ihres Ge- mahls) um eine Reise nach Sankt Helena bemüht war, schickte man auch ihr eine Abschrift dieser Liebesbriefe, zu ihrer Qual (denn, so zärtlich- weich Jérôme ihr einst schrieb, solche Kraft, Lei- denschaft, herrliche elementare Wildheit hatte er ihretwegen nie aufgewendet). Sie las:

» . . . Du brichst mittags auf; in drei Stunden

werde ich Dich sehen. Einstweilen, *mio dolce amor,* tausend Küsse – aber erwidere sie nicht, denn sie verbrennen mein Blut. Buonaparte.«

»Wie hast Du es fertiggebracht, mich so ganz an Dich zu fesseln, mein ganzes Wesen in Deines einzutrinken?«

Die arme Katharina, noch immer ohne Nachricht, »trank« diese Liebesbriefe, als wären sie an sie selbst gerichtet, und spürte doch den Unterschied zwischen diesem gewaltigen, unerbittlichen Fordern und Beschenken und ihrem bunten Flattervogel, ihrem schwachen, geliebten, haltlosen Jérôme.

Dann kam er: zärtlich und charmant, elegant und voller Späße; er übersah, daß sie dicker geworden war seit der Geburt des Kindes, und übersah, daß sie darunter litt, daß sie mit kostbaren Roben und modischer Zutat, verschwenderisch und nie beruhigt, ihm zu gefallen suchte.

Göppingen hatte mehr Glanz durch die königlichen Lieferanten erhalten; das dauerte freilich nicht ewig. König Friedrich ließ das Paar plötzlich nach Ellwangen bringen, das kleiner und leichter zu überwachen war. Ellwangen, uraltes Kulturgebiet mit einem berühmten Kloster, war erst kürzlich aus bayerischem Besitz an Württemberg übergegangen, im Zug der Gebietserweiterung, die Friedrich durch zähes Verhandeln von Napoleon herausgeschlagen hatte und die ihm blieb.

Es war eine ehemalige Römersiedlung mit einem »festen Schloß«, in dem die Gefangenen – oder wie man sie nun heißen mochte – wohnen sollten, ein Herzstück des katholischen Lebens, stark von der Kirche bestimmt, und eigentlich zum Augsburger Bistum gehörig.

Friedrich hatte sich, trotz der Kriegs- und Krisenzeiten, um die Verbesserung der Landwirtschaft bemüht, die Verwaltung geordnet und Straßen regulieren lassen. Es lag ihm daran, daß seine Tochter im Schloß nicht allzu bedrückend eng gehalten werde, er machte sich die Mühe, ihr eine Beschreibung der Stadt schicken zu lassen, die er selber kommentierte; er erwähnte in einem Brief die alten Kirchen, die frühen Reste aus dem achten Jahrhundert, die Schlößchen und Palais, das Adelmannsche und in der Schloßvorstadt das der Beroldingen, und das schöne Domherrenhaus, Stiftskirche und Benediktinerkloster und vor allem das große edle Schloß, das sie aufnehmen werde . . .

Sie wehrte sich nicht mehr gegen den Befehl des Vaters, sie gewöhnte sich sogar schneller als erwartet in Ellwangen ein.

Langsam gingen die Tage vorbei, Katharina träumte, wenn nicht im Wachen, so jetzt oft, quälend oft, im Schlaf. Aber es waren nicht immer düstere Träume. Einmal, schon im halben Bewußtsein, standen die Kinder vor ihr, greifbar deutlich, blühend-rosig das eigene, der kleine Jérôme, und neben ihm der braune Hieronymus, schon ein Jüngling, und hinter ihm ein blonder, noch älter, blauäugig, der Sohn der Patterson, und dann auch das Kind der Serena, das sie gestillt hatte, Cristina, mit großen dunklen Augen, und sie bewegten sich als ein Tanz, ein Reigen, ein Wirbel auf und ab – Kinder wie Hoffnungen, wie Blüten, und sie erwachte aus dem verwirrten Dämmern, das sie wieder befallen hatte, wie auf einer Blumenwiese.

Sie hatte einmal ein paar Bilder des Philipp Otto Runge gesehen, die man aus Hamburg gebracht hatte; der Maler war vor sechs Jahren schon gestorben, das wußte sie. Das hier, was sie in sich sah, hätte er auch formen können: das Blumenhafte, die Regenbogenfarben, die Anmut.

Jérôme verstand nichts, wenn sie ihm davon erzählte, er schüttelte lächelnd und amüsiert, sogar flüchtig besorgt seinen Kopf, aber dann schrieb er doch an König Friedrich, er wünsche sich in Württemberg anzukaufen, vor allem Trinettes wegen brauche man ein eigenes Schloß, in dem er eine Gemäldegalerie einzurichten gedenke, er habe einiges derart gesehen, etwa die träumerischen, phantastischen Bilder des Schweizers Füßli oder einiges von diesem Runge, der Trinette gefalle, oder von Ingres oder doch etwas von David und Gros, die heroisch seien und französisch empfunden.

Dem König schrieb er keine Details, er besprach das mit Trinette, vielleicht sollte man doch auch sie selber und ihn darstellen, für die Kinder und die Späteren – nicht ganz so heroisch wie Gros den Napoleon gemalt habe, aber doch etwa in einem Samtmantel und in weißer Seidenrobe.

So träumten sie beide . . .

Friedrich antwortete ihm mit dem Verlangen, seine Finanzen offenzulegen. Das war beleidigend. Aber der König wollte genau wissen, was Tochter und Enkel zu erwarten hatten, wenn der unzuverlässige Fifi (Friedrich erhoffte es sehnlich) sie verließe. Schränke und Truhen wurden erbrochen, Geldsäcke beschlagnahmt. Katharina lächelte, sie trug die Depositenscheine im Hemd auf der Haut – aber sie weinte nachher in ihrem Zimmer. Sie gehörte jetzt völlig und unauflöslich dem Fifi, und ihr Vater war nur noch »der Feind«. Sie weinte freilich viel, allein mehr als vor anderen, und auch ihre Briefe waren, wie sie es selbst nannte, »geronnene Tränen«. Trotz seiner klarsichtigen Grobheit gingen sie dem König Friedrich an die Nerven.

Zwischen Jérôme und ihm ging es um Besitz: Jérôme wollte seine Möbel zurückhaben, die beschlagnahmt worden waren, Friedrich verlangte als Vorgabe die Preziosen seiner Tochter, ein widerliches Gezänke, das Katharina in einen hektischen Wirbel trieb, bis endlich, als die Versteigerung der Möbel kaum ein Drittel ihres Wertes gebracht hatte, Friedrichs Geduld erschöpft war und er die Ausreise nach Österreich bewilligte.

Metternich erklärte zwar, man müsse zuerst den Namen der Grafen Hartz eliminieren; also bat man Friedrich um irgendeinen Titel, und, schon wieder eitel, nahm Jérôme von seinem verärgerten Schwiegervater ein Schlößchen entgegen, mit dem er ihn zum Fürsten von Montfort ernannte.

Metternich verweigerte auch den Besitz von Erlau, das Jérôme gekauft hatte, man irrte herum, versuchte aus dem Verkauf von Stains und Villandry etwas Kapital zu schlagen, aber Hainguerlot, den man blind vertrauend als Verwalter dort gelassen hatte, erwies sich endlich als der Schuft, der er in Napoleons Augen schon lang gewesen war: Es war alles verlottert, verschleudert, verschoben, und endlose Prozesse kosteten Geld und brachten nichts ein.

Und dann, als Katharina immer häufiger in dämmernder Halbbewußtheit oder mit stechenden Herzschmerzen lag, kam eine Nachricht, die sie niederwarf: König Friedrich von Württemberg war gestorben.

Der König hatte, wie es seine Art war, ungeachtet des feuchten, kühl-regnerischen Oktobertages, in Cannstatt einen Haufen fossiler Mammutzähne besichtigen wollen, war am dreiundzwanzigsten lang an dem nassen Platz geblieben, es strömte vom Himmel, aber er duldete keinen Schirm.

Am Morgen darauf fuhr er wieder dorthin, besuchte abends ein Konzert der Sängerin Vanetti, am fünfundzwanzigsten kam ein Schnupfen auf, eine leichte Heiserkeit, die ihn ärgerte, aber als er abends zu einem Ball im Schloß aufbrechen wollte, schüttelte ihn ein Brustkrampf; unstillbarer Husten, Herzbeklemmungen; er legte sich widerwillig hin.

Der Leibarzt verordnete Umschläge, Dämpfe, Herzstärkungen. Die Frau seines Sohnes Wilhelm,

Katharina, blieb bei ihm. Sie erwartete ein Kind, und der alte kranke Mann – so alt noch nicht, aber so verbraucht – sprach mit ihr über die Zukunft des Landes. (Sie war die Tochter des Zaren Paul, Alexanders Schwester, »die Russin«.)

Manchmal brachte er die beiden Katharinen durcheinander, seine Tochter, Jérômes Frau, und diese nahe. Er starb bei vollem Bewußtsein nachts um halb zwei, zweiundsechzig Jahre alt – so sagte der Bericht des Hofes an die Exkönigin von Westfalen, die noch immer in Ellwangen lebte.

Katharina lag tagelang krank – sie war jetzt ganz auf Jérôme angewiesen, und der Vater war ohne ein versöhnendes Wiedersehen gegangen.

Dieser Vater, der »Feind«, war *doch* der Vater geblieben, Ursprung und Rückhalt, etwas Festes, ein Element, und einmal sagte sie vor sich hin: »Fifi ist eben ein – Surrogat.«

Ihr Bruder, der Erbprinz, sorgte dann, daß die vom Vater angebahnte Übersiedlung Katharinas mit Mann und Kind nach Österreich zustande kam, wieder nach Triest, wo die beiden, Jérôme und seine Trinette, sich schon halb zu Hause fühlten. Man hatte sie nicht ans Sterbebett des Vaters gerufen; er vererbte ihr nichts als den Pflichtteil, der ihr von ihrer Mutter her zukam.

Ein paar Jahre gingen hin – Illusionen, Versuche, vor sich und der Welt und vor allem vor Jérôme Schein und Flitter zu erhalten, das Bild der unglücklich-glücklichen Königin, die alles, auch die Brüskierungen, in Liebesbeweise und Huldigungen umfärbte, um ihren Stolz am Leben zu halten. Sie nahm Cristina – man gab ihr den Nachnamen »Kuß« – auf und an, sie kümmerte sich liebevoll um das Kind der Gräfin Diana Pappenheim, die niedliche Jenny, sie fragte wieder nach dem verschollenen Hieronymus, den man schließlich als Eintänzer in einer Spelunke fand, seinen falschen Doppelgänger als Knecht auf einem Gut.

Sie lächelte zu Fifis Lügen, sie suchte gerührt und bemüht nach guten, selbstlosen Zügen in seinem perlmuttschillernden Charakter.

Im Jahre 1820 gebar Katharina eine Tochter, Mathilde Laetitia-Wilhelmine, ein kräftiges Kind.

Jérôme hatte seinerseits einen neuen Traum, der ihn aufrecht hielt: einen Königstraum! David, ein Diener, hatte herausgefunden, daß vielleicht und möglicherweise der Thron von Griechenland vakant würde und daß Jérôme – »bei seiner glänzenden Vergangenheit und heroischen Anlage« – alle Chancen hätte, daraufgesetzt zu werden; wochenlang erfüllte diese Hoffnung Jérômes Gedanken und die Korrespondenz mit entsprechenden Würdenträgern die Seiten seiner Briefe und die Stunden seiner Tage.

Mathildes Geburt war ein Anlaß neuer Schwüre, neuer Zärtlichkeiten und wertvoller Geschenke, das Schloß von Triest, reizend in Weinreben gelegen, mit dem Blick auf die blaue weißgesäumte See, füllte sich mit Kostbarkeiten.

Inzwischen hörten die Fürsten von Montfort auf Umwegen von dem Gefangenen auf Sankt Helena, es hieß, er sei krank, es hieß, er sei geflohen; in Deutschland kursierte ein sensationell aufgebauschter Briefroman von August von Kotzebue: Ein Bericht der Generalin Bertrand, die mit ihrem Mann beim Exkaiser lebte, schilderte in Brieffolgen, man habe raffiniert Erkrankung, Depressionen, Geistesstörungen des Korsen fingiert, ihn eines Abends auf den steilen Felsen der Insel gebracht und verschwinden lassen, so daß die Wärter glaubten, er sei – was er oft angedroht habe – ins Meer gestürzt.

Großes Wehgeschrei der Umgebung, Verzweiflung des penibel-pflichttreuen Hudson Love, Versteck des Kaisers in einer Felshöhle und Rettung durch ein amerikanisches Schiff . . .

Eine Woche lang glaubte auch Katharina an die Legende, sogar Jérôme faßte neue Hoffnungen, daß er nun wieder zu höheren Ehren, in höhere Sphären aufsteigen werde, aber dann erwies sich alles als Luftblase, die Nachricht vom Tod Napoleons wurde unzweifelhaft belegt und vielfach bestätigt . . .

Die beiden Montforts verfolgten ergriffen den Kampf um die Überführung der Leiche nach Frankreich, die von England verweigert wurde – man fürchtete den Triumphzug des toten Kaisers, die Auferstehung eines Mythos, das Verblassen des ohnehin farblosen Ludwig . . .

Madame Mère in ihrer antiken Feierlichkeit, wie eine Niobe, »forderte von der Krone Englands die Gebeine ihres Sohnes«. Aber er blieb auf dem felsigen Inselchen, das für ihn zu klein und zu dürr gewesen war.

Marie Louise heiratete verspätet, Mutter zweier Kinder von Neipperg, den Mann, den ihr Fouché zugespielt und den sie naiv und willig angenommen hatte, während Napoleons Sohn, der Aiglon, der junge Adler, lungenkrank in Wien hinsiechte, an der Mutter verzweifelnd, über den Vater nur Verleumderisches hörend – und nicht einmal an Rache konnte er denken, da er ein Gefangener war.

Am 9. September brachte Katharina ihr drittes Kind, einen Sohn, zur Welt, Napoléon-Joseph-Charles, und im März 1823 reisten die Montforts endgültig aus Triest ab, wo sie acht Jahre gelebt hatten; es zog sie unwiderstehlich nach Rom, wo so viele Bonapartes lebten und vor allem Madame Mère, Mitte und Maß der ganzen bunten, begabten, wilden und ruhmsüchtigen Sippe.

Seit dem Tod ihres großen Napoleone war sie sehr still geworden; Trost war das Zusammensein mit dem Stiefbruder, Kardinal Fesch, Trost auch die Nähe der Kinder – Lucien mit seiner Familie lebte in Rom, Louis und die Königin Hortense mit ihren beiden Söhnen, die Prinzessin Pauline.

Joseph war nach Amerika ausgewandert, Caroline lebte in der Nähe von Wien, da ihr Österreich den Aufenthalt in Italien untersagt hatte.

Als die Montforts, jetzt eine Familie mit drei Kindern, in Rom ankamen, zogen sie zuerst in die Villa Serni in der Via dei Condotti, die Nobelherberge aller hochadeligen Rombesucher.

Dann, im Lauf des Juli, übersiedelten sie in den Palazzo Nunez, den Jérôme von seinem Bruder Lucien gekauft hatte – alle Umzugskosten von Triest übernahm Madame Mère, glücklich, den verzärtelten Jüngsten in ihrer Nähe zu haben.

Die drei Etagen des Palastes waren luxuriös ausgestattet, in der ersten die Salons, in denen die Empfänge stattfanden, in der zweiten die Wohnräume, in der dritten eine »Sommeretage«, die bezogen wurde, ehe man in der großen Hitze aufs Land umsiedelte.

Ein Abend im Haus Montfort war ein Empfang bei Hofe: Ein Kammerherr meldete die Besucher mit Rang und Namen, Lakaien in grün-goldenen Uniformen öffneten die Türflügel – eine Ehrendame stand hinter Katharina, ein Kammerherr hinter dem Exkönig. Die Gäste kamen aus den römischen Patrizierfamilien, Kardinäle scharten sich um Onkel Fesch, reiche russische Magnaten – Gagarin, Gortschakow – um die Base des Zaren; Deutsche, Briten, Lord Holland, ein Verehrer Napoleons, ein freundlicher Bewunderer der kleinen gescheiten Mathilde . . . und Jérôme als *homme à femmes* noch immer ein charmanter Abenteurer und von seiner stillen stolzen Trinette geliebt.

Täglich besuchte er seine Mutter im Palazzo Rinuccini, den sie sich nach ihren antiken Vorstellungen eingerichtet hatte: großlinig, hell, mit einem imposanten Portal, unter dessen vorspringendem Giebelfeld der Adler mit gespreizten Flügeln thronte; ein weiter Treppenaufgang und in einer

Nische Napoleons Büste. Eine Atmosphäre von Ausgeglichenheit und überlegener Ruhe wehte den Besuchern entgegen, nichts von Hektik oder krampfhaftem Scheinenwollen, nichts von dem, was sonst in den Häusern des kleinen Adels, der plötzlich hochgeschossenen und zu Glanz gelangten Leute auffiel: Madame Mère *war*, was sie von Anfang gewesen, und blieb es, ohne den Aufwand und Aufwind, den ihr Jüngster brauchte und den ihm seine Trinette bereitwillig lieferte.

Katharinas Ältester war jetzt zwölfjährig, schlank, hübsch gekleidet in den langen engen Höschen mit den Spitzensäumen am Knöchel, dem bunten Wams, den weißen Jabots.

Die kleine Mathilde war vier, ein niedliches, zur Fülle neigendes Persönchen, das sich mit klugen, schönen Augen unter starken Brauen wißbegierig umsah.

Der Kleinste, den man Plom-Plom nannte, torkelte drollig im Kinderzimmer herum, fragte viel und ein bißchen dumm und wurde von seiner kaum älteren Schwester altklug und vorlaut zurechtgewiesen, von der guten, immer stilleren Mutter verwöhnt, von der großen geheimnisumwehten Ahne in ihrem würdevollen Palazzo nicht allzulang ertragen.

Es gab noch ein paar Requisiten aus der alten Zeit, die diesem sonderbar mumienhaften Hofstaat seinen Charakter gaben, eine vergreiste Amme Napoleons, die bucklige Saveriana, von der man sagte, sie gehe nur darum so gekrümmt, weil sie noch immer glaube, den weichen gierigen Mund an ihrer welken Brust zu spüren und sich zu ihm herabzuneigen.

Da war Lucien, runder und derber als Jérôme, witzelnd und launig; da war Hortense, geistig so rege, daß sich ihre Gäste überschüttet und überfordert vorkamen, aber wegen der anregenden Abende gern zu ihr gingen; da war Kardinal Fesch, der seine schwierige Lage zwischen dem kirchenfeindlichen Napoleon und dem von ihm verbannten Papst als treuer Kirchenfürst im Gleichgewicht gehalten, die kultischen Handlungen, soweit sie nötig waren, in der zersplitterten und auseinanderstrebenden Sippe vollzogen, die Bruderrolle neben der alternden Patriarchin würdig durchgehalten hatte . . . Und da war endlich der Heilige Vater selber, der für Madame Mère als gläubige Katholikin noch immer der Stellvertreter Christi war und den auch Katharina, wenn sie ihm bei einer Ausfahrt begegnete, ehrfürchtig grüßte. Es wurde erzählt, daß sie, als der Papst in seinem Wagen vorbeifuhr, in dem ihren aufstand und sich vor ihm verneigte, und er, huldvoll lächelnd, sich seinerseits erhob und sie bat, neben ihm Platz zu nehmen, was sie tat (Jérôme würde sich freuen) . . .

Fesch war empört, aber Letizia verstand sie: »*Mon frère*«, sagte sie, »wenn du einmal Papst bist, muß ich Rom schleunigst verlassen, denn du würdest eine so ketzerisch denkende Frau kaum hier dulden.«

Fesch schwieg lächelnd, er liebte die Greisin und

konnte sich ein Leben ohne die Besuche bei ihr nicht mehr vorstellen. Er wurde alt und schlief viel, auch während ihrer Gespräche.

Die Bonapartes hatten vieles durchmachen müssen seit ihrer Flucht, seit Napoleons Sturz; aber sein Tod, obwohl er ihnen auf Sankt Helena ferngerückt war wie in eine andere Welt, hatte sie alle erst ganz entthront: Der Anfang und Antrieb ihres Aufstiegs, die einzige Rechtfertigung ihrer Glorie, ihrer fürstlichen Lebensführung, ohne die sie wohl als kleine Pächter oder untergeordnete Soldaten irgendwo in Korsika oder Sardinien oder sonstwo in der weiten Welt sich durchgeschlagen hätten, war ganz und für immer erloschen, versunken, verebbt . . . Sie waren nur noch Schatten ihrer selbst, und ihre Menschlichkeit, ihre Erbärmlichkeit oder Tapferkeit, lag nun offen und ohne den riesigen schützenden Flügelschatten des Großen vor aller Augen.

Das Gesetz vom 12. Januar 1816 bestätigte ihre Verbannung aus Frankreich und entzog ihnen das Recht auf den Schutz französischer Botschaften, Gesandtschaften und Konsulate. Metternich, der Kopf der Heiligen Allianz, hielt eine Anzahl von Agenten in ihrer Umgebung, sie durften ohne Erlaubnis keinen Ortswechsel vornehmen, und daß der Papst sich bereitfand, so viele von ihnen in der heiligen Stadt zu dulden, dankten sie vor allem Madame Mère und dem Kardinal Fesch.

Elisa starb in der Nähe von Triest – sie hatte noch versucht, zu Napoleons Grab auf Sankt Helena zu kommen. Auch Pauline starb, mit ihrem Mann versöhnt, 1825 in der Villa Strozzi. Sie hatte sich mit Jérôme wegen irgendeiner Geldgeschichte überworfen und lebte allein, als Gräfin von Lipona (Napoli), zurückgezogen bis zum Ende.

Katharina kränkelte; ihre Fettleibigkeit, die mit den Jahren zunahm, obwohl sie sich eine Diät auferlegte und zu reiten versuchte, schwächte ihr Herz. Mathilde, immer kecker, blitzender und gescheiter, lächelte über die schwerfällige, duldsame Mutter und ihre seltsamen träumerischen Anwandlungen.

Die Brüder wurden durch ihre Erzieher zum Reiten, zur Jagd, zu strengen Studien gezwungen und hatten wenig Zeit für die Mutter; der Vater war viel außer Hause.

Jérôme Patterson

Madame Mère hielt sie alle beieinander. Die große alte Frau hatte keine Entblößung zu fürchten, keine allzumenschlichen Züge waren im Unglück an ihr sichtbar geworden, kein persönlicher Ehrgeiz, keine Eitelkeit. Sie allein rechtfertigte die Stellung, die sie unbestritten innehatte: Mutter von Kaisern und Königen zu sein.

Einmal meldete sich eine Unbekannte bei Katharina, eine Amerikanerin, eine ältere Dame, sehr gut gekleidet, die fließend Französisch sprach und Grüße zu bringen vorgab.

Es war Herbst, die Königin hatte den Kamin anfeuern lassen, denn in Rom war es ungewohnt kühl, Regenschnüre teilten die Aussicht durch die gewölbten Scheiben zwischen den Gardinen aus Valenciennespitzen; die gelbe Tapete sah eher kränklich und bleich aus als sonnenfarben. Katharina trug ein dunkles Kleid – es stand ihr besser als helle Töne, die sie dick machten.

Die Auskünfte aus dem Vorzimmer waren unklar gewesen, sie hörte »Baltimore« und wurde neugierig. Der König war noch nicht von einer Reise zurück – sie hätte ihn lieber dabei gehabt. Sie ließ die Dame rufen, in einem ihrer weichen tiefen Sessel sitzend, ein Lorgnon vor den kurzsichtigen, runden blauen Augen. Wie man ihr gemeldet hatte: eine ältere, reich gekleidete Person im Reisekostüm, mit gerafftem Rock, kleiner Federtoque, einen silbrigen Ridicule am Arm, dem sie gleich beim Eintreten ein Spitzentaschentuch entnahm. Sie drückte es an die Augen und sagte mit einem leicht gefühligen Timbre:

»*Excuse me, Your Highness . . .*«

»*Please*«, sagte Katharina abwartend und deutete auf einen Stuhl. Danach schlug sie vor, sich französisch weiter zu unterhalten, worauf die Dame einging, nicht ohne zu betonen, daß sie Amerikanerin sei.

»Ich hörte es«, bemerkte die Königin und fragte nach dem Anlaß des Besuchs.

Ein undefinierbarer Ausdruck lief über das Gesicht der Dame. Es schien, als zöge sie die Lippen ein, aber Katharina war nicht sicher, ob sie mit ihren geschwächten Augen diesen unangenehmen Zug richtig gesehen habe; und da die Dame schwieg – nur ihre Nase etwas spitzer schien als vorher –, fragte Katharina noch einmal höflich nach dem Grund des Besuchs.

»Wenn Ihre Hoheit gestatten, darf ich meinerseits fragen, ob der Fürst von Montfort anwesend ist – oder ob unser Gespräch – gleichsam – unter Frauen stattfinden kann?« – Jetzt senkte die Dame den Blick und begann an ihrem silbernen Beutelchen herumzutasten.

»Was hat mein Gatte damit zu tun, Madame?«

»Oh, mehr als Sie wohl ahnen, Hoheit – mehr als Ihnen lieb sein dürfte.«

»Wollen Sie sich bitte etwas klarer äußern?«

Wieder der verkniffene Mund, die niedergeschlagenen Lider. »Hoheit sind, wie die Welt weiß, Ihres Gatten zweite Gemahlin . . . die erste Frau, Madame Bonaparte-Patterson . . .«

Katharina sagte: »Man hat ihr nie gestattet, den Namen Bonaparte zu tragen!« Da die andere aufstand, fügte sie beruhigend hinzu: »Uns ist es übrigens jetzt auch verboten.«

Die Fremde tat einen großen Schritt auf Katharinas Sessel zu. Sie streckte die Hand mit dem Ridicule aus, und Katharina fühlte das Wehen ihres Umhangs, als sie ihn theatralisch zurückschlug. »Ich komme, um Ihnen, Hoheit, etwas zu enthüllen!«

»Ach?« fragte Katharina und blieb sitzen. Sie wartete.

Dann kam es: »Ihr Gatte liebt noch immer seine erste Frau!«

Katharina schüttelte den Kopf, das Schütteln setzte sich in den Schultern fort und in den Oberarmen, und endlich wiegte sie sich und lachte. »Wie originell, was Sie da vorbringen, Madame!«

»Madame Redfort, *please*!« kam es wie ein Pistolenschuß, oder doch wenigstens wie eine verpuffende Rakete. – »Lady Redfort, um genau zu sein.«

»Sie sind eine Verwandte der Madame Patterson?« fragte Katharina.

»Nicht direkt, nur beauftragt, sozusagen . . .«

»Setzen Sie sich doch noch einmal«, sagte Katharina und betonte merklich das Befristete ihres Angebots. Die »Lady« setzte sich.

»Ich habe Auftrag, Sie zu warnen!« Sie flüsterte, aber es klang wie Zischen.

»Und wovor?« fragte die Königin nüchtern.

»Er ist ein Spieler, ein Hasardeur, ein Weiberheld!« kam es unbeherrscht. »Er ist Ihrer nicht wert! Er hat – auch das muß Ihnen wichtig sein – *einmal* den Schwur ewiger Treue abgelegt, sich unter dem Segen des Höchsten seiner wahren und eigentlichen Gemahlin dahingegeben, das andere, die Bindungen ohne die Himmelskraft, sind nicht mehr ins Gewicht gefallen – vor den Augen des himmlischen Vaters gilt nur der erste Eid! Er ist der Gatte der Elisa Patterson – jede spätere Heirat ist ein Konkubinat.«

Katharina sah vor sich hin. »Beruhigen Sie Ihre Auftraggeber. Jene Ehe wurde vom Papst gelöst. Und, Madame oder wie Sie sich nennen, eine Bindung, die durch Leiden geadelt, durch gemeinsame Prüfungen geläutert, die von Zärtlichkeit und Ernst und Opfer geprägt wurde, die verdient ihre Unlöslichkeit.«

Die Dame Redfort stand noch immer vor Katharina. »Gottes ist die Rache!« trompetete sie.

»Wir wollen unser Gespräch abschließen, Madame – Sie vergessen, wo Sie sind.«

»Frau Bonaparte-Patterson wird Ihnen schreiben, *madame la duchesse*!«

Damit ging die Dame, rauschend, seidenknitternd, schalschwingend und mit großen Schritten.

Katharina lächelte jetzt, es fiel ihr schwer. Sie tat die Hand über die Augen, stand auf, mit blassem Gesicht.

»Das Unzulängliche adeln, das ist es doch . . .«, dachte sie und merkte, daß sie da an einen Keim und Kern ihres Wesens und Weges gekommen war, den sie bisher nicht hatte benennen können. Vielleicht hätte ihr Vater das gesagt, obwohl er unter »Adel« nur das Äußerliche verstanden hatte, Erbe, Rang, Dekor.

Aus dem Brief, den nicht einmal Elisabeth Patterson selbst unterschrieben hatte, wurde vollends klar, was der ungewöhnliche Besuch erreichen sollte: eine Entfremdung zwischen den Gatten, Abwendung Katharinas von Jérôme, seine Rückkehr zu Elisabeth.

Dem Schreiben lag ein Bild bei, eine Daguerreotypie, die den blonden, schönen Jungen der Elisa zeigte – mit Jérômes Mund und Augen.

Indessen war Elisabeth Patterson schon ein paarmal in Europa gewesen: Bei den Bourbonen galt sie als Opfer Napoleons, beim Volk als Märtyrerin, bei den Engländern war sie zwar unbeliebt als Amerikanerin, aber trotzdem Bundesgenossin als erbitterte Gegnerin alles Bonapartistischen . . . Sie konnte es wagen zu kommen.

Aber als sie versuchte, sich der Familie ihres ungetreuen Gatten zu nähern, war es vor allem Madame Mère, die sie aufnahm, sich ihr mit vornehmer Liebenswürdigkeit widmete und auch Pauline zur gleichen Fairneß anhielt: Die beiden Frauen hatten keinen Grund, die Opfer der napoleonischen Politik zu tadeln.

Und zudem: »Bo« tauchte auf, der elegante, bildschöne Sproß dieser rührenden Liebesgeschichte, der Erbe Bonaparteschen Blutes, und, heiratsbeflissen, wie man war, wie es Zeit und Rang verlangten, erwog man die Verbindung mit einer der Töchter Josephs, der in Amerika war . . .

Rom, Ewige Stadt, Ausstrahlung der Jahrhunderte, südlicher Charme: Jérôme genoß die Luft, er feierte Feste, tanzte die Saltarella, trank und aß wie ein Souverän, der er noch immer zu sein glaubte, Katharina blieb meist in ihren Räumen, las oder ließ sich vorlesen, versuchte mit Mathilde ein Gespräch, das bald stockte, denn die Prinzessin hatte wenig gemeinsame Interessen mit ihrer Mutter.

Dann, als sie sich seltsam verschwommen – sie wollte nichts Ungutes von Elisa denken – an den skurrilen Besuch der amerikanischen Sendbotin erinnerte, spürte Katharina den Wunsch, die erste Frau ihres Gatten kennenzulernen. Jérôme war entsetzt, er fürchtete Komplikationen, er fürchtete vielleicht auch, daß er in seiner schnell entflammbaren Sinnlichkeit auch der älter gewordenen Jugendliebe wieder verfallen könnte.

Aber Katharina lächelte und wartete, obwohl sie

selber das Gefühl hatte, nicht mehr allzulange warten zu können.

Mit Madame Mère, die groß und starr und marmorn in ihrem Sessel im Palazzo Rinuccini thronte, kam sie darauf zu sprechen.

»Laden Sie sie ein, *ma fille*«, sagte Letizia, »es wird manches klären, es wird Ihnen guttun und ihr vielleicht vollends darüber hinweghelfen.«

Elisabeth war in Genf; Katharina ließ ihr schreiben, Jérôme verreiste.

Frau Bonaparte-Patterson besuchte also die Fürstin Montfort. Die kleine, zierlich-mollige Amerikanerin mit dem noch immer schönen weißen Gesichtchen und den großen, funkelnden grauen Augen saß vor Katharina – vor der Fürstin mit ihrer in Spitzenvolants gehüllten, brillantblitzenden Fülle, dem schon erschlafften Gesicht, den welken Wangen und den dicken, faltigen Armen . . . arme Katharina! Aller Geist, alles gelehrte, weitgereiste, überlegene Wesen fiel von ihr ab wie Plunder – sie sah die andere, bürgerlich-genau, spießig-kleinlich, aber doch selbstbewußt und auftrumpfend, mit modernem Firlefanz geputzt, mit überladenem Schmuck behängt; diese also, die kleine Provinzlerin aus Baltimore, hatte Jérôme besessen – Katharina war es gewohnt, charmante Freundinnen ihres Fifi zu sehen, aber diese war seine Gattin gewesen, ihm heilig angetraut und lang geliebt, verzweifelt gesucht.

Die beiden saßen sich, nach den ersten Verbeugungen und höflichen Floskeln, ein paar Minuten stumm gegenüber. Dann winkte Katharina mit dem Perlenfächer – es war das Geschenk der Madame Mère – und sagte höflich: »Sie haben viel entbehrt, Madame, und viel verloren.« Sie meinte das voller Mitleid, denn sie hatte ja keine Schuld an diesem verbogenen, verunglückten Leben, das – wie das ihre im Grunde auch – von verzweifelten, vergeblichen Ansprüchen genährt war.

»Es ist unnötig, daß Sie mich verspotten, *madame la princesse*!« kollerte Madame Patterson, und Katharina sah sie erschrocken an. »Ohne Sie wäre ich . . .«

Katharina, immer noch erstaunt, dachte plötzlich, sie sehe aus wie ein aufgeplustertes Huhn.

Aber sie verbot sich den Spott. »Madame – ich war es nicht, die Sie vertrieben hat – wir haben beide gelitten, Sie und – ich.« Sie stockte dabei, denn mit Fifi beglückt zu sein, wollte sie glauben und glauben machen.

Sie überlegte, ob es richtig war, die kleine Bürgerin einzuladen, denn Elisabeth fing wieder an:

»Sie haben gelitten? Wie denn? Sie hatten immer genug Luxus, Schlösser, Teppiche, Diamanten, Kleider, Dienerschaft – alles!«

»Ach . . .«, machte die Fürstin, »Madame – liebe Frau! Sie hatten den Sohn, schon lange ehe ich ein Kind hatte, und er ist schön und gescheit –«, und als sie die verkniffene Miene der kleinen Dame erkannte, sagte sie noch: »Ich habe Sie um ihn beneidet.« Sie wird diese Bestätigung brauchen, überlegte sie.

Elisabeth hob den Kopf. »Wir Amerikaner haben keinen Grund, Ihr geduldetes Wanderleben hier neidisch zu betrachten, wir nicht . . ., aber mein Sohn, der liebe Bo, Jérômes Sohn – er findet es interessant, wie Sie es treiben.«

Mag sein, dachte Katharina, daß sie etwas anders formuliert hätte, wenn sie die Sprache besser beherrschte – »treiben«, das ist unschön, fast beleidigend . . . aber, sei's drum, sie ist da, und ich will sie freundlich behandeln; »das Unzulängliche adeln« – muß ich das auch jetzt? Es kostet so viel Kräfte . . .

Sie versprach, auch dem schönen Bo – Katharina schrieb »Beau« – ein Geschenk zu machen, eine Freude, sie versprach, Jérôme nichts von der Einladung zu verraten, wie es »Elisa« wünschte, sie ließ Tee und Gebäck und Likör auftragen und lud die Dame Patterson zu einem Theaterbesuch ein – es stünden ihr immer Logen zur Verfügung –, aber Elisabeth lehnte ab.

Sie sagte eilig, als müsse sie sich einen Stoß geben: »Ich habe etwas mitgebracht, was Sie wohl schätzen werden –«, zog ein Etui aus dem Beutelchen, das sie am Arm baumeln hatte, und knipste es auf.

Katharina sah ein Kreuz, einen Orden mit rotem Band.

»Jérôme hat ihn vom Kaiser erhalten«, erklärte Elisa und berichtete, er sei allerdings rein wertmäßig belanglos, man könne ihn kaum verkaufen heutzutage . . ., aber vielleicht werde Katharina, vielleicht auch der Fürst, irgend etwas daran finden.

Katharina bekundete Entzücken; sie dachte ernüchtert daran, daß diese hier wohl versucht hatte, das Stückchen Gold zu verkaufen oder zu versetzen, und daß sie jetzt vielleicht erwarte, es werde Katharina als Geldwert nötig sein . . .

Da sagte Elisabeth schon: »Man hört – mein Vater erfuhr –, der Fürst Montfort lebe – nun, bei uns heißt es – über seine Verhältnisse.«

»Danke«, sagte Katharina, »darf ich Ihnen den Orden bezahlen?« Sie schämte sich selber über ihre Schärfe, aber es war genug, es war soviel, wie sie eben noch aushielt, bis Elisabeth die Tür hinter sich geschlossen hatte.

Sie konnte weder mit Fifi noch mit ihren Kindern darüber reden, und Mathilde, die »blitzte wie ein geschliffener Diamant« – so sagte der russische Gesandte –, die Strahlende, sollte nicht durch ernste Gedanken gestört werden. Sie malte, sie tanzte, sie bezauberte, und lang, zu lang, hatte Katharina sie kindlich halten, ihr vieles ersparen, sich selbst manches ersparen wollen.

Mathilde kam mit Chinesenschöpfchen und kurzem Rock über den langen Spitzenhosen in die Gesellschaft, und sie durfte endlich, als sogar Jérôme – oder gerade er – sie als junge Dame erkannte, ein langes tailliertes, schön gerafftes Seidenkleid tragen, Locken und Bänder, und bezaubernd aussehen.

Da auch Jérôme durch Katharinas bedrücktes

Wesen angegriffen und doch ein wenig, wenn auch nicht allzustark, bekümmert war, beschloß er, ein neues Schloß zu kaufen, Porto di Formio in der Nähe der adriatischen Küste, zehn Meilen südlich von Ancona, an der Grenze des Königreiches Neapel. Er hatte sich bei der Bieler Bank in Zürich Gelder geliehen, ließ das Schloß herrlich einrichten, kostbar ausstatten, einen Blütengarten gegen den Strand hin pflanzen.

Landpartien, große Dejeuners, Picknicks im Freien machten die Bourbonen in Neapel aufmerksam, denen die Sippe des Korsen, diese »Räuber und Hasardeure«, nicht geheuer waren.

Es gab Anfragen, Gesuche, Proteste. Endlich brachte ein Zwischenfall, an dem die Montforts unschuldig waren, die feindselige Stimmung zum Überschäumen: Napoleons Nichte, Gräfin Camerata, war oft Gast in Porto di Formio; sie war eine überspannte Person, die sich ein Vergnügen daraus machte, die Grenzwächter der Bourbonen zu ärgern.

Man beschwerte sich bei der österreichischen Krone, so energisch, daß die Alliierten einschreiten mußten: Metternich teilte Jérôme mit, er habe die Villa augenblicks zu räumen.

Jérôme wehrte sich, Katharina schrieb an Zar Nikolaus, aber endlich mußte das Schloß doch verkauft werden, weit unter seinem Preis.

Den Sommer verbrachten Jérôme und seine Trinette jetzt oft bei den Cameratas am Fuß des Apennin, in Coll'Amerio, den Winter weiterhin in Rom.

In diese relative Ruhe – das Gefühl des Ungesicherten, Vorläufigen, Gefährdeten verließ Katharina nicht mehr –, in diese Scheinstille traf ein fast grotesk zu nennendes Ereignis: Die Julirevolution in Frankreich brach aus, die Bourbonen waren ihren Thron los.

Die Bonapartisten hofften wieder. Katharinas Sohn, der junge Jérôme, stieg sechzehnjährig, sich als junger Held und beinahe als ein zweiter »Napoleon auf der Brücke von Arcole« empfindend, mit seinen zwei Vettern, Söhnen der Hortense, aufs Pferd, und die drei ritten durch die römischen Straßen mit wehender Trikolore.

Man verhaftete den jungen Louis-Napoléon, Jérômes Sohn entkam. Die Eltern wandten sich wieder einmal an den Zaren, an den königlichen Bruder in Stuttgart, an Gott weiß wen noch . . .

Man behandelte den jungen Tollkopf einigermaßen glimpflich.

Der neue Papst forderte österreichische Truppen an, die den Aufstand niederwarfen, Hortenses Ältester fiel, der zweite, Louis-Napoléon, den seine Mutter versteckte, konnte fliehen.

Und jetzt war es hohe Zeit, an Sicherheit zu denken. Man verheimlichte das unglückliche Unternehmen vor Letizia, der alten Kaisermutter, aber Jérôme und Katharina mußten Rom verlassen, den schönen Palazzo Nunez, die herrlichen Gärten, die Nähe der Madame Mère . . .

Man wählte Florenz. Der Palazzo Orlandini nahe der Piazza del Duomo, war fast noch prächti-

ger als der Palazzo Nunez. Jérôme kaufte ihn sofort.

Und wieder Feste: Blonde Polinnen, russischer
Hochadel, älteste Florentiner Familien – alles
schwärmte, tanzte, spielte, musizierte in den Sälen
Jérômes.

Gemälde berühmter Meister, vor allem Franzosen, verdeckten die Tapeten. Jérôme hatte alles zu-
sammengetragen, was den Ruhm seiner Sippe do-
kumentierte: Büsten von Canova und Bartolini,
seine Söhne, ihn, Katharina und Mathilde darstel-
lend.

»Darstellung« – das war Jérômes Lebensluft,
und Katharina saß im Hintergrund, müde und
breit, und »hielt Cercle«.

Der Palazzo hatte eine grazile Fassade, ein wenig
dunkel vom Alter, wie alle Palazzi um den Florentiner Duomo, aber die Anmut, die beinahe körperlich spürbar die Luft füllte, empfand auch die Königin, mehr vielleicht, als sie es in ihren aktiveren
Tagen getan hätte.

Sie ließ sich manchmal zu den Statuen fahren
oder führen, die da – gesammelter Geist im Kleid
des nachempfundenen Körperlichen, gestalteter,
unverfälschter Ausdruck der Wirklichkeit und
Nähe – um sie herum lebten.

Die großen Wölbungen der Domkuppel des
Brunelleschi, gegliedert im Unterbau durch fast
orientalische Schwarz-Weiß-Quadrate, ziseliert
und mit raffiniert berechneten Schatten plastisch
erhöht – sie fing an, das zu verstehen, obwohl ihre

Zeit, der Stil dieser Rückkehr zur gezirkelten niedlichen Kleinform, zum bürgerlichen Bescheiden, so ganz anders war.

Napoleon hätte diesen Stil geliebt, hätte die Stärke, das Elementare begrüßt, aber die alten Familien hier, die Festgäste, die Flitter- und Dekolletégesellschaft, in der sie sich bewegte, dieses Gesumme und Gezirpe, Geraffe und Gerüsche war anders, schwächer, ärmer, ganz epigonenhaft.

Sie versuchte einmal mit Mathilde darüber zu reden, die in den Uffizien kopierte . . ., aber die fühlte sich von den »Muskelmännern und Heldenweibern« des Michelangelo nicht berührt, sagte sie, und allenfalls Filippo Lippis »brave Lieblichkeiten« gefielen ihr.

Jérôme sah ohnehin nicht viel vom alten schönen Florenz, es sei denn, er ritt über den Ponte Vecchio, wo ihm alles Platz machen mußte, und kaufte dort Juwelen ein.

Einmal fuhr man auf die Höhen nach Fiesole, am Abend hatte die Stadt zu Füßen ihre unvergleichliche Lichtgestalt zauberhaft ausgebreitet – Wärme und Tiefe der goldenen Funken und die schwingenden, liebevoll gezeichneten Hügellinien unter dem nächtlich-braunblauen Gewölbe, das blassere Streifen teilten.

Katharina lehnte unter einer Pinie an der zerbröckelten Mauer und schaute in die weite Tiefe.

Jérôme war vergnügt in der Gegenwart, in seinem prächtigen Palast; die Galerie war voll von Porträts und Skizzen; die Treppchen und Gitter waren alle vergoldet: Schaum – Schimmer – aufrauschend und fallend . . .

Geduldetes Wanderleben . . . das hatte sie gesagt, diese kleine stupsnasige niedliche Person, geduldet, heimatlos . . .

Ja freilich, seit dem Sturz Napoleons waren sie es
allesamt, und wenn der Onkel Fesch wieder einmal
mit Letizia den Plan besprach, den schönen Bo mit
Josephs Tochter in Amerika zu verheiraten, war's
nicht einmal dumm, nur ihr, Katharina, wurde es
immer gleichgültiger, ihre Bilder verblaßten, die
Farben wurden matt – Jérôme zuliebe tat sie hie
und da mit bei seinen Festen, Mathilde zuliebe,
vielleicht auch, weil es beinahe wieder Farbe vorgaukelte und starkes Erleben.

Zar Alexander war gestorben, ihr Vetter, ihr Beschützer, Jérômes Rückhalt. Es gingen seltsame
Gerüchte über diesen Tod um, sei's in Erinnerung
an die Geisterseherin Krüdener, die ihn zur Heiligen Allianz inspiriert und ihm als Medium gedient
hatte, ihn – vielleicht von Metternich gelenkt – selber lenkte; sei's daß man den Glänzenden, Begabten nicht tot denken wollte: Es hieß, er lebe noch
und habe einen anderen, irgend etwas anderes, statt
seiner begraben lassen; er sei im Kloster, er büße
den Tod seines vertierten Vaters, dessen Ermordung er hätte verhindern können.

Nikolaus, sein Nachfolger, war ihr ferner; ein
gütiger Herr, ritterlich, nicht unzugänglich.

Der Papst starb, Pius VIII., der den Bonapartes
soviel Güte gezeigt hatte.

Inzwischen lebten die Montforts also in Florenz. Katharina hatte ein wenig Freude an ihren historischen Studien wiedergewonnen, angeregt durch die geschichtsträchtige schöne Stadt. Sie las in den Archiven – eine junge Italienerin half ihr dabei – über den Ursprung des Hauses Montfort nach, das bereits im dreizehnten Jahrhundert erwähnt war ... Seufzend sagte sie zu ihrer Vorleserin: »Wer weiß, wieviele Namen wir noch annehmen müssen und welcher endlich auf meinem Grabstein stehen wird?«

Die Italienerin sah erstaunt auf.

»Katharina von Württemberg-Westfalen-Hartz-Montfort?« sagte die Fürstin, wieder lächelnd, »Katharina mit den vielen Namen; so ist das sonst mit Frauen, die viele Männer gehabt haben. Für mich war's nur Jérôme.«

Sie lachte, weil sie sah, wie erstaunt die Kleine über ihr offenherziges Gerede war.

Jérôme saß gelegentlich bei solchen Übersetzungs- und Unterhaltungsstunden, schaute das dunkellockige Mädchen an und erinnerte sich plötzlich an die Serena aus Triest und ihr Kind Cristina, das jetzt ungefähr sechzehnjährig sein mußte, in Ellwangen. Man hatte es bei dem Arzt Dr. Frölich untergebracht, in einem kindergesegneten Haus unter zehn rundlichen blonden Geschwistern.

Dr. Frölich hatte Katharina damals entbunden und galt als menschlich solide und fachlich tüchtig; seine Frau Aloysia stammte aus dem bayerischen

Füssen, beide waren streng katholisch, was die Serena beruhigt hatte.

Seit der Geburt des kleinen Jérôme war Frölich Hofrat, bald darauf auch Oberamtsarzt und »Kreismedizinalrat« geworden.

In seinem umtriebigen Haus, wo Christine die Jüngste war, wurden die Kinder ziemlich spartanisch gehalten, es herrschte ein patriarchalischer Ton, man sparte, da auch die fürstlichen Zahlungen für den Pflegling, wenn Katharina nicht helfend eingriff, unpünktlich eintrafen. Ihr war das wichtig, so wichtig wie damals die Sorge um den verlorenen Hieronymus, denn es war ja auch Jérômes Erbe, was da heranwuchs.

Christine fühlte sich ganz als Tochter der Doktorsleute, niemand hatte ihr etwas anderes gesagt, obwohl sie fremdländisch aussah mit großen, runden braunen Augen und schwarzem Haar, ein seltenes Vögelchen, das die Gassenbuben gelegentlich als Räuberbraut und Zigeunerin beschrien.

Da meldete sich ein unerwarteter Besucher beim Doktor, ein Kurier aus Italien.

Frölich rief das Kind, er forderte die Erstaunte zum Sitzen auf, die Älteren standen herum. (Sie standen ohnehin bei den Mahlzeiten.)

»Liebes Kind«, Frölich legte der ›Tochter‹ die Hand auf den Arm, »da ist ein Bote aus Florenz in Italien – und er will dich zu deinem Glück dorthin abholen, du brauchst nicht zu erschrecken, es ist die Güte der Fürstin von Montfort, der du das verdankst.«

Das Mädchen sah ihn groß an, bestürzt und verwirrt. Frölich schoß der Gedanke durch den Sinn, so könnte Katharina ausgesehen haben bei Napoleons Heiratsbefehl, aber die war ja, soweit das einen Mediziner anging, ganz glücklich geworden.

Der Kurier drängte, er stand dabei und trat von einem Fuß auf den anderen. Frölich bat um Aufschub, dann nahm sich die Mutter Frölich des Kindes an . . . Der Herr möge die Güte haben und ihnen allen etwas Zeit lassen. Aber der Mann in der phantastischen Uniform – der Fürst hatte sie selber entworfen – zeigte eine Legitimation; Frau Frölich zog das Mädchen hinaus.

»Was gehe ich die Fürstin an?« fragte Christine weinend.

Draußen war dann von einer »krankhaften Brustzersetzung«, die die Fürstin Montfort damals quälte, die Rede, der Mütter sehr zarter Kinder manchmal zum Opfer fallen und gegen die nur das kräftige Saugen eines Gleichaltrigen helfen könne. Und weil man in dem streng religiösen Haus nie über derlei geredet hatte, mußte die Mutter Frölich viel nachholen, was das Kind erst erschreckte, dann neugierig machte, und da es wissen wollte, wie man gerade auf sie verfallen sei und warum die Mutter Frölich sie hergegeben habe, entschlossen sich die mitleidigen Pflegeeltern, ihr lieber die ganze Wahrheit zu sagen.

Dort, in dem fremden Land, täte man es vielleicht gröber und liebloser, und die Sprache wäre dem Mädchen ja auch unbekannt.

Als dann der Kurier abgereist war, wurde Christine krank. Sie zitterte, konnte nicht aufstehen, aß fast nichts mehr und verfiel so, daß der Arzt Sorge um sie hatte, zumal sie »in anmutigem Zustand« und als ein wohlgepflegtes Pfand zu ihren »Leihgebern« zurückkommen sollte.

Doktor Frölich, so hieß es in dem Dokument, das der Kurier dagelassen hatte, habe das Mädchen, das inskünftig den Namen »Kuß« zu führen habe, in Stuttgart dem fürstlichen Sekretär Böhle zu übergeben, der es nach Florenz bringen werde. Man habe es aber über den Wunsch der dankbaren Fürstin und über alles übrige aufzuklären.

Frölich, der als Arzt einen raschen Schnitt für barmherziger hielt als langes Herumdoktern, sprach also nüchtern von Christines fremdländischer Herkunft und verbot ihr, ungeschickte Fragen an die Fürstin zu stellen, wenn sie nach Florenz komme.

Frau Frölich, gewohnt zu trösten und auszugleichen, was zerrissen war, auch wo sie selbst ohne Trost war, mußte dann heilen, versöhnen, helfen: Die Verbitterung über die Täuschung während all der Jahre, die »Lüge« über ihre eigentlichen Eltern, die Fragen nach ihrer echten Mutter, die wohl elend zugrunde gegangen war, sollten beantwortet werden – die Fragen nach dem Findelhaus in Triest und immer wieder nach dem Vater.

Sie habe in der Fürstin die Güte in Person zu erwarten, die ihrem Mann nichts verüble, der eben, wie Fürsten oft . . .

Christine weinte wieder: »Dann bin ich ja . . .
der hat doch eine Frau gehabt . . . Deshalb haben
sie mich Korsische geheißen . . . Und so einen Vater soll ich achten und mögen?«

Man verbot ihr jede Kritik, der hohe Herr werde
sich gnädig zeigen. Und so, über ihr Leben und
Wesen weg, ging der Befehl – ein törichterweise gut
gemeinter Befehl –, sie herauszureißen aus dem
Boden, den sie kannte und in dem sie eingewurzelt
war.

Frölich lieferte sie in Stuttgart ab, mit neuange-
fertigten Kleidern, ein schluchzendes unglückli-
ches Geschöpf, das dann unter Katharinas Hand in
Florenz etwas aufblühte.

Sie gab ihr Pflichten, machte sie zur Beschließe-
rin, beschenkte sie, die scheu durch die Räume
schlich.

Einmal packte das Mädchen seine Sachen zusammen und wollte heimfahren, nach Ellwangen.

Katharina entdeckte den Korb, der schon im
Flur stand, und nahm Christine am Arm.

»Meinst du, Kind, wir können immer haben,
was wir wollen? Ich bin dem Fürsten angetraut
worden – ohne meinen Willen – und bin glücklich
geworden.« Sie zögerte.

»Ich habe mich glücklich – gemacht, und ihn,
glaube ich, auch. Du mußt es wollen, was du mußt,
es bleibt uns Frauen sonst nichts.«

Später, als die Montforts Florenz verließen,
schickte man Christine nach Ellwangen zurück,
mit einer lebenslangen Rente und reichen Ge-

schenken. Sie freute sich und weinte doch nach der Fürstin – den Fürsten hatte sie, soweit es ging, immer gemieden: Frölich blieb »der Vater«.

Katharina war jetzt in Florenz oft allein, mehr als früher. Sie wurde unförmiger, schwerfälliger, auch stumpfer; aber sie sah mehr, was hinter den Leuten stand, hinter ihrer Erscheinung, und was es bedeutete. Sie sah auf einmal die Geschichte der Elisa Patterson anders als in der Gegenwart der eng gewordenen Frau: das mißbrauchte, verbrauchte, hart und karg geschrumpfte Geschöpf, das einmal bestimmt war zu blühen und zu beglücken und selber glücklich war, schwärmerisch, voll Leidenschaft, und in die Weite wachsen wollte.

Man hätte sie so nicht gehen lassen dürfen, dachte die Fürstin.

Wenn es im Sommer zu heiß in Florenz wurde, fuhr man nach Livorno, dem »Modebad der letzten Jahrzehnte«, und dort trafen die Montforts – zufällig – den König von Württemberg, Katharinas Bruder Wilhelm.

Die beiden Herren verstanden sich gut: Wilhelm, mit der Russin Katharina verheiratet, die den sterbenden König Friedrich gepflegt hatte, Wilhelm lebte gern und fröhlich, seine Gemahlin, in zweiter Ehe mit ihm vermählt, war als mildtätig bekannt, aber auch eine sehr lebhafte und unternehmende Dame: Katharina sah die russische Schwägerin gern, nahm aber kaum mehr an den vielerlei Ausfahrten und Soireen teil, die beide Katharinen immer wieder verbinden sollten.

Die junge Mathilde gab den abendlichen Feten Glanz und Charme, sie, mehr als ihre Brüder, bestimmte das Bild der Montforts in den Florentiner Salons und in dem Kurpark von Livorno.

Während man gemütlich, im Tempo Wilhelms von Württemberg, in den Alleen spazierte, Katharina sich neben einer ihrer Hofdamen auf einem eigens hergeschafften Sessel ausruhte, besprachen die Herren, daß man doch den Prinzen, Katharinas Ältesten, nach Stuttgart oder Ludwigsburg in eine Militärakademie aufnehmen und ihn dort ausbilden lassen könne.

Der Plan wurde mit Freuden von allen Verwandten begrüßt, nur der junge Prinz schaute etwas sauer dazu, aber schließlich ließ er sich bereden, nach Ludwigsburg zu gehen, zumal er ja als junger Mann nicht allzuviel zu sagen hatte. Ludwigsburg war eine kleine Garnison, immerhin die traditionsreichste des Landes, und zeitweilig Residenz.

Im Herbst nach dem Antritt des Prinzen kam die ganze Montfortsche Familie zu einem Besuch nach Stuttgart und wohnte im großen »Neuen Schloß«, in einem der weiträumigen Flügel.

Jérôme wußte, was er sich schuldig war: Man würde in Stuttgart nicht ohne Neugier, vielleicht mit Schadenfreude, verfolgen, wie sich der Exkönig führte, wie er, an dem seine württembergische Frau mit so zärtlicher Leidenschaft festgehalten hatte, aus der Nähe und als reifer Mann wirkte. Katharina litt; manchmal wurden ihre Arme und Beine kalt, ihre großen Augen lagen tief in dunklen

Umrandungen, sie atmete mühsam und konnte nur noch wenig gehen. Aber sie wollte den Sohn sehen, und der Besuch in der Heimat, in Württemberg, war so lebenswichtig, daß sie ein wenig aufwachte. In ihre Traumwelt, die ihr die wirkliche wie mit schwirrenden Leuchtkäfern, mit »heimeligen« Glühwürmchen übersäte, drang das Vergangene vergoldet herein: Alles fügte sich zusammen, es war ein harmonischer Kreis, der das Opfer und sie selbst, die Geopferte, die Demütigungen und die Pflicht zu königlicher Würde – das alles zusammengoß und verschmolz zu einem ertragenen Leben, bewußt angenommen und mit großer Anstrengung geadelt, königlich gekrönt.

Die Wolken über den Schönbuchwäldern, die sie durchfuhr, die Luft, unverwechselbar und sogar im Dämmer des halben Bewußtseins glücklich erkannt, die Luft nahm sie lächelnd in sich auf und spürte sie noch in der Residenz, als sei die ganze Stadt von ihr gesättigt. Das große Rechteck des Neuen Schlosses mit seinen edlen Bekrönungen, wohlgeformten Figuren, die weitgreifende Architektur, klassizistisch und noch mit dem Stilgefühl des abgeklungenen Rokoko, Stiftskirche, kleine Fachwerkhäuser, Gärten, Türmchen und Fassaden – Katharina hatte feuchte Augen und feuchte Hände vor Erregung und flüsterte, weil ihr das laute Sprechen Mühe machte, wie lieb ihr alles sei.

Jérôme aber spürte das nicht, ihm war wichtig, daß er königlich auftrat und als Fürst aufgenommen wurde, blendend und pompös, da sein persönlicher Charme, den er immerhin noch ausstrahlte, in dieser Situation kaum wirkte.

Es war ja jetzt nicht mehr rühmlich, der Bruder des Weltenherrschers zu sein, und Sympathien konnte eher die Tochter des angestammten Königshauses finden, die leidende Frau, die duldsame, getäuschte . . . Freilich, die Menge, die »Canaille«, wie der dicke Friedrich mit maliziösem Schmunzeln gesagt hatte, die jauchzte eh – wenn sie nur Aufwand und Umtrieb sah.

Jérôme gab sich denn auch so: Huldigungen provozierend, die man gutmütig spendete.

Der Besuch des Sohnes verlief programmgemäß, mit Paraden und Platzkonzerten, Diners und kurzen privaten Gesprächen, denn der junge Mann nahm seinen Dienst sehr wichtig, wichtiger noch einige persönliche Engagements, die seine Eltern nicht gern gesehen hätten.

Aktschluß

Freilich – inzwischen hatte sich vieles verändert, vieles verlangte andere Gesichtspunkte und Blickrichtungen, manches, was einmal wichtig gewesen war, verblaßte allmählich, anderes leuchtete auf und konzentrierte das Interesse auf sich wie in einem Brennpunkt.

Der König von Rom, dem man noch bei der Julirevolution vielerlei Chancen als dem neuen Herrscher Frankreichs gegeben hatte, war 1832 in Wien an der Schwindsucht gestorben – eine tragische junge Gestalt, im rührenden Glanz seiner einsamen Existenz, seines zerbrochenen Lebens, ein Kind, in dem alles Licht des genialen Vaters, alle Magie des alten Herrscherhauses der Habsburger sich verbunden hätte, wenn . . . wenn er nicht, gewaltsam aus seiner Erde gerissen, bewacht, bespitzelt, psychisch bedrängt und verbogen, ein schwermütiger, schwerkranker junger Adler geworden wäre, im Schatten des Großen, der ihn liebte und immer wieder verlangte, ihn zu sehen und Verbindung mit ihm aufzunehmen . . ., während seine Mutter, zärtlich herbeigewünscht, sich haltlos und ohne jedes Stilgefühl amüsierte: ahnungslose Marionette in den Händen der Großen, und mit Wissen ihres Vaters verstrickt und verderbt.

Durch die Julirevolution 1830 war Karl X. zur Abdankung gezwungen worden und Louis Philipp zur Regierung gelangt. Ludwig XVIII. war schon 1824 gestorben. Hortenses zweiter Sohn – Louis Napoleon, dem man nachsagte, er sei nicht der Sohn seines Bonaparteschen Vaters – hatte die größten Chancen, als Napoleon III. König, Kaiser der Franzosen zu werden.

In Italien brach – wieder einmal – die Cholera aus.

Jérôme, der Gepflegte, gegen alles Seuchenhafte und Unappetitliche empfindlich, beschloß den Aufbruch aus Livorno. Er entschied sich für die Schweiz, zumal Katharinas Zustand beängstigend schwankte: Sie hatte Herzkrämpfe, Herzschmerzen, Durchblutungsstörungen. Die lange Wagenreise hielten die Ärzte für unzumutbar, man solle die Königin in höhere Gegenden bringen, rieten sie.

Die Schweiz also – man brach in Stuttgart rascher ab, als man vorgehabt hatte – Livorno nicht mehr. Katharina verlangte, wenn es schon nicht auf die Dauer Württemberg sein sollte, nach reinerer, kühlerer Frische, in der sie atmen könnte.

Jérôme hatte ja schon früher, ehe sie die Heimat wiedergesehen hatte, an die Schweiz gedacht – mit Genf verhandelt, wo er einen Geldgeber, eine zahlungskräftige Bank, kannte. Sie lebten sehr zurückgezogen in Mon Repos bei Lausanne – Katharina kämpfte die Nächte über um Luft, um Atem, Jérôme, erstaunlich, ließ sie kaum allein.

Tagsüber ging es ihr besser, Ärzte kamen, man gab ihr Digitalis, man versuchte dies und das, kühle Umschläge, Kampfereinreibungen, sanfte Massagen. Sie sagte:

»Das ist ein neues Erlebnis, jeden Tag eine andere Nuance der Krankheit, ein bißchen mehr Erleichterung, ein bißchen mehr Luft – man wird sehr dankbar.« Sie dachte dabei: Jeden Tag ein anderes Gesicht des Todes, einmal ein mildes, fast väterliches, und dann eins mit dunklen Träumen, farbigen, und auch die Schmerzen wechseln – immer neue Gänge muß ich tun . . ., ich habe die Kraft fast verbraucht . . .

Mathilde saß bei ihr und tat kleine Handgriffe, nicht gern, man spürte es, sie litt unter der Gleichförmigkeit dieser bedrückenden, hoffnungslosen Atmosphäre. Sie war jung, man hatte ihr gesagt, sie sei schön und geistvoll und anmutig, und sie hätte sich gern mehr gespiegelt in bewundernden Augen und getanzt und gesungen; nur die Malerei blieb ihr, und sie malte nicht übel, wenn auch ein wenig zu akademisch, ohne Schwung und Eigenes, aber die kranke Frau sah die Bildchen gern . . .

Katharina träumte auch im Wachen, in den Schattenreichen, den Dämmerungen zwischen Bewußtheit und Ohnmacht, in denen sie oft versank – sie fürchtete nichts, sie ließ sich fallen: Da

lag der Vater, hingeworfen, ein regloser Berg, hilflos auf den Dielen, und als sie ihn sah, war auch die
Mutter da, von der sie nicht viel wußte, und
schaute sie an, und sie »erbarmte« sich, sie sagte
ihm zu, was er wollte.

Sie »sah« vieles: das helle zartfarbige Frauenge-
sicht ihrer Mutter, und auf einmal, verzerrt in
Schmerzen, den Körper, sich aufbäumend, die Augen voll Angst – und keiner da, der ihr beistand,
niemand, der auch nur wissen wollte, wo sie war
und was ihr drohte. Sie hörte die heisere Stimme,
Schreie, immer verzerrteres Kreischen nach Hilfe,
sie sah – deutlicher als die Blumenwände, die vor
ihr waren, die rosigen Vorhänge, das eindringende
Licht –, wie die Mutter sich ankrallte, an Decken
und Kissen, keuchend, schweißnaß, und immer
allein. Sie schrie nicht mehr, es war ein unmensch-
liches Ächzen, und dann ein hohles Gebrüll – und
niemand kam.

Katharina wußte jetzt genau, was geschehen
war: Vor der Tür stand der Arzt und drohte und
flehte, daß man ihn hineinlasse, die Geburt sei im
Gang und das Kind ersticke und werde die Frau
zerreißen, wenn er nicht helfe, einen Handgriff
nur, eine Drehung, und man ließ ihn nicht herein;
Kosaken standen vor der Tür mit dumpfen, stump-
fen Gesichtern; und nachher, nach einem Tag und
einer Nacht, ließ sich so bequem sagen, die Frau sei
an der Geburt gestorben – oder überhaupt gestorben, unklar woran, und der Herzog mit seinen drei
Kindern konnte im breiten Schlitten nach Westen

rasen, und niemand wußte mehr, wo die Frau war –
Schloß Loden in Estland – weitab genug . . .

Katharina war, naß und heiß, bewußtlos liegen-
geblieben, als wäre ihr das Entsetzliche selber geschehen, als spüre sie nicht die liebevolle Pflege und
Fürsorge, die sie doch umgab.

Sie kam dann unter den Handgriffen des Arztes
wieder zu sich, schlief lange, schluckte geduldig,
was man ihr einflößte, Baldrian und Belladonna
und allerlei Beruhigendes und Weitendes, wie man
ihr erklärte, und Mathilde weinte hinterher beim
Vater und sagte: »Ich halt es einfach nicht mehr
aus.«

Jérôme tat sie leid – er nahm sie in ein Konzert
mit, das der neuerdings berühmte Komponist und
Pianist, der in Raiding geborene Franz Liszt, in
Genf gab.

»Ein Ungar«, meinte Mathilde nachher, »ein
brillanter Spieler, ein hinreißender Musikant, ein
herrlicher Meister – und voller Wärme.«

Er selber, Liszt, schrieb an George Sand (die eigentlich Baronin Dudevant hieß und seinen Brief
aufbewahrte): »Sie – die Prinzessin von Montfort –
ist so rührend jung, sie sieht aus wie eine Taube, die
in Ruinen nisten muß.«

Mathilde erzählte der kranken Mutter von den
Konzerten und versuchte sogar, das geprägte Profil
des Künstlers zu zeichnen. Ein bißchen von einem
Priester habe er gehabt . . ., schwatzte sie.

Katharina schlief viel, die Ärzte gaben ihr starke
Dosen von Beruhigungsmitteln. Manchmal war sie

279

erleichtert, wenn Mathilde kam, aber mehr noch, wenn sie ging, da sie die kindliche Ungeduld spürte, die Kritik an ihrer Reduziertheit, ihrer langsamen Sprache, deren sie nicht mehr recht Herr wurde, wenn sie mühsam nach Worten suchte, nach Zusammenhängen, nach dem richtigen Ausdruck . . .

Die Prinzen kamen, sie saßen wohlerzogen und meist schweigsam im Zimmer und taten höchstens höfliche Fragen. Mathilde hatte ihnen gesagt, die Mutter sei rasch gealtert – immerhin war Katharina erst dreiundfünfzig Jahre alt –, aber sie war erschöpft, und da sie nichts halb tat und nie lau empfunden hatte, verbraucht und ausgeblutet. Wahrscheinlich reichten die schwachen Schläge des kranken Herzens nicht mehr aus, Kopf und Glieder zu versorgen. Eigentlich war es eine barmherzige Schwäche, die es ihr erleichterte, die Illusion der glücklichen, aus Leidenschaft getreuen Frau vor sich und der Welt aufrechtzuerhalten.

Jérôme – er irrte wie eine arme Seele in der Stadt herum, in Lausanne, manchmal in Genf, und als das Jahr dem Ende zuneigte, fuhr er einmal nach Rom zu seiner Mutter in den Palazzo Rinuccini.

Die alte Frau lag jetzt fast immer, sie litt unter ihrer Bewegungslosigkeit, die sie abhängig von Dienerinnen und Ärzten machte, sie war fast blind.

Wenn er kam, war er wieder der Liebling, der zärtlich umsorgte, wie das die Jüngsten oft sind, und sie verlangte, sein Gesicht abzutasten, um mehr von ihm zu erspüren, als seine Stimme preis-

gab. Er, selber schon ein alternder Mann, fühlte die
leichten, mageren, trockenen Hände auf der Haut
und hielt still, geduldiger, als er's bei den Liebko-
sungen seiner Geliebten tat.

Letizia vertraute ihm an, daß sie auch Katharina
in ihrem Testament bedacht habe, die Schwieger-
tochter, »die mir und der Sippe am wenigsten
Kummer gemacht hat von allen . . .«, denn auch
die Jüngeren, die Enkel, hatten etwas geerbt von
dem »räuberischen wilden Korsenblut«, wie Elisa
Bacciochi lachend sagte, nur war es denen nicht ins
Große geraten, ins Genialische, sondern in eifer-
süchtige Gefühlchen ausgeartet, in scharfe, bissige
Kritik und häßliche Verleumdungen.

Jérôme-Napoléon-Charles war einundzwanzig
Jahre alt und lebte viel in Garnisonen, meist in
Ludwigsburg beim »Onkel Wilhelm«; der Jüngere, erst dreizehnjährig und hilflos an einem Kran-
kenbett, hatte die Mutter kaum anders als leidend
gekannt. Gutmütiger als der Bruder, weniger
scharfsichtig als Mathilde, war er Katharina das
liebste von den Kindern, obwohl sie sah, daß er
sich bei ihr langweilte.

Wenn es ihr besser ging, versuchte sie manchmal
zu erfahren, was die Jungen von der Geschichte des
Hauses wußten, von den Taten des Großvaters
Friedrich, da sie ohnehin von denen des großen
Napoleon tagtäglich hörten.

Sie fragten, wann und wo der gewaltige, gewich-
tige Mann geboren – in Treptow 1754 – und wie er
gestorben sei. Sie fragten nach seiner Religion –

und der Große hörte befriedigt von des Königs
aufgeklärtem vernünftigem Christentum; es war
die Rede von der Großmutter, Auguste von Braunschweig, und daß sie früh verstorben sei, von Katharinas Kinderjahren in Rußland und danach in
Mömpelgard und wie prägend – sie sagte so – Preußen für den Großvater gewesen sei, Preußen und
Rußland – das auch.

Sie mußte dann, wenn der Arzt mahnte, wieder
ruhen, sie hörte manchmal Musik, Jérôme hatte ihr
ein paar Bläser bestellt, einen Geiger, einen Celli-
sten, die angehalten waren, sanfte, stille Weisen zu
spielen.

Sie schlummerte einmal darüber ein – sie hatten
ein französisches Wiegenlied angestimmt, fast einen Tanz, in schreitendem Rhythmus. Die Musiker gingen dann leise hinaus und riefen die Kammerfrau.

Katharina versuchte noch, da sie sie verehrte,
mehr von Madame Mère zu hören, die – zusammen
mit dem Kardinal Fesch – einer seltsamen Neigung
immer mehr nachgab: Ein Medium, Geisterbe-
schwörungen, Gesichte und Ahnungen beschäftig-
ten sie und erregten ihre südländische Phantasie.

Der Keim dieser Altersströstung lag wohl in dem
seltsamen Erlebnis Letizias, das nicht nur Fesch,
sondern auch andere ernste und zuverlässige Leute
bestätigten: Am Tag von Napoleons Tod auf Sankt
Helena erschien bei Letizia ein Unbekannter, »an-
ständig gekleidet«, und verlangte dringend, zu Letizia vorgelassen zu werden. Der Türhüter lehnte

ab, ließ sich endlich überreden, ein zweiter Beamter im Vorzimmer versuchte dasselbe, doch der Fremde erreichte sein Ziel.

»Madame«, sagte der Bote zu Letizia, »in eben diesem Moment wird Seine Majestät von seinen Leiden erlöst und ist glücklich.«

Darauf griff er schnell in seinen Rock – Letizia glaubte an ein Attentat –, zog ein Kruzifix hervor und reichte es ihr zum Kuß: »Hoheit, hier – küssen Sie den Erlöser Ihres Sohnes, Sie werden diesen Sohn, der Ihnen so viel Schmerzen bereitet hat, in vielen Jahren wiedersehen, und sein Name wird in allen Städten Europas widerhallen.«

Eine Spur des Besuchers fand man nicht, obwohl man in allen Bezirken Roms nach ihm suchte. Madame Sartrouville, die Vorleserin Letizias, berichtet, der Majordomus, der den Kaiser noch gekannt habe, meinte, Stimme und Haltung des Mannes hätten denen Napoleons ganz geglichen.

Als die Mutter dann die offizielle Todesnachricht erhielt, wurde sie ohnmächtig.

Und so glaubte sie denn, weil sie das Leben anders kaum ertragen hätte, auch an eine Vision der Madame Kleinmüller und schrieb an Katharina, Napoleon habe Sankt Helena verlassen, sei auf dem Wege nach Malta, oder auch – ein andermal – er sei »entrückt« und schwebe zu den Engeln empor . . .

Jérôme habe die Stimme Napoleons und sehe ihm immer ähnlicher, hieß es, und Jérôme nutzte die Möglichkeit, als Napoleonide geachtet zu werden – er trug beständig die kaiserliche Kokarde.

Und Katharina rang um Luft. Ihre Augen wurden größer, ihr Blick verschleiert, sie war blaß, aufgedunsen, schwammig, mit poröser weißlicher Haut. Sie saß im Bett, gestützt von Kissen.

Jetzt, als Erinnerungen sie oft heimsuchten, hielt Jérôme sie manchmal tröstend fest; er fürchtete die Anfälle, die Nervenkrisen, die die Ärzte voraussagten.

Schließlich, als das Jahr kühler wurde, als der Nebel drückte, stellte man Fieber fest, Hitze plagte die Fürstin, Schüttelfröste, wilde Gesichte . . .

Jérôme war mager geworden. Das hübsche Spielergesicht war eingefallen und gelblich verfärbt. Er saß bei ihr mit der Geduld, die er jetzt, zu spät erst, für sie aufbrachte.

Katharina schlief; man hielt sie in wohltätigem Dämmer, da die Krämpfe zunahmen, und mit den Nebeln draußen die Luftnot. Man sagte Jérôme, es wäre besser, sie schlummere hinüber, ohne mehr ganz wach zu werden. Aber ihre Vitalität wehrte sich, ohne daß sie das wußte – Fieber, wilde glühende Wellen – sie schrie.

Man verstand sie nicht gleich, auch Jérôme nicht, sie rückte heiser weinend gegen die Wand und streifte auf und ab mit den glühenden Händen an der kalten Mauer hin. »Heiß – zu heiß – nicht! Ihr verbrennt mich . . . das Kleine, das Kätzchen – ihr bringt es um . . .« – sie murmelte und weinte; niemand wußte, was sie wollte.

Dann kam der Leibarzt, der sie zu magnetisieren versuchte; mit langen starken Strichen über Stirn und Augen zwang er die Halbwache, sich zu sammeln, und machte sie stiller. Dann sprach sie, wimmernd, leise, aber doch verstehbar: Jérôme nahm auf, was er einmal, vor vielen Jahren, verworren von ihr gehört hatte: Eine Katze war ertrunken, verbrüht, getötet, unverständlich und sinnlos und grausam, sie meinte sich selber, in ein grausiges Schicksal gestoßen und darin umgekommen.

Endlich lag sie ruhiger, die Schreie verebbten. Jérôme, einfühlsam und an Frauen geschult, hielt sie fest: »War es denn nicht schön, Trinette? Glücklich, Trinette? Du und ich und die Kinder, unsere Lieblinge, Trinette?«

Sie schwieg, sie konnte nicht mehr reden, sie sah noch, daß der Älteste hereinkam, den man aus Ludwigsburg gerufen hatte, daß Mathilde weinte und die Hofdamen, daß der kleine Dreizehnjährige verstört dastand. Sie spürte Jérômes Hand auf der Stirn; ein Ausdruck der Erleichterung, des Loslassens, des endlich Enthobenseins kam in ihr verfallendes Gesicht: Nichts mehr darstellen, vorspiegeln, nichts mehr aus Liebe vortäuschen müssen . . .

Aber dann erkannte sie Jérôme, der sie flehend, entsetzt anstarrte und alles erfaßt hatte. Sie machte die Augen fest zu und keuchte aus verkrampften Lippen: »Mein größtes Glück warst du, Jérôme!«

Der Arzt schickte die Kinder hinaus, ihre Gegenwart sei zu anstrengend für die Sterbende. Jérôme blieb bei ihr und sah, wie die Lippen bläulich wurden, sich öffneten, kleine perlweiße Zähne sehen ließen. Kein Laut mehr. Zwei Stunden später war Katharina tot.

Sektion, Balsamierung, Eilkuriere nach allen Seiten, Hoftrauer in Württemberg, Paradebett, Kondolenzbesuche . . . Der Kondukt für die Überführung in die Familiengruft – der ganze makabre, von geschulten und unbeteiligten Fachleuten mechanisch ausgeführte Ritus – und nichts von der Menschlichkeit der Königin mehr, nichts von ihrem Wesen durfte laut werden, nur Formeln und Phrasen.

Das Sektionsprotokoll sprach von einer Lungenlähmung, der eine rheumatische Veranlagung Vorschub geleistet habe; bei der Leichenöffnung sei eine ungewöhnlich starke Fettschicht zu durchtrennen gewesen. Der Brustkorb sei schmal, die Glieder zierlich, das Gehirn besonders gut entwickelt, das Herz kaum mehr leistungsfähig gewesen. Der Tod sei am 28. November 1835 um dreiviertel zwölf Uhr vormittags eingetreten.

Jérôme begleitete den Leichenkondukt ein Stück weit, bis zur Grenze, dann blieb er zurück und fuhr nach Triest. Der Bruder, König Wilhelm von Württemberg, richtete ein würdiges Begräbnis in der Ludwigsburger Schloßkirche aus, dessen Zeremonien man geflissentlich und mit allen Details aufgezeichnet und überliefert hat.

Personenverzeichnis

Alexander I. (1777–1825), Zar von Rußland, Vetter Katharinas von Württemberg

Augusta Karoline von Braunschweig-Wolfenbüttel (1764–1788), erste Gemahlin Friedrichs von Württemberg, Mutter Katharinas

Bonaparte-Patterson, Jérôme (1805–1870), Sohn Jérôme Bonapartes und Elisabeth Pattersons

Charlotte Augusta Mathilde, Prinzessin von Großbritannien (1766–1828), zweite Gemahlin König Friedrichs von Württemberg

Dannecker, Johann Heinrich von (1758–1841), Hofbildhauer

Fesch, Joseph (1763–1839), Kardinal, Stiefbruder Letizias

Friedrich von Württemberg (1754–1816), Vater Katharinas, bis 1803 Herzog, dann Kurfürst, 1805 König

Jérôme Bonaparte (1784–1860), jüngster Bruder Napoleons, König von Westfalen, nach Napoleons Sturz Graf Hartz, dann Fürst von Montfort

Jérôme-Napoléon-Charles (1814–1847), Prinz von Montfort, Sohn Jérôme Bonapartes und Katharinas

Joséphine, geborene Marie Josephe Rose Tascher de la Pagerie (1763–1840), verwitwete Vicomtesse de Beauharnais, Kaiserin der Franzosen, erste Gemahlin Napoleons I.

Katharina Friederike von Württemberg (1783–1835), Königin von Westfalen, Gemahlin Jérôme Bonapartes

Katharina II., die Große (1729–1796), geborene Prinzessin Sophie Auguste von Anhalt-Zerbst, Zarin von Rußland, Patin Katharinas von Württemberg

Lecamus (Graf von Fürstenstein), Freund und Minister Jérôme Bonapartes, Kreole aus Haiti

Letizia (Laetitia) Bonaparte, geborene Ramolino (1750–1836), Mutter Napoleons, genannt Madame Mère. Ihre Kinder: Joseph (Guiseppe) 1768–1844, Napoleon (Napoleone) 1769–1821, Lucien (Luciano) 1775–1840, Elisa (Maria Anna) 1777–1820, Louis (Luigi) 1778–1846, Pauline (Maria Paoletta) 1780–1825, Caroline (Maria Annunziata) 1782–1839, Jérôme (Girolamo) 1784–1860

Marie Louise, Erzherzogin von Österreich (1791–1847), Kaiserin der Franzosen, zweite Gemahlin Napoleons I. (zweite Ehe mit Graf Neipperg, dritte Ehe mit Graf Bombelles)

Mathilde Laetitia-Wilhelmine (1820–1904), Prinzessin von Montfort, Tochter Jérôme Bonapartes und Katharinas

Napoleon I., Kaiser der Franzosen (1769–1821)

Napoleon (II.), »König von Rom« (1811–1832), einziger Sohn Napoleons I. und Marie Louises

Napoléon-Joseph-Charles (1822–1891), Prinz von Montfort, Sohn Jérôme Bonapartes und Katharinas

Patterson, Elisabeth (1785–1879), erste Frau Jérôme Bonapartes (die Ehe wurde später anulliert)

Wilhelm von Württemberg (1781–1864), Bruder Katharinas, bis 1816 Kronprinz, dann König Wilhelm I.

Zeppelin, Ferdinand Graf von (1772–1829), württembergischer Minister des Auswärtigen

Zeppelin, Karl Reichsgraf von (1787–1801), Freund und Minister Friedrichs von Württemberg

Quellen

Béarn, Gaston de: *Verschwörung des Schweigens. Die Schicksale des Dauphin Ludwig XVII.* Memmingen 1967.

Bertant, Jules: *König Harlekin. Das Leben des Jérôme Bonaparte.* Wien, Berlin, Stuttgart 1959.

Beschreibung des Oberamts Ellwangen. 2 Bände. Hrsg. von dem Königlichen statistisch-topographischen Bureau. Stuttgart 1886.

Bloy, Léon: *Die Seele Napoleons.* Heidelberg 1954.

Boehn, Max von: *Die Mode. Menschen und Moden vom Mittelalter bis zur Gegenwart.* Bd. 4: *Das 18. Jahrhundert.* München 1963, 5. Auflage.

Braun, Lilly: *Im Schatten des Titanen.* Stuttgart 1919.

Buch, Hans Christoph: *Die Scheidung von San Domingo. Wie die Negersklaven von Haiti Robespierre beim Wort nahmen.* Berlin 1976.

Cronin, Vincent: *Napoleon.* Eine Biographie. Frankfurt 1975.

Forester, Cecil S.: *Das abenteuerliche Leben des Horatio Hornblower.* 3 Bände. Frankfurt 1977/78.

Funck-Brentano, Frantz: *Das Halsband der Königin, der Tod der Königin.* Stuttgart 1822.

Gregorovius, Ferdinand: *Historische Skizzen aus Korsika.* Basel 1954.

Hochheimer, Albert: *Abschied von den Kolonien. Aufstieg und Untergang der europäischen Kolonialreiche.* Zürich und Freiburg/Breisgau 1972.

Huch, Ricarda: *Die Romantik. Blütezeit, Ausbreitung, Verfall.* Tübingen 1951.

Hugentobler, Jakob: *Die Familie Bonaparte auf Arenenberg.* Arenenberg 1966, 7. Auflage.

Kircheisen, Friedrich Max: *König Lustig, Napoleons jüngster Bruder.* Berlin 1928.

Kleist, Heinrich von: *Die Verlobung in St. Domingo.* In: Sämtliche Werke und Briefe. (Hrsg. von H. Sembdner). 2 Bände. München 1977, 6. ergänzte und revidierte Auflage.

Kramm, Walter: *Kassel, Wilhelmshöhe, Wilhelmstal.* München, Berlin 1951.

L., Ernestine von (Hrsg.): *König Jérôme und seine Familie im Exil.* Leipzig 1870.

Lometsch, Fritz (Hrsg.): *Wilhelmshöhe. Natur- und Formgeist in dem schönsten Bergpark Europas.* Alte Ansichten und Pläne. Nebst einer Beschreibung von Johann Wilhelm Döring. Kassel 1961.

Masson, Frédéric: *Napoléon et sa famille.* Hrsg. von der Société d'éditions littéraires et artistiques. 10 Bände. Paris 1903.

Murch, Arvin: *Black frenchman. The political integration of the french Antilles.* Cambridge/Mass. 1972.

Napoleon: *Briefe an Josephine.* Hrsg. von W. Müller. München 1971.

Orlandi, Enzo (Hrsg.): *Napoleon und seine Zeit.* Wiesbaden o. J.

Reis, Kurt: *Marie Antoinette.* Nach zeitgenössischen Quellenwerken und Memoiren frei bearbeitet. Wiesbaden 1974.

Rioux, Jean Pierre: *Die Bonaparte.* Die großen Dynastien Europas. Lausanne 1969.

Schloßberger, August von (Hrsg.): *Briefwechsel der Königin Katharina und des Königs Jérôme, sowie des Kaisers Napo-*

leon mit König Friedrich von Württemberg. 3 Bände. Stuttgart 1886/87.

Scholz, Dietmar: *König Friedrich von Württemberg, 1754–1816*. In: Lebensbilder aus Schwaben und Franken, Band 10. Stuttgart 1966.

Sieburg, Friedrich: *Robespierre*. München 1975.

Sporhan, Lore: *Die deutsche Modezeitschrift*. Schriftenreihe Zeitung und Leben, Band 14. Coburg 1935.

Stendhal: *Aus Napoleons Leben*. München 1953.

Stirling, Monica: *Madame Mère*. Tübingen 1962.

Stracton, David: *Die Bonapartes*. Bergisch-Gladbach 1976.

Timmermann, Hermann: *Erschossen in Braunau. Das tragische Schicksal des ritterlichen Verlagsbuchhändlers Johann Philipp Palm aus Nürnberg*. München 1933.

Außerdem wurden Dokumente und Schriftstücke aus dem *Württembergischen Hausarchiv* im Hauptstaatsarchiv Stuttgart verwendet.

Bildnachweis

Zwischen den Seiten 96 und 97:

Jérôme Bonaparte und Katharina von Württemberg bei der Unterzeichnung des Ehevertags (Regnault): Archives photographiques Paris

Jérôme Bonaparte (Gros); Katharina von Württemberg (Gros): Archives photographiques Paris

Die königliche Residenz in Stuttgart (Nilson): Landesbildstelle Württemberg

Schloß Wilhelmshöhe (Kobold): Das Bild ist dem Buch *Wilhelmshöhe*, hrsg. von Fritz Lometsch, Kassel 1961, mit freundlicher Genehmigung des Herausgebers entnommen.

Zwischen den Seiten 192 und 193:

Jérôme Bonaparte mit Katharina von Württemberg (Kinson): Archives photographiques Paris

Letizia Bonaparte (Gérard): Das Bild ist dem Buch *Die Bonaparte* von Jean-Pierre Rioux, Lausanne 1969, mit freundlicher Genehmigung der Editions Rencontre Lausanne entnommen

Napoleon I. (David): National Gallery of Arts, Washington

König Friedrich I. von Württemberg: Landesbildstelle Württemberg

ANSICHT DER KÖNIGLICHEN ANLAGEN GEGEN

Seiner Majestät dem Koenig